最新
贪污贿赂

办案实用360问

根据《刑法修正案（九）》和“两高”贪污贿赂司法解释编写

主编／吴小军

人民法院出版社

图书在版编目（CIP）数据

最新贪污贿赂办案实用360问：根据《刑法修正案（九）》和“两高”贪污贿赂司法解释编写/吴小军主编.
—北京：人民法院出版社，2016.7
ISBN 978-7-5109-1534-5

Ⅰ.①最… Ⅱ.①吴… Ⅲ.①贪污贿赂罪—刑法—中国—问题解答 Ⅳ.①D924.392.5

中国版本图书馆CIP数据核字（2016）第173690号

最新贪污贿赂办案实用360问

——根据《刑法修正案（九）》和“两高”贪污贿赂司法解释编写

吴小军 主编

责任编辑 王 婷
出版发行 人民法院出版社
地　　址 北京市东城区东交民巷27号（100745）
电　　话 （010）67550617（责任编辑） 67550558（发行部查询）
65223677（读者服务部）
客服QQ 2092078039
网　　址 http://www.courtbook.com.cn
E－mail courtpress@sohu.com
印　　刷 保定彩虹印刷有限公司
经　　销 新华书店

开　　本 787×1092毫米 1/16
字　　数 262千字
印　　张 16.5
版　　次 2016年7月第1版 **2018年3月第3次印刷**
书　　号 ISBN 978-7-5109-1534-5
定　　价 38.00元

作者简介

吴小军，1980年生人，江苏常州人，中国政法大学博士研究生，现任北京市高级人民法院法官。从事刑事审判工作11年，办理刑事案件1200余件，曾主审首都机场爆炸案，“秦火火”诽谤、寻衅滋事案，某国有日报社记者站受贿案等多起大要案。因审判工作、学术水平等方面有突出表现，多次立功受奖，获北京法院刑事审判业务标兵，系北京法官兼职教师。在全国法院系统学术论文比赛中3次获二等奖，在《政治与法律》《当代法学》《中国刑事法杂志》《人民司法》《刑事审判参考》《刑事司法指南》等刊物发表理论文章、案例等40余篇；参与编著《证明标准研究》《法官实用写作指南》等书。

前言

党的十八大以来，党中央把从严惩治腐败放在突出位置，把坚决遏制腐败蔓延势头作为重要任务，坚持有腐必反、有贪必肃，坚持依法反腐，“老虎”“苍蝇”一起打，赢得了人民群众的衷心拥护和交口称赞。从贪污贿赂犯罪的立法沿革来看，我国1979年《刑法》规定了贪污罪、受贿罪、行贿罪、介绍贿赂罪四个罪名；1997年《刑法》增加了挪用公款罪、单位受贿罪、对单位行贿罪、单位行贿罪、巨额财产来源不明罪、私分国有资产罪、私分罚没财物罪、隐瞒境外存款罪等8个罪名；2009年《刑法修正案（七）》又增加了利用影响力受贿罪，将受贿罪的犯罪主体由国家工作人员扩展到与国家工作人员关系密切的人。为适应新时期反腐败斗争的需要，加大对贪腐贿赂犯罪的惩治力度，2015年通过的《刑法修正案（九）》对贪污贿赂犯罪的定罪及量刑作了重大调整：如取消贪污罪、受贿罪定罪及量刑的具体数额标准，突出数额之外其他情节在定罪量刑中的作用；对贪污罪、受贿罪增设死刑缓期二年执行减为无期徒刑后终身监禁；对贪污罪和贿赂犯罪增设罚金刑；增设对有影响力的人行贿罪等，至此《刑法》第八章规定的贪污贿赂犯罪罪名已达14个。2016年4月17日，最高人民法院、最高人民检察院颁布了《关于办理贪污贿赂刑事案件适用法律若干问题的解释》，突出刑事打击重点，进一步细化贪污贿赂犯罪的定罪量刑标准，明确了司法实务中的若干争议问题。

本书体例简明，采用一问一答的形式，一目了然，通俗易懂。本书大致分为三部分，第一部分是涉刑法总则类问答，即明确国家工作人员的身份认定；第二部分是涉刑法分则类问答，即围绕每一个具体罪名展开阐述，基本上是一个罪名一章；第三部分是涉刑事诉讼程序类问答，涉及办理贪污贿赂案件的程序问题。本书突出问题导向，注重实用性，主要围绕刑法中贪污贿赂犯罪的定罪量刑展开，内容集中在与司法办案业务密切相关的具体问题进行解答。全书共有360个问题，作者解答这些问题的基本方法是：有立法或立法解释、司法解释（或文件）根据的，以有关规定为准；法律上没有明确规定的，以刑法理论上通说的观点、司法实践中公认的做法或参照典型案例来解决。其中，内容素材主要来源于我国现行《刑法》《刑事诉讼法》及有关立法解释，最高人民法院、最高人民检察院颁布的司法解释、会议纪要、政策文件，以及司法实务中具有借鉴意义的典型案例、裁判文书。书中所引案例主要来源于最高人民法院指导性案例、《最高人民法院公报》《刑事审判参考》《人民司法·案例》《人民法院案例选》《中国审判案例要览》《人民法院报》的案例等，几乎囊括了1997年以来贪污贿赂犯罪的所有典型案例。

本书是以贪污贿赂犯罪的罪与非罪、此罪与彼罪、量刑标准以及刑事诉讼程序等法律知识为主题的普及性大众读本，主要读者是党政国家机关公务员、国有企业领导干部及其家属（特别是国家工作人员及其密切关系人），旨在明晰法律规定，澄清模糊认识，规范自身言行，明确行为界限（罪与非罪），恪守廉政底线不可逾越，法律红线不可触碰，唯此方能清清白白做官，明明白白做人。当然，本书亦可作为法官、检察官、律师、公司法务等从事法律实务人员的检索指引和参考资料。

首本编著问世，内心激动无比，尽管书的内容尚待读者阅评。回望过去的两个月，熬夜码字的情形历历在目，首先要特别感谢家人对我的无私帮助和鼎力支持，为我阅读写作创造了良好的环境，使我能够心无旁骛、专心致志地完成此书，此书的付梓是我报答家人的最好礼物。同时要衷心感谢人民法院出版社特别是责任编辑王婷女士，正是她精心的策划，尽心的敦促以及不厌其烦的改稿、审稿，使得本书能够如期出版，她的专业素养和敬业精神令人钦佩。

新书面世，于我只是一个新的起点，它将不断激励我在学术道路上砥砺前行……当然，希望本书对读者有所裨益，因为只有不断地学法、懂法，才能更好地守法、用法，才能善于运用法治思维和法治方式处理现实问题。

由于时间仓促，作者水平有限，错误在所难免，敬请广大读者批评指正。

目 录
CONTENTS

第一章 国家工作人员（犯罪主体）认定

第二章　贪污罪

第三章 受贿罪

第四章　挪用公款罪

第五章 单位受贿罪

第六章 利用影响力受贿罪

第七章 行贿罪

第八章 对有影响力的人行贿罪

第九章 对单位行贿罪

第十章 介绍贿赂罪

第十一章 单位行贿罪

第十二章 巨额财产来源不明罪

第十三章 隐瞒境外存款罪

第十四章　私分国有资产罪

第十五章　私分罚没财物罪

第十六章 量刑

第十七章 诉讼程序

第一章　国家工作人员（犯罪主体）认定

1.《刑法》规定的“国家工作人员”如何理解？

国家工作人员是指国家机关中从事公务的人员。国有公司、企业、事业单位、人民团体中从事公务的人员和国家机关、国有公司、企业、事业单位委派到非国有公司、企业、事业单位、社会团体从事公务的人员，以及其他依照法律从事公务的人员，以国家工作人员论。

【法条链接】

《刑法》第 93 条

2.《刑法》所称的“国家机关工作人员”具体包括哪些？

《刑法》中所称的国家机关工作人员，是指在国家机关中从事公务的人员，包括在各级国家权力机关、行政机关、司法机关和军事机关中从事公务的人员。根据有关立法解释的规定，在依照法律、法规规定行使国家行政管理职权的组织中从事公务的人员，或者在受国家机关委托代表国家行使职权的组织中从事公务的人员，或者虽未列入国家机关人员编制但在国家机关中从事公务的人员，视为国家机关工作人员。对这部分国家机关工作人员的认定应注意把握：（1）行为人是否在行使国家管理职权。依照法律、法规规定行使国家行政管理职权的组织或者在受国家机关委托代表国家行使职权的组织本身不是国家机关，在这些组织中的工作人员不是当然的国家机关工作人员，只有在代表国家行使管理职权，才适用《刑法》关于国家机关工作人员的条款。（2）行使国家行政管理职权是否有法律、法规的规定，或者国家机关的授权、委托。（3）行为人所在组织的性质不影响国家机关工作人员的认定。

【法条链接】

《全国人大常委会关于〈中华人民共和国刑法〉第九章渎职罪主体适用问题的解释》（2002年12月28日）

《全国法院审理经济犯罪案件工作座谈会纪要》（2003年11月13日）

3. 在依照法律、法规规定行使国家行政管理职权的组织中从事公务的人员是“国家工作人员”吗？

我国的法律、法规授权某些非国家机关的组织在某些领域行使国家行政管理职权。如根据《人民银行法》《银行业监督管理法》《保险法》《证券法》等法律规定和国家关于金融体制改革的方案，国家成立了银行业监督管理机构、证券监督管理机构、保险监督管理机构等负责对银行业金融机构、证券业、期货业、保险业等实施专业化管理。对上述行业的监督管理权，由过去的中国人民银行行使调整为银监会、证监会、保监会等机构行使，而这些机构并非国家机关。虽然法律授权行使国家行政管理职权的主体由过去的国家机关变为现在的非国家机关的组织，但从职权的性质和权限上看，仍属于国家管理职权的一部分，与过去由国家机关行使时的权限相同。

4. 在受国家机关委托代表国家机关行使职权的组织中从事公务的人员是“国家工作人员”吗？

实践中，一些国家行政机关将部分行政处罚权进行委托授权，如卫生行政部门委托卫生防疫站向食品卫生经营企业和食品生产经营人员发放卫生许可证，文化局委托其事业单位文化市场管理办公室负责文化娱乐场所的审批等均属于受国家机关委托代表国家机关行使职权。

5. 党和政协机关中的国家工作人员如何认定？

国家机关的最低一级为乡（镇）。司法实践中，乡（镇）以上中国共产党机关、人民政协机关中从事公务的人员，应视为国家机关工作人员。这里的乡（镇）以上，是指中国共产党中央委员会和全国政协、省、自治区、直辖市、市、县（区）、乡（镇）党委和政协，不包括基层党支部，也不包括公司、企业等事业单位中的党组织。

【法条链接】

《全国法院审理经济犯罪案件工作座谈会纪要》（2003 年 11 月 13 日）

6. 人民团体中的国家工作人员如何认定？

所谓人民团体，在我国一般是指工会、共青团、妇联等。刑法意义上的人民团体，主要是指县级以上的工会、共青团、妇联等。这些组织的工作人员参照《公务员法》管理，但不列入公务员范围。司法实践中，上述人员是按国家工作人员来对待的。

7. 国家出资企业的产权性质如何界定？

国家出资企业，包括国家出资的国有独资企业、国有独资公司，以及国有资本控股公司、国有资本参股公司。《刑法》中的“国有公司、企业”是指国有独资公司、企业。在企业改制（脱钩）相关职务犯罪特别是贪污犯罪案件中，经常遇到企业注册登记中的资金来源与实际出资不符、企业实际出资情况不清楚以及出资人各方均未实际出资等产权性质难以界定的问题。界定国有出资企业的产权性质，可遵循以下原则：（1）是否属于国家出资企业不清楚的，应遵循“谁投资、谁拥有产权”的原则进行界定。（2）企业注册登记中的资金来源与实际出资不符的，应根据实际出资情况确定企业的性质。（3）企业实际出资情况不清楚的，可以综合工商注册、分配形式、经营管理等因素确定企业的性质。

【法条链接】

《最高人民法院、最高人民检察院关于办理国家出资企业中职务犯罪案件具体应用法律若干问题的意见》（2010 年 11 月 26 日）

8. 国家机关、国有公司、企业、事业单位委派到非国有公司、企业、事业单位、社会团体从事公务的人员如何认定？

所谓委派，即委任、派遣，其形式多种多样，如任命、指派、提名、批准等。不论被委派的人身份如何，只要是接受国家机关、国有公司、企业、事业单位委派，代表国家机关、国有公司、企业、事业单位在非国有公司、企业、事业单位、社会团体中从事组织、领导、监督、管理等工作，都可以认定为国家机关、国有公司、企业、事业单位委派到非国有公司、企业、事业单位、社会团体从事公务的人员。如国家机关、国有公司、企业、事业单位委派在国有控股或者参股的股份有限公司从事组织、领导、监督、管理等工作的人员，应当以国家工作人员论。国有保险公司工作人员和国有保险公司委派到非国有保险公司从事公务的人员，利用职务上的便利，故意编造未曾发生的保险事故进行虚假理赔，骗取保险金归自己所有的，以贪污罪论处。国有公司、企业或者其他国有单位中从事公务的人员和国有公司、企业或者其他国有单位委派到非国有公司、企业以及其他单位从事公务的人员，利用职务上的便利，将本单位财物非法占为己有，以贪污罪论处。需要说明的是，国有公司、企业改制为股份有限公司后，原国有公司、企业的工作人员和股份有限公司新任命的人员中，除代表国有投资主体行使监督、管理职权的人外，不以国家工作人员论。

【法条链接】

《刑法》第 183 条、第 271 条

《全国法院审理经济犯罪案件工作座谈会纪要》（2003 年 11 月 13 日）

9. 什么是职务犯罪中的“委派”？

委派，即委任、派遣，一般具有以下特征：（1）委派的有效性，即必须是国家机关、国有公司、企业、事业单位的委派，而非私人委派。（2）委派的合法性，即上述委派单位只能在其合法权限内进行委派，而非越权委派。（3）委派的隶属性，即委派单位与被委派单位之间存在隶属关系，受委派人接受委派单位的领导、管理、监督，而非民法上的平等委托。（4）委派内容的公务性，即委派人到非国有单位代表委派的国有单位从事领导、监督、管理等活动，一般应具有并行使对国有资产的监督、管理权力。[①] 在具体认定是否属于受委派从事公务的人员时，应从以下三方面进行把握：

（1）委派不问来源。不论被委派的人在受委派以前是否具有国家工作人员的身份，也不论行为人是委派单位或者接受委派单位的原有职工，还是为了委派而临时从社会上招聘的人员（如农民），只要是接受国家机关、国有公司、企业、事业单位委派，代表国家机关、国有公司、企业、事业单位到非国有公司、企业、事业单位、社会团体中行使管理职权，都可以认定为国家机关、国有公司、企业、事业单位委派到非国有公司、企业、事业单位、社会团体从事公务的人员。

（2）委派的形式多种多样，既可以是事前、事中的提名、推荐、指派、任命，也可以是事后的同意、批准、聘任、认可等，但单纯的事后备案行为不属于受委派从事公务的人员。

（3）受委派后必须代表国有单位在非国有单位中从事组织、领导、监督、管理等职责。如重庆地税局干部严某，组织部派其到市机械工业管理局所属的集体企业挂职任副厂长，两年后经职工代表大会选举为厂长，贪污157余万元，一审以贪污罪被判处死刑。二审法院认为，严某担任厂长是集体企业选举的，已不是国家工作人员，将案件发回重审。中级法院重新审理后认为，严某担任副厂长时的贪污行为构成贪污罪，担任厂长期间侵吞公款的行为则构成职务侵占罪。最高人民法院经审理后认为，全案均应认定为贪污，因为挂职是机械工业局发的文，选举后也报机械工业局批准，

① 杨兴国：《贪污贿赂犯罪认定精解精析》，中国检察出版社2015年第2版，第29页。

是上面派来的干部，不能因为有选举就不认定为国家工作人员。[①]

【法条链接】

《全国法院审理经济犯罪案件工作座谈会纪要》（2003年11月13日）

10. 受委派人员担任某职务需要依法履行选举、聘任等有关程序，是否影响其受委派从事公务人员身份的认定？

实践中，受委派从事公务的人员主要是指在国有控股或参股的有限（责任）公司、中外合资经营企业、中外合作经营企业中对国有资产负有经营、监督、管理等职责的人员，通常为董事长、副董事长、总经理、董事、监事、财务负责人等。这些人一般不能直接由国有单位（出资人）正式行文任命产生，如根据《公司法》的规定，有限责任公司的董事长、副董事长由公司章程规定的办法产生，总经理、副总经理和财务负责人均由董事会聘任；股份有限公司的董事长、副董事长由董事会以全体董事的过半数选举产生，总经理、副总经理和财务负责人均由董事会聘任；有限公司和股份有限公司的董事、监事，应当由股东（大）会选举产生。《中外合资经营企业法》则规定，董事长和副董事长由合营各方协商确定或者由董事会选举产生，总经理、副总经理、总会计师等则由董事会任命。中外合作经营企业的董事会或者联合管理机构，依照《中外合作经营企业法》的规定，则应根据合法企业合同或章程的规定产生。"推荐"和"提名"通常是国有单位行使人事权的实质性行为，被国有单位推荐或者提名的人一旦在非国有单位担任相应的职务，即获得了代表国有单位对国有资产的监督、管理职责，不能因为须经过股东大会选举或者董事会聘任程序而否认国有单位委派的性质。

【法条链接】

《全国法院审理经济犯罪案件工作座谈会纪要》（2003年11月13日）

---

① 熊选国：《刑法刑事诉讼法实施中的疑难问题》，中国人民公安大学出版社2005年版，第98～99页。

11. 刑法规定的“其他依照法律从事公务的人员”是指哪些人员？

“其他依照法律从事公务的人员”应当具备两个特征：（1）在特定条件下行使国家管理职能；（2）依照法律规定从事公务。具体包括：①依法履行职责的各级人民代表大会代表；②依法履行审判职责的人民陪审员；③协助乡镇人民政府、街道办事处从事行政管理工作的村民委员会、居民委员会等农村和城市基层组织人员；④其他由法律授权从事公务的人员。如行为人受税务机关委托代为行使征收税款的权力，属于“其他依照法律从事公务的人员”，其利用职务便利侵吞代收税款的行为构成贪污罪。

如黄明惠贪污案：[①] 2004 年 1 月至 2005 年 12 月期间，被告人黄明惠个人独资经营的苏州市通安食品购销站依法接受苏州市国家税务局新区分局委托代征收生猪零售环节增值税，黄明惠利用职务便利，采取收取增值税税款后不出具增值税发票的手段，将收取的增值税共计人民币 182 808 元截留侵吞，非法占为己有。法院经审理认为，黄明惠利用其在通安食品购销站的职务便利，采取收取增值税税款后不出具增值税发票的手段，截留并占有国家税款 182 808 元，其行为构成贪污罪。

【法条链接】

《全国法院审理经济犯罪案件工作座谈会纪要》（2003 年 11 月 13 日）

12. 村民委员会等村基层组织人员协助人民政府从事行政管理工作的，属于其他依照法律从事公务的人员吗？

村民委员会等村基层组织人员协助人民政府从事下列行政管理工作，属于《刑法》第 93 条第 2 款规定的“其他依照法律从事公务的人员”：（1）救灾、抢险、防汛、优抚、扶贫、移民、救济款物的管理；（2）社会捐助公益事业款物的管理；（3）国有土地的经营和管理；（4）土地征收、征用

① 刑事指导案例第 692 号，载《刑事审判参考》2011 年第 2 集·总第 79 集。

补偿费用的管理；(5)代征、代缴税款；(6)有关计划生育、户籍、征兵工作；(7)协助人民政府从事的其他行政管理工作。村民委员会等村基层组织人员从事前款规定的公务，利用职务上的便利，非法占有公共财物、挪用公款、索取他人财物或者非法收受他人财物，构成犯罪的，适用《刑法》第382条和第383条贪污罪、第384条挪用公款罪、第385条和第386条受贿罪的规定。

【法条链接】

《刑法》第93条第2款

《全国人民代表大会常务委员会关于〈中华人民共和国刑法〉第九十三条第二款的解释》(2009年8月27日)

13. 村民委员会等村基层组织人员包括哪些？

村民委员会组成人员属于村基层组织人员，村党支部在农村基层组织中发挥领导核心作用，应认定为村基层组织，其组成人员在协助人民政府从事行政管理工作时，属于“其他依照法律从事公务的人员”。在基层，类似于村民委员会的组织还有村经联社、经济合作社、农工商联合企业、居民委员会、居民党支部等其他人员都有可能协助乡镇政府、城市街道办事处从事行政管理工作，应当与村民委员会组成人员一样对待。[①]

14. 村基层组织人员协助人民政府从事“国有土地的经营和管理”的如何理解？

对村民委员会等村基层组织人员从事属于村民自治范围的经营、管理活动不能适用全国人民代表大会常务委员会关于《刑法》第93条第2款的解释的规定。出租土地事务性质属于村务，而非公务；村委会与租地单位之间是平等的民事租赁关系；村支书以村集体土地需要办理国有土地使用

---

① 熊选国：《刑法刑事诉讼法实施中的疑难问题》，中国人民公安大学出版社2005年版，第104页。

权证为由，增收租地单位土地租金，不属于村基层组织人员协助人民政府从事“国有土地的经营和管理”。其侵吞所增收租地单位土地租金的行为，构成职务侵占罪。

如钱某被控贪污案：[①] 被告人钱某于1998年7月被中共锡山市鸿声镇委员会任命为锡山市鸿声镇鸿声村党支部书记，后因行政区划调整，锡山市鸿声镇鸿声村先后变更为无锡市锡山区鸿山镇鸿声村、无锡市新区鸿山镇鸿声村，钱某所任职务未有变动。在2001年至2004年间，鸿声村委先后将六宗集体土地出租给无锡市健明冷作装潢厂（以下简称健明厂）、无锡市海圣五金厂（以下简称海圣厂）、无锡市恒益纸制品厂（以下简称恒益厂）等单位使用，并收取了五十年的集体土地租用费。钱某于2004年12月至2005年5月间，利用其职务上的便利，以为租用集体土地的单位办理国有土地使用权证，需增收土地租金的名义，先后收取健明厂、海圣厂、恒益厂共计63000元，后采用收款不入账的手法，将该款非法占为己有。2005年5月，健明厂、海圣厂、恒益厂所租用的宗地取得国有土地使用权证，登记土地使用权人均为鸿声村委，使用权类型为国有划拨土地，地类（用途）为工业用地。鸿声村委为此向国有土地行政管理机关交纳了相关费用。公诉机关关于被告人钱某犯贪污罪的指控，提供的证据均不能证实钱某当时是在实施“协助人民政府从事国有土地的经营和管理”的行政管理工作，不能据此认定钱某属于《刑法》第93条第2款规定的“其他依照法律从事公务的人员”。因此，对被告人钱某的该部分犯罪事实应当以职务侵占罪追究刑事责任。

【法条链接】

《刑法》第93条第2款

15. 村民小组长是否属于“其他依照法律从事公务的人员”？

对农村基层组织组成人员，不能简单地从外在身份来判断其是否为国家工作人员，而应当主要从其是否“依照法律从事公务”这一国家工作人

① 刑事指导案例第642号，载《刑事审判参考》2010年第4集·总第75集。

员的本质属性来进行判断。如果其从事的仅是集体经济组织中的事务，由于村民自治范围内的村、组集体事务不属于公务的范畴，不能以国家工作人员论；如果其从事的是行政管理事务，其工作则体现了政府对社会的组织、管理职能，则是依法从事公务，属于“其他依照法律从事公务的人员”的范围，以国家工作人员论。

如廖常伦贪污案：[①] 2007 年 6 月 13 日，金堂县政府将“干道 2 号”项目拆迁工程所涉及的金堂县赵镇十里社区三组的征地拆迁安置工作，委托金堂县赵镇政府实施。赵镇政府接受委托后，指定该镇城乡建设管理办公室具体组织实施，要求村组干部配合做好拆迁政策的宣传、解释、协调工作，以及被拆迁房屋的核实、丈量、附属物指认等工作，协助人员每人每天领取 20 元补助。时任金堂县赵镇十里社区三组副组长的廖常伦，在从事具体负责所在组被拆迁户资料收集、统计上报，指认被拆迁房屋及附属物，带领拆迁工作人员丈量、核实被拆迁房屋及附属物等协助工作中，伪造户口不在本组、没有被拆迁房屋的廖某容、廖某玉、廖某美、夏某 4 人为本组村民的户口及拆迁房屋等资料，虚报多年前在其他项目拆迁安置中已安置的陈某先、谢某菊、周某华为拆迁安置户，为不符合拆迁安置条件的上述 7 户农户分别申请了一套拆迁安置房。2007 年 9 月 20 日，廖常伦代签了廖某玉（签名为廖某容）、廖某容（签名为廖某美）、夏某、廖某美（签名为廖某玉）4 户的农房拆迁协议，2007 年 9 月 22 日，廖常伦代陈某先、周某华、谢某菊 3 户签订了农房拆迁协议；2007 年 10 月 17 日，廖常伦签字代上述七人等领取了拆迁搬家费、过渡费 18840 元，据为己有。本案中，廖常伦在协助赵镇政府征地拆迁安置工作中，属于《刑法》第 93 条第 2 款规定的“其他依照法律从事公务的人员”，应当以国家工作人员论。在协助赵镇政府征地拆迁安置工作中，廖虚构被拆迁户及其房屋的情况，骗取拆迁安置补偿费 18 840 元，其行为已构成贪污罪。

① 刑事指导案例第 594 号，载《刑事审判参考》2009 年第 6 集·总第 71 集。

16.《刑法》规定的“从事公务”如何理解？

从事公务是国家工作人员的基本特征，是指代表国家机关、国有公司、企业、事业单位、人民团体等履行组织、领导、监督、管理等职责。由于公务内容、范围的广泛性，如在国家机构从事公务通常表现为行使国家管理职权，在国有公司、企业中从事公务则通常表现为对国有资产的监督、经营、管理。公务在形式上表现为多种多样，实质上主要表现为与职权相联系的公共事务以及监督、管理国有财产的职务活动。如国家机关工作人员依法履行职责，国有公司的董事、经理、监事、会计、出纳人员等管理、监督国有财产等活动，属于从事公务。那些不具备职权内容的劳务活动、技术服务工作，如售货员、售票员等所从事的工作，一般不认为是公务。

【法条链接】

《全国法院审理经济犯罪案件工作座谈会纪要》（2003 年 11 月 13 日）

17. 中国证监会及下属机构的主体，能否认定为国家机关工作人员？

中国证券监督管理委员会为国务院直属事业单位，是全国证券期货市场的主管部门。其主要职责是统一管理证券期货市场，按规定对证券期货监管机构实行垂直领导，所以，它是具有行政职责的事业单位。中国证券监督管理委员会及其下属地方证券监督管理委员会干部应视同为国家机关工作人员。

【法条链接】

《中央机构编制委员会关于中国证券监督管理委员会机构性质问题的复函》（2000 年 4 月 14 日）

18. 镇财政所所长是否属于国家机关工作人员？

对于属行政执法事业单位的镇财政所中按国家机关在编干部管理的工作人员，在履行政府行政公务活动中，滥用职权或玩忽职守构成犯罪的，应以国家机关工作人员论。

【法条链接】

《最高人民检察院关于镇财政所所长是否适用国家机关工作人员的批复》（2000 年 5 月 4 日）

19. 工人身份的乡镇卫生院院长是否属于国家工作人员？

经过乡镇政府或者主管行政机关任命的乡镇卫生院院长，在依法从事本区域卫生工作的管理与业务技术指导，承担医疗预防保健服务工作等公务活动时，属于《刑法》第 93 条第 2 款规定的其他依照法律从事公务的人员。对其利用职务上的便利，索取他人财物的，或者非法收受他人财物，为他人谋取利益的，应当依照《刑法》第 385 条 、第 386 条的规定，以受贿罪追究刑事责任。

【法条链接】

《最高人民检察院法律政策研究室关于集体性质的乡镇卫生院院长利用职务之便收受他人财物的行为如何适用法律问题的答复》（2003 年 4 月 2 日）

20. 人民法院指定的破产清算组的工作人员，是否属于国家工作人员？

清算组成员由人民法院从企业上级主管部门、政府财政部门等有关部门和专业人员中指定。但清算组不是司法机关的派出机关，其成员并非法律上或事实上的国家机关工作人员，也不是破产企业的职员。清算组成员的行为不单纯是一般的商事行为，而是一种依照《民法通则》《企业破产法》《民事诉讼法》等法律从事公务的行为，即符合国家工作人员“从事公务”的本质特征。

如张正中贪污案：[1] 张正中被法院指定为破产清算组组员，在该破产清算组中担任现金会计，负责现金保管、油票管理、收购油票、储运等具体工作。张正中利用上述职务之便，采用不法手段侵吞、骗取清算组资金10余万元。法院经审理认为，指定是委派形式的一种，其被委派前无论身份如何，是长期或是临时，只要是接受委派，均不影响是从事公务人员的认定，张正中系人民法院指定的破产清算组成员，属于刑法规定的“其他依照法律从事公务的人员”，应以国家工作人员论；且贪污罪所侵犯的公共财物既包括国有财物也包括非国有单位的财物，故对被告人张正中应以贪污罪认定。

21. 刑法中的“国家规定”如何理解？

《刑法》中的“国家规定”是指，全国人民代表大会及其常务委员会制定的法律和决定，国务院制定的行政法规、规定的行政措施、发布的决定和命令。其中，“国务院规定的行政措施”应当由国务院决定，通常以行政法规或者国务院制发文件的形式加以规定。以国务院办公厅名义制发的文件，符合以下条件的，亦应视为刑法中的“国家规定”：（1）有明确的法律依据或者同相关行政法规不相抵触；（2）经国务院常务会议讨论通过或者经国务院批准；（3）在国务院公报上公开发布。对有关案件所涉及的“违反国家规定”的认定，要依照相关法律、行政法规及司法解释的规定准确把握。对于规定不明确的，要按照本通知的要求审慎认定。对于违反地方性法规、部门规章的行为，不得认定为“违反国家规定”。

【法条链接】

《刑法》第96条

① 载《中国审判案例要览》2005年刑事审判案例卷。

第二章 贪污罪

22. 受委托管理、经营国有财产的人员如何认定？

刑法中受委托、经营国有财产，是指因承包、租赁、临时聘用等管理、经营国有资产。认定“受委托、经营国有财产的人员”，应从以下几个方面把握：（1）从委托的内容上，看被委托的内容是否具有公务的含义。这种公务是针对特定的人员和特定的物质对象所产生的公务事项，既有别于国家工作人员的“依法从事公务活动”中的公共事务，也有别于国有企业、事业单位对国有资产管理、经营中的生产性、服务型的劳务活动，必须是在受托范围内管理和经营国有财产。（2）从委托的主体看，委托主体必须是具有法定资格的法人组织，即只能是国家机关、国有公司、企业、事业单位、人民团体，这些单位的内部组织机构及下属部门或单位并不拥有对国有财产的所有权。（3）从委托的后果来看，受托人在接受委托进行经济活动中，必然产生经营效益，顺利完成公务性业务；或发生经营亏损，不能完成公务性业务。对这些结果，被委托人除了承担工作中失误的责任外，其他责任或效益，包括经济责任和经济效益等由委托方承担或享有。

【法条链接】

《全国法院审理经济犯罪案件工作座谈会纪要》（2003 年 11 月 13 日）

23. 因承包关系而经营、管理国有财产的行为如何认定?

在通常的承包经营关系中，主要有经营型承包和劳务型承包两种类型。对因承包关系而经营、管理国有财产行为的认定，需区分不同承包合同的类型，对于经营型承包关系中的经营行为和依照合同所进行的部分处分行为，不属于对所有权的侵犯，此时不存在贪污罪主体的构成问题。对于承包人违反合同约定和有关法律规定，行使了超出法律规定和合同约定的权利范围，造成了对国有财产的侵犯，如擅自处理国有财产，私自侵吞、占有属于国家的利润等行为人则可能构成贪污罪的主体。

24. 因租赁关系而经营、管理国有财产的行为如何认定?

租赁经营是指在不改变企业的全民所有制性质的条件下，实行所有权与经营权的分离，国有授权单位为出租方将企业有期限地交给承租方经营，承租方向出租方交付租金并依照合同规定对企业实行自主经营的方式。一旦租赁方违反法律规定，且违背与出租方签订的合同规定，对国有财产进行侵吞、占有的，可以构成贪污犯罪。

25. 因临时聘用而经营、管理国有财产的行为如何认定?

《刑法》中的临时聘用与聘用有较大的差别。聘用不受时间范围限制，而临时聘用一般是指在较短时间内的聘用人员，即单纯地针对某项工作或某一段时间内暂时聘用某些人员完成一些工作。《刑法》上，聘用可以视为国家工作人员，即准国家工作人员，被聘用人在受聘用期间与国家工作人员具有相同的身份待遇，而对于临时聘用来经营、管理国有财产的人，在侵吞、非法占有自己经营、管理国有财产时，才以贪污罪论处。

26. 租赁国有企业的人员盗卖国有资产的行为如何处理?

行为人租赁经营国有企业的行为，属于受委托管理、经营国有财产，符合刑法关于贪污罪规定的受国有企业委托管理、经营国有资产的人员，其利用职务上的便利盗卖国有财产并私分的行为，应当以贪污罪定罪处罚。

如朱洪岩贪污案:① 2002年年底，被告人朱洪岩与泗阳县食品总公司破产清算组签订租赁经营泗阳县食品总公司肉联厂（国有企业）的合同，租赁期限为2003年1月1日至2003年12月31日。协议签订前后，由韩林业、王士宇等9名股东入股经营，朱洪岩任厂长，韩林业、王士宇任副厂长。由于经营亏损，股东向朱洪岩索要股金。2003年11月份，朱洪岩让王士宇通过马庚国联系，与扬州市一名做废旧金属生意的商人蒋某达成协议，将肉联厂一台12V—135型柴油发电机和一台170型制冷机以8万元价格卖给蒋某。2004年1月2日深夜，被告人朱洪岩及韩林业、王士宇等人将蒋某等人及货车带到肉联厂院内，将两台机器及附属设备（价值9.4万余元）拆卸装车运走。被告人朱洪岩及韩林业、王士宇等人将蒋某的货车“护送”出泗阳后，携带蒋某支付的8万元返回泗阳。在王士宇家中，朱洪岩从卖机器款中取3万元给王士宇，让王士宇按股东出资比例予以分配，又取2000元交给韩林业，作为泗阳县食品公司破产清算组的诉讼费用。朱洪岩携带其余4.8万元潜逃。本案中，朱洪岩作为受委托代为管理、保管国有财产人员，利用职务之便，盗卖国有资产，其行为构成贪污罪。

27. 如何理解贪污罪的犯罪对象“公共财物”的范围?

贪污罪的犯罪对象是公共财物。具体包括：（1）国有财产，即国家所有的财产和物品，如国家机关、国有企业、事业单位的财产。（2）劳动群众集体所有的财产，即在我国集体经济体制下，属于集体所有的财产。现

① 刑事指导案例第692号，载《刑事审判参考》2011年第2集·总第79集。

阶段主要是指乡镇村办企业中的财产；集体企业与国有企业合资、合作组成的企业的财产属公共财产。(3) 用于扶贫和其他公益事业的社会捐助或者专项基金的财产，即“公共事业财产”，是指由社会捐助、赞助的财产，包括国内民间的捐助，国外的民间、政府组织、联合国及其机构捐助的财产。(4) 在国家机关、国有公司、企业、集体企业和人民团体管理、使用或者运输中的私人财产，以公共财产论。这部分财产的原所有权属于公民个人，但根据约定，公民将所属财产交给国家管理、使用后，其财产的所有权、使用权可能发生转移。如学生交给学校的学费、书本费，个人交给邮局投递的物品等。(5) 国内公务或外交活动中收受的财物，该礼物是国家工作人员在履行职责，从事公务活动中收受的，包括国内公务和对外交往中收受的，不包括与公务活动无关的亲友间的馈赠；该礼物是依照国家规定应当交公而不交公的。根据有关规定，国家工作人员对接受的礼品必须在一个月内交出并上交国库。所收礼品不按期交出的，按贪污论处。本规定所称的礼品，是指礼物、礼金、礼券以及以象征性低价收款的物品，具体包括：①以鉴定会、评比会、业务会、订货会、展销会、招待会、茶话会、新闻发布会、座谈会、研讨会以及其他会议的形式；②以祝贺春节、元旦、国庆节、中秋节和其他节假日的名义；③以试用、借用、品尝、鉴定的名义；④以祝寿、生日、婚丧嫁娶的名义；⑤以其他形式和名义。(6) 以公共财产论的非国有公司、企业及其他单位的财产。

【法条链接】

《刑法》第 91 条、第 183 条第 2 款

《国务院关于国家行政机关及其工作人员在国内公务活动中不得赠送和接受礼品的规定》(1988 年 12 月 1 日)

28. 违禁物品能否成为贪污罪的犯罪对象？

违禁物品是指国家规定禁止或限制生产、购买、运输和持有的枪支弹药、爆炸物品、剧毒化学品、毒品、窃听窃照专用器材等。违禁物品可以成为贪污罪的犯罪对象，如抢劫毒品、枪支，盗窃毒品、枪支等行为，构成抢劫罪、盗窃罪。如某国有事业单位在与海关联合打击走私毒品犯罪活

动中，凭海关出具的查处毒品走私委托授权，将走私入境的价值 1000 多万的冰毒予以扣押。该国有事业单位总经理和法制科主任共同将其中的部分毒品处理，得款 100 余万元据为己有，其余货物交海关处理。海关在调查过程中发现该批货物有短缺，对上述二人进行询问，二人如实交代了占有走私货物的事实，并将全部赃款予以退还。二人的行为构成贪污罪。首先犯罪对象不影响犯罪的性质，本案的犯罪对象虽然是毒品，毒品本身不是合法财物，但不能因为它是违禁品而否定其实际存在的财产价值。因为贪污犯罪侵害的客体不仅仅是财物的所有权，还有国有单位的正常活动和职务的廉洁性。某国有事业单位是在与海关联合打击走私过程中实施的行为，该事业单位经过海关授权，其工作人员在查处过程中的行为应当以国家工作人员论，上述二人的行为均构成贪污罪。

29. 违纪或非法财物能否成为贪污罪的犯罪对象？

违纪或非法财物是指国有单位通过非正当渠道取得财物，其中包括违反纪律或规章制度取得的财物，违反法律规定取得的财物以及通过犯罪手段取得的财物等多种形式。如公安机关将不应当没收的公民财产予以罚没，学校在招生工作中违反规定收取的“点招费”等。财产犯罪的对象范围不以合法所有或者持有的财物为限，不能以“点招费”的收取违反了国家有关规定、不属于合法收入为由，将其排除在《刑法》保护之外。《刑法》所保护的财产权利，源于相关民事、行政法律法规的规定，同时又具有相对的独立性。《刑法》上的财产，更多强调的是财产的经济价值性，而非合法性。违纪或非法财物可以成为贪污罪的犯罪对象。

如尚荣多等人贪污案：[①] 在原四川商业高等专科学校（以下简称商专）2001 年的招生工作中，被告人尚荣多以商专副校长身份和时任商专党委副书记的李域明负责招生小组的工作，学生处处长彭义斌具体负责收取和保管“点招费”。2001 年 10 月招生工作结束后，经尚荣多、李域明、彭义斌三人清点，除用于招生工作的开支，“点招费”余款为 34.2 万元。三人商

① 刑事指导案例第 312 号，载《刑事审判参考》2014 年第 4 集·总第 39 集。

量后决定，只向学校汇报并上缴 14.2 万元。2001 年 11 月 28 日，彭义斌将 20 万元转入以其子名义开设的个人账户。2002 年春节前，尚荣多、李域明和彭义斌共谋将截留的 20 万元私分，议定三人各得 6 万元，给原商专校长张某 2 万元。后尚荣多单独找到彭义斌商定：李域明仍得 6 万元，尚荣多得 5 万元、彭义斌得 4 万元，张某得 5 万元。后彭义斌给李域明 6 万元，存入尚荣多个人户头 5 万元，以学生处所留活动费的名义送给张某 5 万元，张某当时即将该款退回。事后，为逃避追查，被告人尚荣多、李域明及彭义斌三人商量了统一口径，约定谁都不许对外提截留、私分“点招费”一事。2001 年 12 月，被告人尚荣多指使彭义斌从“点招费”14.2 万元中提取部分钱款用作活动费用。彭义斌遂以奖励招生工作人员的名义向学校打报告，经当时负责行政工作的副校长蔡永恒签字同意后，从“点招费”中提出 5.7 万元。之后，彭义斌按照尚荣多的要求，将其中 7000 元用于学生处发奖金，5 万元于 2001 年 12 月 28 日存入尚荣多个人账户。尚荣多于同月 31 日、2002 年 1 月 4 日分两次取出此款，用于个人开支。法院经审理认为，国家行政主管部门明令禁止学校在招生工作中收取“点招费”，原商专校务会违反规定，决定收取“点招费”并将其中一部分用于奖励招生工作人员，情况属实。但是，原商专以学校名义违法收取的“点招费”，在行政主管部门未对学校的乱收费行为进行查处前，应当视为由原商专授权学生处管理的公共财产，即公款。被告人尚荣多、李域明等人共谋截留并侵吞该款的行为，侵犯了公共财物的所有权，构成贪污罪。

30. 不动产能否成为贪污罪的犯罪对象？

不动产是指实物形态的土地和与土地具有不可分割性的有形物质形态和无形物质形态，包括与地面直接相连的各种附属物。土地、房屋是最为常见的不动产，因其具有财产价值。贪污罪的对象不应仅限于动产，当然也包括不动产。公有房屋可以成为贪污犯罪的对象，不应以房屋属于不动产为由，而将公有房屋排除在贪污罪的犯罪对象之外。如于继红贪污案：[1]

---

① 刑事指导案例第 216 号，载《刑事审判参考》2012 年第 6 集·总第 29 集。

白山市建设银行房地产综合开发公司（以下简称开发公司）归还因开发建银小区而占用八道江房产管理所（以下简称房管所）商企房面积321.52平方米（5户），被告人于继红利用负责房管所回迁工作之机，于1993年12月18日在给财务科填报经租房产增加、减少通知单时，将建行开发公司归还的面积填报为305.75平方米，并将其中4户面积加大，从中套取商企房1户，面积为52.03平方米，价值人民币93133.70元，用于个人出租牟利。同年，白山市建设银行房地产综合开发公司开发建银小区时，于继红利用负责因开发建银小区拆迁房产管理所管理的房屋工作之机，在其母亲孙秀香购买拆迁户房屋面积时，虚添拆迁面积17平方米，价值人民币16320元，并将建行开发公司还房管所面积顶交其母所购买房屋取暖费、热水费2669.55元。综上，被告人于继红利用职务上的便利，非法占有公共财物计价值人民币112 123.25元。本案中，被告人于继红身为国家工作人员，利用职务便利，非法占有公共财物，数额在10万元以上，其行为已构成贪污罪。

31. 使用公款以个人名义购买房屋的，贪污的是公款还是房屋？

使用公款以个人名义购买房屋构成贪污罪的，贪污对象是公款而不是房屋。行为人利用职务之便，私自截留公款，假以单位名义购买并长期占有所购房屋的行为，构成贪污罪。在“党委扩大会”上共谋“集资购房”，将公款用于单位多人购买私房，构成共同贪污。

如高建华等人贪污案：[①] 1994年12月16日，时任郑州市二七区铭功路办事处党委书记的被告人高建华，主持召开了办事处党委扩大会议，被告人岳保生、张艳萍、许福成等参加了会议。会议讨论了用公款购买私房的问题，经研究决定，每人交集资款30000元，并动用祥云大厦给付铭功路办事处的拆迁补偿费，给包括四被告人在内的9人共购买房屋9套，并要求参与买房人员要保密。高建华还指示该办事处劳动服务公司会计将拆

① 刑事指导案例第462号，载《刑事审判参考》2007年第5集·总第58集。

迁补偿费不入服务公司账，单独走账。之后，9 人向服务公司各交纳了 30000 元，并选定了购买的房屋，后一人退出购房。铭功路办事处劳动服务公司陆续向中亨（河南）房地产开发管理有限公司等处汇款。其中，高建华用 245052.6 元（其中公款 215052.6 元），购买在郑州市南阳路中亨花园 1 号院 8 号楼房屋一套；岳保生用 253000 元（其中公款 223000 元），购买在二七区商业局第三贸易公司房屋一套；张艳萍用 223025.4 元（其中公款 193025.4 元），购买在郑州市南阳路中亨花园 1 号院 8 号楼房屋一套；许福成用 223025.4 元（其中公款 193025.4 元），购买在郑州市南阳路中亨花园 1 号院 8 号楼房屋一套。之后，四被告人均以个人名义交纳了契税。案发时，房屋所有权证尚未办理。

32. 土地使用权能否成为贪污的对象？

土地使用权具有财产性利益，属于刑法中的“公共财物”，可以成为贪污的对象。如杨延虎贪污案：[①] 被告人杨延虎 1996 年 8 月任浙江省义乌市委常委，2003 年 3 月任义乌市人大常委会副主任，2000 年 8 月兼任中国小商品城福田市场（2003 年 3 月改称中国义乌国际商贸城，简称国际商贸城）建设领导小组副组长兼指挥部总指挥，主持指挥部全面工作。2002 年，杨延虎得知义乌市稠城街道共和村将列入拆迁和旧村改造范围后，决定在该村购买旧房，利用其职务便利，在拆迁安置时骗取非法利益。杨延虎遂与被告人王月芳（杨延虎的妻妹）、被告人郑新潮（王月芳之夫）共谋后，由王、郑二人出面，通过共和村王某某，以王月芳的名义在该村购买赵某某的 3 间旧房（房产证登记面积 61.87 平方米，发证日期 1998 年 8 月 3 日）。按当地拆迁和旧村改造政策，赵某某有无该旧房，其所得安置土地面积均相同，事实上赵某某也按无房户得到了土地安置。2003 年 3、4 月份，为使 3 间旧房所占土地确权到王月芳名下，在杨延虎指使和安排下，郑新潮再次通过共和村王某某，让该村村民委员会及其成员出具了该 3 间旧房系王月芳 1983 年所建的虚假证明。杨延虎利用职务便利，要求兼任国

---

① 最高人民法院指导案例 11 号。

际商贸城建设指挥部分管土地确权工作的副总指挥、义乌市国土资源局副局长吴某某和指挥部确权报批科人员，对王月芳拆迁安置、土地确权予以关照。国际商贸城建设指挥部遂将王月芳所购房屋作为有村证明但无产权证的旧房进行确权审核，上报义乌市国土资源局确权，并按丈量结果认定其占地面积64.7平方米。此后，被告人杨延虎与郑新潮、王月芳等人共谋，在其岳父王某祥在共和村拆迁中可得25.5平方米土地确权的基础上，于2005年1月编造了由王月芳等人签名的申请报告，谎称“王某祥与王月芳共有三间半房屋，占地90.2平方米，二人在1986年分家，王某祥分得36.1平方米，王月芳分得54.1平方米，有关部门确认王某祥房屋25.5平方米、王月芳房屋64平方米有误”，要求义乌市国土资源局更正。随后，杨延虎利用职务便利，指使国际商贸城建设指挥部工作人员以该部名义对该申请报告盖章确认，并使该申请报告得到义乌市国土资源局和义乌市政府认可，从而让王月芳、王某祥分别获得72和54平方米（共126平方米）的建设用地审批。按王某祥的土地确权面积仅应得36平方米建设用地审批，其余90平方米系非法所得。2005年5月，杨延虎等人在支付选位费24.552万元后，在国际商贸城拆迁安置区获得两间店面72平方米土地的拆迁安置补偿（案发后，该72平方米的土地使用权被依法冻结）。该处地块在用作安置前已被国家征用并转为建设用地，属国有划拨土地。经评估，该处每平方米的土地使用权价值35270元。杨延虎等人非法所得的建设用地90平方米，按照当地拆迁安置规定，折合拆迁安置区店面的土地面积为72平方米，价值253.944万元，扣除其支付的24.552万元后，实际非法所得229.392万元。法院经审理认为，被告人杨延虎作为国家工作人员，利用担任义乌市委常委、义乌市人大常委会副主任和兼任国际商贸城指挥部总指挥的职务便利，伙同被告人郑新潮、王月芳以虚构事实的手段，骗取国有土地使用权，非法占有公共财物，三被告人的行为均已构成贪污罪。

33. 无形财产能否成为贪污罪的犯罪对象？

贪污罪的犯罪对象，通常是指具有财产价值的物品，这些物品不仅能够用价值来衡量，而且能够通过占有方式取得其财产所有权。对于无形财产，如果能够计算出价值，即无形财产在所有权方面的表现形态，如通信、电、燃气、自来水等这类无形财产，因可以通过有形的方式（仪表）表达，可以认定为贪污罪的犯罪对象。

34. 国有企业债券能否成为贪污罪的犯罪对象？

债券是政府、公司、企业或者金融单位等直接向社会借债筹措资金，向投资者发行的，具有本息价值的债券债务凭证。最为常见的是股票。债权具有融资性、流通性、偿还性、收益性和财产性的特点。债券具有财产价值，当然可以成为贪污罪的犯罪对象。能够作为贪污犯罪的债券，职能是政府、国有公司、企业债券，非国有公司、企业债券不能成为贪污罪的对象。但如果是非国有公司、企业财物处于国家或者国家工作人员管理、控制和经手过程中，该企业债券可以成为贪污罪的犯罪对象。

35. “非法占有公共财物”如何理解？

贪污罪在主观上必须出于故意，且具有非法占有公共财物的犯罪目的。贪污罪在主观上通常出于直接故意，即明知自己的行为会发生非法占有公共财物的结果，并且希望这种结果的发生。所有权具有占有、使用、收益、处分等四项权能。占有是指对于物的事实上的控制和支配，贪污罪的非法占有是指国家工作人员作为公共财物的非所有人，知道或应当知道自己对公共财物的控制、支配为非法占有，仍然希望控制、支配公共财物的犯罪心理。公共财产一旦被行为人非法占有，则其权利人无法行使所有权，合法权益受到严重侵害。贪污罪的主观故意也包括间接故意，即采取放任的态度占有公共财物。如国有单位工作人员明知没有偿还能力，利用职务便利截留本单位巨额钱款用于赌博等高风险活动或犯罪活动，客观上没有归还的，可以推定行为人对钱款具有非法占有的间接故意，构成贪污罪。

如沈国伟贪污案：[①] 上海市电力公司系国有企业法人，沪北供电公司系其分支机构。被告人沈国伟自 2002 年 12 月起，先后担任沪北供电公司市场部电费账务组账务员、市场开发组营销员、市场开发组组长、市场营销部客户服务专职等职，负责收取沪北供电公司相关客户单位的电费。2004 年 2 月至 2007 年 12 月间，沈国伟利用职务便利，以收缴电费为名，采用收取福德公司、上海乐凯纸业有限公司、上海绿新包装实业有限公司、上海联畅化学纤维厂、上海晶宝铜箔有限公司、上海金叶包装材料有限公司、上海欣丰卓群电路板有限公司等单位向沪北供电公司缴纳的电费不入账的方式，将截留的款项大部分用于赌博，小部分用于归还个人债务、套取现金等。至 2007 年 12 月案发，沈国伟的上述行为共计造成沪北供电公司损失 5 774 801.33 元。2007 年 12 月 14 日，沪北供电公司有关领导找被告人沈国伟谈话，沈国伟交代了涉案部分事实后逃逸至澳门。同月 22 日，沈国伟被抓获归案。法院经审理认为：被告人沈国伟在担任国有企业沪北供电公司电费账务组账务员、市场营销部客户服务专职等职期间，身为国家工作人员，利用负责收取沪北供电公司相关客户单位电费的职务便利，采用收款不入账的方法，截留福德公司等多家单位缴纳的电费后个人花用，侵吞沪北供电公司 577 万余元国有资产，其行为已构成贪污罪。

36. 贪污的动机是否影响行为性质的认定？

贪污罪的目的是非法占有公共财物，而现实中动机则是多种多样。贪污罪的动机是指刺激行为人实施贪污行为以达到非法占有目的的内心起因。动机不影响行为的性质，但反映行为人主观恶性程度，对量刑有影响。如为贪图腐化堕落的生活而贪污与因经济困难而贪污，应区别对待。

---

① 载《人民司法·案例》2010 年第 2 期。

37. 企业负责人截留单位收入不入账而用于其他开支的行为，如何认定？

认定企业负责人截留单位收入不入账而用于其他开支的行为，首先应当看行为人截取钱款的主观意图。如果行为人截取单位收入是为了个人占有，而不是为了单位或集体谋取福利，说明行为人主观上具有侵吞和非法占有公共财物的故意，可以认定行为人主观上具有贪污的故意；如果行为人截留单位收入不是为了个人私自占有，而是为了用于单位开支，逃避财务审计制度，说明行为人不具有非法占有的目的，不应认定为具有贪污的故意。其次，考察截留款项的用途和去向。主要目的在于证明行为人主观方面是否存在贪污的故意。如果截留的公款最终都用于单位开支，说明行为人主观上不存在非法占有公共财物的目的，虽然该行为违反了国家法律和财务管理制度，但并没有触犯刑法，不符合贪污罪的构成要件。实践中的情况比较复杂，应同时结合主观态度和客观行为进行考察。

38. 贪污罪中“利用职务上的便利”如何理解？

贪污犯罪的行为人必须是利用职务上的便利实施了非法占有公共财物的行为，如果行为人没有利用职务上的便利，则不能认定贪污罪。利用职务上的便利，与该国家工作人员的职务和身份相关，在具体认定时不能单纯以国家工作人员的身份来认定，必须把国家工作人员的身份与利用职务便利结合起来。“利用职务上的便利”是指利用职务上主管、管理、经手公共财物的权力及方便条件。所谓主管，是指国家工作人员拥有审查、批准、调拨、转移、安排使用或者以其他方式支配自己管理的单位或系统内部的财物的职权，主管通常不直接接触公共财物，但拥有支配公共财物的权力及方便条件，如国有公司、企业的董事长、总经理对本单位财物的支配权。所谓管理，也称保管、经管，是指行为人拥有保管、保护、看守公共财物的职权，通常直接接触公共财物，无须经第三者即可以直接实施非法占有公共财物的行为。所谓经手是指行为人有领取或支出公共财物的职权，通常是暂时地合法持有公共财物。

【法条链接】

《最高人民检察院关于人民检察院直接受理立案侦查案件立案标准的规定（试行）》（1999年8月6日）

39. 对利用过去职务上的便利行为，秘密窃取公共财物的行为如何认定？

利用职务上的便利，必须是直接地、现实地和特定地利用自己的职务之便；行为人利用过去的职务，不具有现实效力，本质上不是职务关系，仅仅是利用工作上的某种关系或条件，而不是直接利用本人主管、管理、经手公共财物的便利，不应当认定为贪污罪中的“利用职务之便”。如果符合盗窃罪构成要件的，以盗窃罪认定处罚。

40. 国家工作人员利用身份或地位非法占有公共财物的行为，是否构成贪污罪？

类似的情形，如国家工作人员在出差后虚报出差费用，在医药报销中虚报药费，在研究项目中虚报开支等应当根据行为发生时是否与其职务有关来认定。如果利用了本人职务上的便利，非法侵占了本单位财产，则构成贪污罪；如果没有利用职务上的便利，只是利用了工作之便，即使构成犯罪，也不应认定为贪污罪。

41. 贪污罪的行为方式：“侵吞、窃取、骗取或者以其他手段”如何理解？

贪污罪的行为方式主要表现为侵吞、窃取、骗取和其他手段。所谓侵吞，是指完全占有不属于自己的财产，如将公共财产据为己有，出于非法占有目的变卖公共财物，基于个人消费挥霍公款，或采用不入账、少计收入多计支出等方式侵占公款。所谓窃取，主要是指行为人利用职务上的便利，采用秘密窃取、监守自盗等手段，将自己经手和管理的公共财物非法占有。如出纳员窃取自己管理的保险柜内的金钱，仓库保管员窃取自己管理的公共物资等。所谓骗取，是指行为人通过故意隐瞒事实真相，实现对公共财物的非法占有。如国有保险公司工作人员利用职务上的便利，故意编造未曾发生的保险事故进行虚假理赔，骗取保险金归自己所有的，属于骗取式贪污。采用其他手段是对前三种行为方式的概括性兜底规定，因为无法穷尽实践中的各种贪污行为方式，以弥补可能存在的立法漏洞。如利用计算机系统信息网络技术实施贪污，常见的手段有修改运行程序或数据库，私增存款进行贪污；篡改电脑程序，虚增客户利息进行贪污；修改电脑计费程序进行贪污等。

42. 国家出资企业工作人员在改制过程中隐匿公司、企业财产归个人持股的改制后公司、企业所有的行为，如何处理？

国家工作人员或者受国家机关、国有公司、企业、事业单位、人民团体委托管理、经营国有财产的人员利用职务上的便利，在国家出资企业改制过程中故意通过低估资产、隐瞒债权、虚设债务、虚构产权交易等方式隐匿公司、企业财产，转为本人持有股份的改制后公司、企业所有，应当以贪污罪定罪处罚。贪污数额一般应当以所隐匿财产全额计算。改制后公司、企业仍有国有股份的，按股份比例扣除归于国有的部分。所隐匿财产在改制过程中已为行为人实际控制，或者国家出资企业改制已经完成的，以犯罪既遂处理。上述规定以外的人员实施该款行为的，以职务侵占罪定罪处罚；上述规定以外的人员与第1款规定的人员共同实施该款行为的，以贪污罪的共犯论处。在企业改制过程中未采取低估资产、隐瞒债权、虚设债务、虚构产权交易等方式故意隐匿公司、企业财产的，一般不应当认定为贪污；造成国有资产重大损失，国有公司、企业、事业单位人员失职罪、国有公司、企业、事业单位人员滥用职权罪或者徇私舞弊低价折股、出售国有资产犯罪的，依照相应规定定罪处罚。

如王志杰贪污案：[①] 吴江市医药总公司及吴江市医药总公司盛泽医药公司系全民所有制企业。1999 年，被告人王志杰任吴江市医药总公司总经理并兼任盛泽医药公司经理，负责包括盛泽医药公司在内的吴江市医药公司改制工作。同年 8 月，被告人王志杰利用其担任上述职务，在负责盛泽医药公司改制评估过程中，采用隐匿、瞒报等手段，侵吞位于盛泽镇太平街后街 25 号的 A－02、A－04、A－06 房产 3 套，共计价值人民币 553 056 元。2000 年 6 月 27 日，吴江市国医药业有限公司设立，注册资本 1043.8 万元，其中国有股占 667.79 万元，被告人王志杰任总经理。2001 年 1 月 10 日，涉案房产登记至吴江市国医药业有限公司盛泽分公司名下。2003 年 4 月，吴江市国医药业有限公司变更为自然人投资企业。2010 年 6 月，被告人王志杰交出上述房产所有权证。2010 年 10 月 12 日，涉案房产所有权人变更为吴江市商业资产经营有限公司。法院经审理认为，贪污罪中的非法占有，不应狭隘地理解为非法据为己有，只要未经所有权人同意而非法处置，永久排除所有权人对财物享有的所有权，即构成非法占有。被告人王志杰在国有公司改制过程中将国有房产隐匿，当时便取得该房产的实际控制。即便他之后又将房产登记至改制后企业的名下，该房产也为改制后企业所使用，但这只是对赃物的具体处置，不影响行为性质的认定。被告人王志杰身为国有公司中从事公务的人员，其利用职务上的便利，非法侵吞公共财物，其行为构成贪污罪。

【法条链接】

《刑法》第 168 条、第 169 条、第 271 条

《最高人民法院、最高人民检察院关于办理国家出资企业中职务犯罪案件具体应用法律若干问题的意见》（2010 年 11 月 26 日）

43. 国家工作人员虚构中介、增设中间环节获取非法利益的行为如何认定？

国家工作人员虚构中介、增设中间环节，截留国有资产的行为构成贪

---

① 载《人民司法·案例》2013 年第 20 期。

污罪。如某国有公司董事长在为本单位购买办公大楼过程中，与卖房经办人和某中介公司经理合谋，虚构买方应付给该中介公司300万元，得款后三人均分，通过虚设中间环节、抬高进价，从中贪污公款。

44. 国家工作人员骗取本单位应得利润的，是否构成贪污罪？

在贪污犯罪中，贪污的对象一般是本单位所有或者经营、管理的财产，对本单位应得的利润能否作为贪污犯罪的对象则存在不同认识。预期应得的利润如果没有产生，当然不可能成为贪污对象，但已经产生的利润经过本单位的账而被私人骗取，从民事法律关系上即属骗取本单位所有的财物。而且，通过与相关罪名作价值衡量，将该行为定性为贪污更符合立法精神。

如王烽等贪污案：[①] 重庆市武隆县山虎关水库管理局是该县水务局下设的事业单位。2006年10月16日，山虎关水库管理局与武隆县白马镇人民政府签订合同，承建白马镇移民新区消防设施建设工程，约定工程总投资21.83万元。时任山虎关水库管理局局长的被告人王烽，与时任该局副局长的被告人冯小龙觉得该工程有利可图，王烽提出伪造假承包合同，由冯小龙负责采购材料，并组织安排人员施工，把该工程款套出来。二人共谋后，冯小龙于同月15日伪造了“刘礼余”从山虎关水库管理局承包该工程土建部分的承包合同。2008年10月18日，在山虎关水库管理局班子成员会议上，二人及其他班子成员谈到该工程时，确定由冯小龙负责监督实施。双方又于同月20日签订补充合同，对工程施工、验收及计算方法作了调整。冯小龙随后找到本单位工程科科长杨龙海、谭金勇，说白马镇移民办公室（以下简称移民办）出钱安装消防设施，让杨龙海等人设计安装，移民办承诺安装一个消防栓给280元。杨龙海等人即组织民工施工。冯小龙花费数万元采购材料，并在开具发票时虚增购买金额至132622元。工程完工后，经验收和结算审核，该工程定案金额为221582.06元，白马镇移民办据此付款。冯小龙以“刘礼余”的名义先后将该款领出，并以其

① 载《人民司法·案例》2010年第4期。

岳母的名字存入银行，用于采购材料，支付工程税金 11079.10 元，支付杨龙海等人劳务费 5600 元，并将 1 万元打回本单位小金库。王烽、冯小龙将利润 13.9222 万元私分。后经鉴定：该工程合计造价 166583 元，其中含计划利润 3770.15 元。法院经审理后认为，被告人王烽、冯小龙身为国家工作人员，利用职务之便，采取伪造虚假合同、虚增材料费的手段，将本单位公款占为己有，构成贪污罪。

45. 国有公司、企业在改制过程中隐匿公司、企业财产归职工集体持股的改制后公司、企业所有的行为，如何处理？

国有公司、企业违反国家规定，在改制过程中隐匿公司、企业财产，转为职工集体持股的改制后公司、企业所有的，对其直接负责的主管人员和其他直接责任人员，依照《刑法》第 396 条第 1 款的规定，以私分国有资产罪定罪处罚。改制后的公司、企业中只有改制前公司、企业的管理人员或者少数职工持股，改制前公司、企业的多数职工未持股的，以贪污罪定罪处罚。

【法条链接】

《最高人民法院、最高人民检察院关于办理国家出资企业中职务犯罪案件具体应用法律若干问题的意见》（2010 年 11 月 26 日）

46. 国企改制前后主体身份发生变化的犯罪，如何处理？

国家工作人员在国家出资企业改制前利用职务上的便利实施犯罪，在其不再具有国家工作人员身份后又实施同种行为，依法构成不同犯罪的，应当分别定罪，实行数罪并罚。国家工作人员利用职务上的便利，在国家出资企业改制过程中隐匿公司、企业财产，在其不再具有国家工作人员身份后将所隐匿财产据为己有的，依法以贪污罪定罪处罚。国家工作人员在国家出资企业改制过程中利用职务上的便利为请托人谋取利益，事先约定在其不再具有国家工作人员身份后收受请托人财物，或者在身份变化前后连续收受请托人财物的，以受贿罪定罪处罚。

【法条链接】

《刑法》第 382 条、第 383 条、第 385 条、第 386 条

《最高人民法院、最高人民检察院关于办理国家出资企业中职务犯罪案件具体应用法律若干问题的意见》（2010 年 11 月 26 日）

47. 关于贪污贿赂的定罪量刑标准，不同地区有差异吗？

《刑法修正案（九）》对贪污贿赂罪实行统一的定罪量刑标准，不同地区没有差别，采取“数额＋情节”的模式规定贪污罪、受贿罪的定罪量刑标准。《关于办理贪污贿赂刑事案件适用法律若干问题的解释》对贪污贿赂犯罪的定罪量刑标准作出规定，没有实行“幅度数额”，而是规定统一适用于全国的标准，有利于统一开展反腐败工作。常见贪污贿赂犯罪的定罪量刑能做到有据可依，在情节的设置上辅以不同的犯罪数额限制，以此增进司法的确定性，避免因情节难以量化而出现操作性问题。

【法条链接】

《最高人民法院、最高人民检察院关于办理贪污贿赂刑事案件适用法律若干问题的解释》（2016 年 4 月 18 日）

48. 涉贪污贿赂刑法与党纪、行政处分之间的关系是什么？

纪严于法、纪在法前，强调的是纪律的规定要严于国家法律规定。惩治腐败在刑罚之前还有党纪、行政处分，两者之间必须做到相互衔接、相互协调，为党纪、政纪发挥作用留有空间，体现“把党纪挺在前面”的精神。

49. 贪污罪数额较大的标准是什么？如何处罚？

贪污数额在三万元以上不满二十万元的，应当认定为《刑法》第 383 条第 1 款规定的“数额较大”，依法判处三年以下有期徒刑或者拘役，并处罚金。以上、以下均包含本数。

【法条链接】

《刑法》第383条第1款

《最高人民法院、最高人民检察院关于办理贪污贿赂刑事案件适用法律若干问题的解释》（2016年4月18日）第1条

50. 将贪污罪、受贿罪起点数额提高到三万元，是否意味着低于三万元的贪污、受贿行为就不作为犯罪处理了？

答案是否定的。贪污、受贿一万元以上不满三万元，根据《刑法修正案（九）》关于数额与情节并重的立法精神，有其他较重情节的即应追究刑事责任；数额不满“数额巨大”“数额特别巨大”，但达到起点一半，同时具有规定情节的，应当认定为“严重情节”或“特别严重情节”，依法处罚。

【法条链接】

《最高人民法院、最高人民检察院关于办理贪污贿赂刑事案件适用法律若干问题的解释》（2016年4月18日）

51. 贪污罪的其他较重情节如何理解？如何处罚？

贪污数额在一万元以上不满三万元，具有下列情形之一的，应当认定为《刑法》第383条第1款规定的“其他较重情节”，依法判处三年以下有期徒刑或者拘役，并处罚金：（1）贪污救灾、抢险、防汛、优抚、扶贫、移民、救济、防疫、社会捐助等特定款物的；（2）曾因贪污、受贿、挪用公款受过党纪、行政处分的；（3）曾因故意犯罪受过刑事追究的；（4）赃款赃物用于非法活动的；（5）拒不交待赃款赃物去向或者拒不配合追缴工作，致使无法追缴的；（6）造成恶劣影响或者其他严重后果的。

【法条链接】

《刑法》第383条第1款

《最高人民法院、最高人民检察院关于办理贪污贿赂刑事案件适用法律若干问题的解释》（2016年4月18日）第1条

52. 贪污罪数额巨大的标准是多少？如何处罚？

贪污数额在二十万元以上不满三百万元的，应当认定为《刑法》第383条第1款规定的“数额巨大”，依法判处三年以上十年以下有期徒刑，并处罚金或者没收财产。

【法条链接】

《刑法》第383条第1款

《最高人民法院、最高人民检察院关于办理贪污贿赂刑事案件适用法律若干问题的解释》（2016年4月18日）第2条

53. 贪污罪的“其他严重情节”如何理解？如何处罚？

贪污数额在十万元以上不满二十万元，具有以下情形之一的，应当认定为《刑法》第383条第1款规定的“其他严重情节”，依法判处三年以上十年以下有期徒刑，并处罚金或者没收财产：（1）贪污救灾、抢险、防汛、优抚、扶贫、移民、救济、防疫、社会捐助等特定款物的；（2）曾因贪污、受贿、挪用公款受过党纪、行政处分的；（3）曾因故意犯罪受过刑事追究的；（4）赃款赃物用于非法活动的；（5）拒不交待赃款赃物去向或者拒不配合追缴工作，致使无法追缴的；（6）造成恶劣影响或者其他严重后果的。

【法条链接】

《刑法》第383条第1款

《最高人民法院、最高人民检察院关于办理贪污贿赂刑事案件适用法律若干问题的解释》（2016年4月18日）第1条、第2条

54. 贪污罪数额特别巨大的标准是多少？如何处罚？

贪污数额在三百万元以上的，应当认定为《刑法》第383条第1款规定的“数额特别巨大”，依法判处十年以上有期徒刑、无期徒刑或者死刑，

并处罚金或者没收财产。数额特别巨大，并使国家和人民利益遭受特别重大损失的，处无期徒刑或者死刑，并处没收财产。死刑立即执行只适用于犯罪数额特别巨大，犯罪情节特别严重，社会影响特别恶劣，造成损失特别重大的贪污、受贿犯罪分子。司法机关在审判案件时，对于极少数罪行特别严重、依法应当适用死刑立即执行的犯罪分子，坚决判处死刑立即执行。

【法条链接】

《刑法》第 383 条第 1 款

《最高人民法院、最高人民检察院关于办理贪污贿赂刑事案件适用法律若干问题的解释》(2016 年 4 月 18 日) 第 2 条

55. 如何理解贪污罪的其他特别严重情节？如何处罚？

贪污数额在一百五十万元以上不满三百万元，具有以下情形之一的，应当认定为《刑法》第 383 条第 1 款规定的“其他特别严重情节”，依法判处十年以上有期徒刑、无期徒刑或者死刑，并处罚金或者没收财产：(1) 贪污救灾、抢险、防汛、优抚、扶贫、移民、救济、防疫、社会捐助等特定款物的；(2) 曾因贪污、受贿、挪用公款受过党纪、行政处分的；(3) 曾因故意犯罪受过刑事追究的；(4) 赃款赃物用于非法活动的；(5) 拒不交待赃款赃物去向或者拒不配合追缴工作，致使无法追缴的；(6) 造成恶劣影响或者其他严重后果的。

【法条链接】

《刑法》第 383 条第 1 款

《最高人民法院、最高人民检察院关于办理贪污贿赂刑事案件适用法律若干问题的解释》(2016 年 4 月 18 日) 第 1 条、第 3 条

56. 多次贪污未经处理的，贪污数额如何计算？

对多次贪污未经处理的，按照累计贪污数额处罚。多次贪污未经处理，是指两次以上的贪污行为，未被发现或者虽经发现但未给予刑事处罚

或者任何行政纪律处分。对于累计贪污数额的，应按刑法有关追诉时效的规定执行，在追诉时效期限内的贪污数额应累计计算，已过追诉时效的贪污数额不予计算。在追诉期限以内又犯贪污罪的，前次贪污犯罪追诉的期限，从犯后罪之日起计算。

【法条链接】

《刑法》第383条第2款

57. 股票贪污案件中，如何认定犯罪数额？

股票是股份公司为筹集资金而发行给股东的持股凭证，持有股票的股东可以凭借该股票取得股息和红利。股票作为有价证券，当然可以作为贪污罪的犯罪对象。认定贪污股票的额数，应根据股票变化的实际价格和股票的类型来确定。（1）贪污单位持有的一级市场股票，通常以行为时的成交价格来计算，可能浮动的价值可以作为量刑情节予以考虑；如果这类股票已经确定了出售价格，则可以按照确定的出售价格计算贪污数额。（2）贪污单位持有的二级市场股票，通常以行为人非法占有股票后，予以抛售时的价格确定，如果非法占有人继续持有股票，以案发当时市场上该股票的实际价格来计算贪污数额。（3）动用本单位公款以个人名义购买股票的，贪污数额应当以行为人从单位侵吞款项时的实际数额计算，如果行为人利用非法占有的单位公款购买股票获得收益，其收益属于非法所得，应依法予以没收后上缴国库。

58. 国家工作人员侵吞本公司股票发行差价款的行为，是否构成贪污罪？

国家工作人员利用职务便利，将本单位财物非法占为己的行为，应以贪污罪定罪处罚。至于侵吞的股票发行差价款，只要属于“本单位财物”，是否为“公共财物”，不影响贪污罪的认定。

如江仲生等人贪污案：[①] 1994年6月，经中共四川省委组织部川组任（1994）146号批复和中共中国东方电气集团公司党组东司党组干字（94）第021号批复，江仲生任东方锅炉（集团）股份有限公司董事长，程兆峰为副董事长、执行董事，马一中为副董事长、总经理，何允明为执行董事、副总经理。1996年11月，东方锅炉（集团）股份有限公司（以下简称东锅公司）的股票，准备在上海证券交易所挂牌上市，被告人江仲生、马一中、何允明、程兆峰利用可以调拨股票的职务便利，经商议，先后两次由程兆峰从董事会秘书贺建强保管的股票中，领出80万股，何允明、程兆峰到成都分别以每股人民币7元、8.8元的价格卖给北京天龙股份有限公司，获款人民币650万元。除将本金交还外，差额部分由程兆峰、何允明用化名存入银行，存折由程兆峰保管。1996年11月，被告人江仲生、何允明、马一中、程兆峰考虑到政府规定不允许公司董事买卖自己公司的股票，便由何允明出面，用东锅公司的股票20万股换回四川银山化工股票20万股后，四人各分5万股。后何、程二人将四人手中的该20万股股票以13.5元的价格卖给北京比特股份有限公司，获款人民币270万元。何在交还本金后，将差额款用化名存入银行，存折仍交由程兆峰保管。1996年12月，东锅公司决定以奖励股票的方式奖励公司领导和部分中层干部。会后，被告人江仲生、何允明、马一中、程兆峰利用职务之便，擅自决定四人各多分8万股，由何允明办好托管手续后，分别交本人自行处理。江仲生获利人民币735 304元，何允明获利人民币925 960元，马一中获利人民币739 328元，程兆峰获利人民币696 904元。综上，江仲生、何允明、马一中、程兆峰四被告人利用管理、支配公司股票的职务便利，先后出售本公司股票计132万股，获取人民币计1229.7496万元。除按规定比例交还股本认购金外，其余904.1496万元差价款则全部为四被告人私分。其中，被告人江仲生分得人民币222.1304万元，被告人何允明获利人民币241.196万元，被告人马一中获利人民币222.5328万元，被告人程兆峰获利人民币218.2904万元。上述四被告人将本该交回公司的巨额差价款占为己有，属利用职务之便侵吞溢价发行款的贪污行为。

---

① 刑事指导案例第331号，载《刑事审判参考》2004年第4集·总第39集。

【法条链接】

《刑法》第 271 条第 2 款

59. 共同贪污犯罪故意如何认定?

所谓共同的贪污犯罪故意，是指各犯罪行为人之间具有非法占有公共财物的意思联络，彼此都认识到其共同行为都会发生侵犯公共财物所有权的危害结果，并且具有希望这种危害后果发生的心理态度。意思联络主要是指实行犯与其他共同犯罪人之间的意思联络。

60. 国家工作人员与非国家工作人员共同非法占有单位财物的行为，如何认定?

对于国家工作人员与非国家工作人员共同非法占有单位财物的行为，应区分不同的情况进行处理：(1) 行为人与国家工作人员勾结，利用国家工作人员的职务便利，共同侵吞、窃取、骗取或者以其他手段非法占有公共财物的，以贪污罪共犯论处。(2) 行为人与公司、企业或者其他单位的人员勾结，利用公司、企业或者其他单位人员的职务便利，共同将该单位财物非法占为己有，数额较大的，以职务侵占罪共犯论处。(3) 公司、企业或者其他单位中，不具有国家工作人员身份的人与国家工作人员勾结，分别利用各自的职务便利，共同将本单位财物非法占为已有的，按照主犯的犯罪性质定罪。

【法条链接】

《最高人民法院关于审理贪污、职务侵占案件如何认定共同犯罪几个问题的解释》(2000 年 7 月 8 日)

《全国法院审理经济犯罪案件工作座谈会纪要》(2003 年 11 月 13 日)

61. 共同贪污的犯罪数额如何认定?

在共同贪污犯罪中，贪污数额既有共同贪污的总数额，又有各共同犯罪行为人在贪污后分赃产生的个人所得数额。对贪污共同犯罪中的各共犯应当根据其犯罪的地位、作用以各自犯罪所得的总数额负责。对于共同贪污数额的计算，应当分别情况进行处理：（1）对于组织、领导犯罪集团的首要分子，应当按照贪污犯罪集团所贪污的全部数额进行处罚；（2）对于贪污犯罪集团首要分子以外的其他主犯，应当按照其所参与的或者组织、指挥的全部贪污的数额处罚；（3）对于从犯，应当按照其所参与的全部贪污数额确定法定刑幅度，然后依法从轻、减轻处罚或者免除处罚；（4）对于胁从犯，也应当按照其所参与的数额确定法定刑幅度后，再根据其犯罪情节减轻处罚或者免除处罚。

"贪污数额"，在共同贪污犯罪案件中应理解为个人所参与或者组织、指挥共同贪污的数额，不能只按个人实际分得的赃款数额来认定。

【法条链接】

《刑法》第26条、第27条

62. 贪污罪如何适用从宽处罚情节？

考虑到国家反腐败工作的形势，对腐败犯罪的打击要充分体现宽严相济的刑事政策，既加强对严重腐败犯罪的打击力度，又要对有悔改表现的予以适当从宽处罚。因此，《刑法修正案（九）》对贪污犯罪从宽处罚作了特别规定：在提起公诉前如实供述自己罪行、真诚悔罪、积极退赃，避免、减少损害结果的发生，有《刑法》第383条第（1）项规定情形的，可以从轻、减轻或者免除处罚；有刑法383条第（2）项、第（3）项规定情形的，可以从轻处罚。该款规定的适用应把握以下几点：

（1）犯贪污罪的行为人必须如实供述自己罪行、真诚悔罪、积极退赃。如实供述自己罪行，是指犯罪人对自己所犯的罪行，要如实、无保留地向司法机关供述；真诚悔罪，是指犯罪人对自己所犯罪行真心悔过；积极退赃，是指犯罪人积极主动退还贪污所得的财物。这里规定的如实供述自己罪行、真诚悔罪、积极退赃，是并列条件，不是选择条件，因此要求是同时具备。这三点反映了犯罪人主观上的认罪态度和悔罪表现的程度。

（2）避免、减少损害结果的发生。这是要求犯罪人不仅主观上认罪、悔罪，客观上还要达到避免、减少损害结果的发生的实际效果。

（3）针对不同程度的犯罪，从宽的幅度也不同。对于“贪污数额较大或者有其他较重情节”的，可以从轻、减轻或者免除处罚；但对“贪污数额巨大或者有其他严重情节的”以及“贪污数额特别巨大或者有其他特别严重情节的”两档比较严重的情形，则是可以从轻处罚，不能减轻或者免除处罚。这个规定充分体现了宽严相济的刑事政策，对较轻的贪污受贿犯罪，从宽的幅度比较大，对比较严重的贪污受贿犯罪，从宽的幅度较小。

（4）犯罪人的认罪态度和悔罪表现时间要求在提起公诉以前。提起公诉，是指人民检察院对侦查终结移送起诉的案件，经审查，认为犯罪事实已经查清，证据确实、充分，依法应当追究刑事责任的，按照审判管辖的规定，提交人民法院审判的诉讼活动。提起公诉，表明案件事实和证据已经查清楚，可以依法对该犯罪人进行审判。

【法条链接】

《刑法》第 383 条第 1、3 款

63. 贪污、受贿罪如何适用终身监禁？

犯贪污、受贿罪，数额特别巨大，并使国家和人民利益遭受特别重大损失的，被判处死刑缓期执行的，人民法院根据犯罪情节等情况可以同时决定在其死刑缓期执行二年期满依法减为无期徒刑后，终身监禁，不得减刑、假释。《刑法修正案（九）》新增加了贪污罪判处死缓减为无期徒刑后终身监禁的规定。终身监禁是介于死刑立即执行与一般死缓之间的一种执行措施，但又比一般死缓更为严厉。适用终身监禁需把握以下几点：

（1）适用对象的特定性。终身监禁适用于贪污、受贿数额特别巨大，并使国家和人民利益遭受特别重大损失，被判处死刑缓期执行的犯罪分子。即主要针对那些判处死刑立即执行过重，判处一般死缓又偏轻的重大贪污受贿罪犯。

（2）人民法院根据犯罪情节决定。对上述贪污、受贿犯罪分子判处死刑缓期执行的，人民法院要根据其所实施犯罪的具体情节综合考虑，来决定是否需要终身监禁。不是所有贪污受贿犯罪被判处死刑缓期执行的都要终身监禁，是否终身监禁，要由人民法院根据情节掌握。终身监禁的决定应在判处死刑缓期执行的同时作出，而不是在死刑缓期执行二年期满后作出。以此强调终身监禁一旦决定，不受执行期间服刑表现的影响。

（3）终身监禁不得减刑、假释。被判处死刑缓期执行的犯罪分子在死刑缓期执行二年期满依法减为无期徒刑后，如被人民法院决定终身监禁的，则依法不能减刑、假释。因减为无期徒刑后，也不符合《刑事诉讼法》第254条有关暂予监外执行的规定，暂予监外执行的对象是判处有期徒刑和拘役的罪犯，因此，终身监禁的罪犯也不能暂予监外执行。

【法条链接】

《刑法》第383条第1、4款

64. 贪污罪的既遂与未遂如何认定?

贪污罪是一种以非法占有为目的的财产性职务犯罪，与盗窃、诈骗、抢夺等侵犯财产罪一样，应当以行为人是否实际控制财物作为区分贪污罪既遂与未遂的标准。对于行为人利用职务上的便利，实施了虚假平账等贪污行为，但公共财物尚未实际转移，或者尚未被行为人控制就被查获的，应当认定为贪污未遂：行为人控制公共财物后，是否将财物据为已有，不影响贪污既遂的认定。

如徐华、罗永德贪污案：[①] 路桥燃料公司原系国有企业。1998年，路桥燃料公司进行产权制度改革，在资产评估过程中，被告人徐华明知公司的应付款账户中有三笔共计47.435738万元系上几年虚设，而未向评估人员作出说明，隐瞒该款项的真实情况，从而使评估人员将该三笔款项作为应付款评估并予以确认。同年12月，路桥区政府路政发（1998）147号文件同意路桥燃料公司产权制度改革实施方案。此后，路桥燃料公司在21名职工中平均配股。2000年4月，被告人罗永德从徐华处得知公司资产评估中存在虚报负债的情况。同年6月，二被告人在部分职工得知内情要求私分的情况下，商定召开职工大会，经讨论并确定虚报负债部分用于冲减

① 刑事指导案例第124号，载《刑事审判参考》2001年第8集·总第19集。

企业亏损或上交国有资产管理部门。6 月 30 日，路桥燃料有限公司股东大会选举产生董事会，董事长为徐华、副董事长为罗永德。尔后，二被告人和应文伟等 5 人收购了其他 16 名股东的全部股份，并于 2000 年 8 月 17 日正式成立路桥燃料有限公司。自 2000 年 4 月份以来，罗永德明知公司资产评估中存在虚报负债的情况，而未向有关部门报告并继续同徐华一起到有关部门办理企业改制的后继手续。2000 年 9 月 7 日，路桥燃料有限公司向路桥区财政局交清路桥燃料公司国有资产购买款 465.3969 万元。随后，被告人徐华、罗永德等人积极办理公司产权转移手续。案发时，手续尚在办理之中。案发以后，路桥燃料有限公司于 2000 年 11 月 28 日将 47.435738 万元上交给路桥区财政局国资科。法院经审理认为：被告人徐华身为国有公司工作人员，为达到非法占有的目的，在国有企业改制的资产评估中，对公司虚设负债款不作说明，从而骗取评估人员的确认；被告人罗永德明知该公司在资产评估中存在着虚报负债的情况，而积极与徐华一起到有关部门办理企业改制后继手续，造成国有资产即将转移。被告人徐华、罗永德的行为均已构成贪污（未遂）罪。

【法条链接】

《全国法院审理经济犯罪案件工作座谈会纪要》（2003 年 11 月 13 日）

65. 国家工作人员与非国家工作人员勾结共同非法占有单位财物的行为如何认定？

对于国家工作人员与他人勾结，共同非法占有单位财物的行为，应当区分情况进行处理：（1）行为人与国家工作人员勾结，利用国家工作人员的职务便利，共同侵吞、窃取、骗取或者以其他手段非法占有公共财物的，以贪污罪共犯论处。（2）行为人与公司、企业或者其他单位的人员勾结，利用公司、企业或者其他单位人员的职务便利，共同将该单位财物非法占为己有，数额较大的，以职务侵占罪共犯论处。（3）在公司、企业或者其他单位中，非国家工作人员与国家工作人员勾结，分别利用各自的职务便利，共同将本单位财物非法占有的，应当尽量区分主从犯，按照主犯的犯罪性质定罪。司法实践中，如果根据案件的实际情况各共同犯罪人在共同犯罪中的地位、作用相当，难以区分主从犯的，可以贪污罪定罪处罚。

【法条链接】

《最高人民法院关于审理贪污、职务侵占案件如何认定共同犯罪几个问题的解释》（2000 年 7 月 8 日）

66. 贪污罪与盗窃罪、诈骗罪、侵占罪的界限是什么？

前者的犯罪对象仅限于公共财物，后者对象既可以是公共财物，也可以是公民私人所有的财物；前者的行为包括利用职务之便的侵吞、窃取、骗取及其他手段；后者的行为分别是特定的窃取、骗取与侵占行为，不存在利用职务之便的问题；前者为身份犯，后者为非身份犯，即使行为人利用了职务上的便利，但非法占有的财产并非其主管、管理、经手的财物，也不成立贪污罪。如在甲单位征用土地的过程中，土地管理局的工作人员乙与被征用土地的农民丙相互勾结，由丙多报土地上的庄稼数，乙加盖土地管理局的印章予以证明，进而从甲单位多领补偿款的，不成立贪污罪，成立诈骗罪。

67. 贪污罪与职务侵占罪的界限是什么？

两者的区别表现在：（1）虽然均为身份犯，但身份内容不同：前者的行为主体必须是国家工作人员以及受国家机关、国有公司、企业、事业单位、人民团体委托管理、经营国有财物的人员；后者的行为主体是除上述人员以外的公司、企业及其他单位的人员。（2）前者的犯罪对象只能是公共财物，其中主要是国有财物；后者的犯罪对象虽然可以是公共财物（如集体所有的财物），但还包括私营公司、企业的财物。

68. 共同贪污犯罪与私分国有资产罪的界限是什么？

私分国有资产罪是指国家机关、国有公司、企业、事业单位、人民团体，违反国家规定，以单位名义将国有资产集体私分给个人，数额较大的行为。私分国有资产罪与共同贪污犯罪的区别主要表现在：（1）犯罪主体不同。私分国有资产罪是单位犯罪，贪污罪则是自然人犯罪。认定构成单位犯罪的关键在于行为的实施是否以单位的名义，代表单位的意志。（2）行为方式不同。私分国有资产罪一般表现为本单位领导集体研究决定并由单位统一组织实施，尽管往往采取一定的欺骗手段以逃避有关部门的监管，但就本单位内部而言是相对公开的，具有较大程度和较大范围的公开性；贪污罪表现为行为人利用职务便利，以侵吞、窃取、骗取等不为人所知或者他人不知实情的方式实施，除了行为人或者共同行为人之外，其他人并不知情，具有相当的秘密性和隐蔽性。（3）受益人员的数量、构成不同。私分国有资产属于集体私分行为，表现为单位多数员工甚至所有员工均实际分取了财物，在受益人员的数量上具有多数性特征，而且一般不以某一特定层面为限，在受益人员的构成上具有广泛性特征。在私分国有资产行为当中，决策和具体执行的人员可以不是实际受益人，但是，实际受益人员不能仅仅局限在决策和具体执行等少数人员。贪污罪属于个人侵占行为，分取赃物人与贪污行为人是直接对应的，具有一致性。在共同贪污犯罪中，分取赃物人仅限于参与决策、具体实施贪污行为以及为贪污行为提供帮助等共同犯罪人。

69. 贪污罪与受贿罪的界限是什么？

贪污罪与受贿罪的主要区别表现在：（1）犯罪对象不同。贪污罪侵犯的对象是公共财产，大多数情况下属于本单位财产或者本人掌握、开支、管理下的公共财产，不属于社会上其他人的财产；而受贿罪的犯罪对象大部分是社会上的其他财产，当然也不排除少数单位行贿的财产。（2）行为方式不同。贪污罪的行为人是采用侵吞、窃取、骗取以及其他手段将公共财物非法占有；受贿罪的行为人是采取索取或者非法收受他人财物的方式非法占有财物。（3）故意的内容不同。贪污罪行为人在主观方面是为了非法占有公共财物，心态比较积极；受贿罪行为人主观上是收受他人贿赂，心态相对消极，本质上是权钱交易。

70. 国家工作人员利用职务上的便利以单位的名义向有关单位索要“赞助款”并占为己有的行为，是索贿还是贪污？

对于国家工作人员利用职务上的便利，以本单位的名义向具有被其职权制约的相关单位索要财物并占为己有的行为，在索要人的真实意图和被索要人的行为指向不相对应时，应认定为贪污罪。

如阎怀民、钱玉芳被控贪污、受贿案：[①] 1996年1月，阎怀民（原系江苏省体制改革委员会副主任、江苏省市场协会理事长、法定代表人）以市场协会需投资为由，向苏交所索要80万元。阎怀民、钱玉芳为方便该款的取得，商议开设市场协会的银行临时账户。经阎向钱提供市场协会相关证件，由钱办理了开户事宜。后钱玉芳持阎怀民提供的市场协会介绍信直接到苏交所办理了该80万元转至市场协会上述临时账户的手续。该款到账后，钱玉芳按阎怀民的要求提现并交给阎50万元及以9.9904万元人民币购买的面值为10万元的国库券一张，余款20.0096万元被钱个人取得。苏交所事后要市场协会就以上80万元出具手续，阎怀民遂向体改委工会要了空白收据一张并加盖市场协会公章，经钱玉芳以借款为由填写内容后直接交苏交所入账。以市场协会名义向苏交所索要80万元赞助款后，虽应苏交所的要求以市场协会名义出具的系借款手续，但根据阎向苏交所虚构要款事由，“借”款主体为单位，阎、钱二人另开账户秘密私分，至案发前数年未还，苏交所亦从未催要，得知有关部门查处后阎、钱二人共谋伪造证据等事实，应当认定阎在取得该款时没有归还的意图，具有个人占有性质。阎与钱在得知有关部门查处后，以不成对价之货物向苏交所抵“债”的行为，系在上述犯罪既遂后，为掩盖其犯罪事实之行为，不能改变原犯罪行为的性质。阎怀民以单位名义向苏交所要款，以其法定代表人的职权开设账户，并将苏交所汇至其单位账户中的款项与他人秘密私分的行为，缺乏索贿行为中被索贿人对索贿人行为性质的认知和向索贿人付款之行为指向的目的特征，故不属受贿罪的性质。钱玉芳为顺利取得苏交所赞助市

① 刑事指导案例第334号，载《刑事审判参考》2005年第1集·总第42集。

场协会的款项，利用上诉人阎怀民的职务之便，伙同阎实施了开设市场协会账户，持市场协会介绍信至苏交所办理80万元转账手续，提现后与阎怀民私分，填写阎怀民交付的空白单位收据后交给苏交所充账，向有关部门作假证明等。其虽曾辩解其所得本案之款项已用于市场协会出资的昊宇公司之经营活动，但由于其与阎系秘密取得市场协会公款，即使其将该款项已用于昊宇公司，在市场协会和昊宇公司分别未作相应账务反映的情况下，市场协会作为昊宇公司出资单位之一，对该款项仍然没有出资单位应有的主张权利、取得收益的依据，显然其辩解不能改变市场协会公款被其个人实际控制支配的状态。阎怀民利用职务便利，伙同钱玉芳共同非法占有苏交所赞助市场协会80万元的行为，均已构成贪污罪。

71. 截留本单位利润款的贪污行为与收受回扣的受贿行为，如何区分？

一般而言，通过犯罪对象，可以对贪污与受贿作出清楚的界定。行为人所取得的财物系他人（包括单位）的财物，即为受贿；所取得的财物系本单位的公共财物（包括本单位管理、使用或者运输中的私人财物），即为贪污。但是，在经济往来中，国家工作人员利用签订、履行合同的职务便利，经由交易对方以各种名义的回扣、手续费等形式给付其个人的财物，不能不加区别地一概认定为《刑法》第385条第2款规定的受贿行为，而应当结合交易的真实情况，具体分析行为人所获得的财物实际上是属于经济往来的对方单位，还是行为人单位，审慎加以区分，然后准确认定其行为的性质。在购销活动中，如果购入方行为人收受的各种名义的回扣、手续费等实际上来源于虚增标的金额，或者卖出方行为人收受的各种名义的回扣、手续费，实际上来源于降低标的金额者，因该回扣或者手续费实质上属于本单位的额外支出或者应得利益，实际上侵犯的是本单位的财产权利，就应当特别注意是否是一种变相的贪污行为。

如胡启能贪污案：[1] 行为人在转卖进口化肥配额指标及进口实物化肥

① 刑事指导案例第275号，载《刑事审判参考》2004年第6集·总第35集。

中所收受的巨额款项，尽管从形式上看是通过合同对方以所谓回扣或者手续费的名义取得的，但是，行为人收取的这些款项均是其要求合同对方将应付本单位的配额指标及实物化肥转让款中以支付部分现金的方式交给其个人，无证据证明该款项系合同对方给付其个人的贿赂款。从犯罪对象及后果方面来看，行为人所在单位要么承受不必要的额外开支，要么丧失了可获得的财产利益，实际上遭受财产损失的是本单位，而非交易对方；从行为方式方面来看，行为人是以欺骗本单位为手段，在本单位不知情或者不知真情的情况下，通过要求交易对方支付部分现金的方式，将应当归本单位所得的利润截留后直接据为己有；从行为人的主观故意来看，也是出于贪污的故意而非受贿的故意，即行为人主观上就是为了在交易过程中假对方之手非法占有本单位的利润，而不是为了通过交易为对方谋取利益，并从交易对方收取回扣、手续费等好处。不仅行为人明知其占有的是本单位的财产而非对方单位的财物，其交易对方也明知相关款项并非从己方财产或者可得利益中支付。因此，对行为人利用职务便利，将本应归本单位所有的经营进口化肥配额指标及实物化肥的利润款据为己有的行为，依法认定为贪污罪。

【法条链接】

《刑法》第385条第2款

72. 行为人将贪污所得财物以高于原有价格销售的，贪污数额如何计算？

贪污罪作为一种贪利性犯罪，贪污数额在贪污罪的认定中起着基础性作用。行为人贪污的手段为窃取公共财产，在无其他方法可以认定贪污数额的情况下，应依据其明确获利的数额认定贪污数额，可解决鉴定机构因无实物而无法作价的问题。行为人将贪污所得财物以高于原有价格销售的，贪污数额应以销赃数额计算。

如杨光明被控贪污案：[1] 杨光明于2001年11月至2002年年初，在中

① 载《人民法院案例选》2006年第3辑。

国美术出版总社出版发行部工作期间，利用担任出版发行部样书库库管员的职务便利，将其负责保管的该社于 1950 年至 1965 年间发行的连环画《三打祝家庄》等样书 1800 余册盗出并销售，共获销赃款人民币 16 万元。杨光明于 2004 年 11 月在单位调查样书丢失之事时，主动交代了自己的犯罪事实（违法所得已部分退赔）。本案即以高于原有价格的销赃数额 16 万元认定为贪污的犯罪数额，据此以贪污罪对杨光明进行定罪处罚。

73. 国有企业工作人员利用职务便利以国有企业亏损弥补个人损失行为的，如何定性？

国有企业中的工作人员利用职务之便，在为单位从事期货交易活动中，利用职务便利，将私人账户上的期货合约在价格下跌时转入国有企业账户，以国有企业亏损来弥补个人损失的手段非法占有国有财物，构成贪污罪。

如窦沛颖、冼晓玲贪污案：[①] 窦沛颖自 1995 年 5 月起，担任中国有色金属材料华东公司（以下简称华东公司）期货部经理。冼晓玲自 1995 年 4 月至 1996 年 6 月间，任上海市金属材料总公司（以下简称金属公司）期货部报单员。二人因业务关系相识后，冼晓玲提出，以其丈夫朱敏的名义开设私人账户。窦沛颖同意，在华东公司期货部为冼晓玲设立了编码为 034 的私人账户。1995 年 11 月 1 日，冼晓玲电话委托被告人窦沛颖，在 034 账户上买入交割期为 1995 年 11 月、代号为 9511 的胶合板 300 手（每手 200 张，买入价为每张 43.7 元）。成交后，胶合板行情下跌，冼晓玲为避免个人损失，利用其报单员的职务便利，通知窦沛颖将这 300 手合约转入金属公司开设的 001 期货自营账户上。窦沛颖同意，但提出冼晓玲必须向该公司副总经理何伟报告。当日交易所收盘后，窦沛颖通知华东公司的结算人员，将原本应入 034 私人账户上的 300 手胶合板合约，转入金属公司的 001 自营账户。冼晓玲则对何伟谎称，该 300 手合约是其听错指令购入的，因此得到金属公司认可，记入该公司持仓情况汇总表。11 月 1 日胶合

① 载《最高人民法院公报》2003 年第 2 期。

板的收盘价为每张43.06元。因冼晓玲的转嫁行为，300手胶合板合约使得金属公司当天持仓亏损3.84万元。之后，冼晓玲按何伟的指令，将这300手合约平仓卖出，共亏损26.9万元。1995年11月17日，冼晓玲电话通知窦沛颖，要求在034账户上买入交割期为1995年12月、代号为9512的红小豆400手（每手2吨，每吨买入价为2380元）。成交后，红小豆价格上涨，冼晓玲电话通知窦沛颖平仓。而窦沛颖认为红小豆的行情还会继续上涨，劝冼晓玲再看一看，冼晓玲同意。但在当日临收盘前，红小豆价格下跌。交易所收盘后，冼晓玲给窦沛颖打电话，责怪其没有及时平仓。窦沛颖坚称此行情还会看好，并表示如果冼晓玲后悔，这400手可算在他们公司的自营账户上，冼晓玲听后默认。窦沛颖随后电话通知华东公司结算人员，将原本应入冼晓玲私人账户上的合约，转入华东公司编号为018的自营账户上。当日红小豆的收盘价为每吨2345元，400手红小豆合约使华东公司当天持仓亏损2.8万元。同年11月22日，窦沛颖因担心红小豆行情继续下跌会影响当年利润指标的完成，遂决定将400手红小豆平仓，此举使华东公司亏损24.4万元。平仓后，红小豆行情反弹，窦沛颖又大量买入后不久即平仓，又使华东公司获利。案发后，被告人窦沛颖退缴44万元，被告人冼晓玲退缴9万元。法院经审理认为，窦沛颖、冼晓玲身为国有企业中的工作人员，在为各自单位从事期货交易活动中，利用职务便利，采取欺骗手法，将私人账户上的期货合约在价格下跌时分别转入国有企业的账户，造成国有企业在转入当天的持仓亏损分别为3.84万元、2.8万元。这种向国有企业转嫁个人损失的做法，虽然没有表现为直接地占有国有财物，但实质是以用国有企业亏损来弥补个人损失的手段占有国有财物，是非法占有的一种行为。窦沛颖、冼晓玲的行为构成贪污罪，本案的贪污数额，应按窦沛颖、冼晓玲移仓当日的结算价计算。

【法条链接】

《刑法》382条、第383条第（4）项

74. 利用企业改制把公共财产转移到自己或亲属占有投资份额的企业的行为，如何认定？

被告人在国有事业单位改制中，利用职务便利隐瞒国有资产，并将其转移到改制后自己占有投资份额的公司中，构成贪污罪，但贪污数额应按照被告人在改制后的公司中所占投资份额的比例认定。

如束兆龙贪污案：[①] 2002年下半年，经无锡市北塘区改革工作领导小组办公室同意，全民所有制的原设计所进行改制工作，委托宝光会计所对原设计所的全部资产及负债进行评估，确定2002年11月30日为资产评估基准日。被告人束兆龙利用担任原设计所所长的职务便利，对改制基准日前原设计所承接的建筑设计项目合同应收款1020795元，不按规定如实申报，致使宝光会计所于2003年6月11日提交的资产评估报告书中，对该部分资产未作评估。2003年9月5日，经工商变更登记确认，原设计所更名为嘉德公司，被告人束兆龙个人投资占嘉德公司总投资的25%，成为嘉德公司的法定代表人，另一国有事业单位市政设计院的投资占嘉德公司总投资的10%。案发后，宝光会计所对原设计所未如实申报的1020795元建筑设计项目合同应收款重新进行了评估。扣除在改制基准日前原设计所为履行合同应当支付的成本费用，再扣除改制基准日后因嘉德公司代为履行了合同而应当由嘉德公司收取的费用，宝光会计所确认原设计所被瞒报的净资产值为413287.78元，此款由原设计所改制成的嘉德公司收取。原设计所委派钱彦为项目负责人履行了盐都宏都花园的建设工程设计合同后，工程设计费86000元于改制基准日后到账。2003年2月，钱彦按25%的比例，领取了完成此项目的奖金21500元。钱彦在改制基准日后领取的奖金，未从宝光会计所确认的瞒报净资产值中扣除。硕放镇星月苑B区工程项目中的勘察费，已由市政设计院在该项目设计费中直接支付给完成此项勘察工作的华东勘察院，宝光会计所确认的瞒报净资产值中，只计算了扣除勘察费后的设计费，故勘察费不应再从瞒报净资产值中扣除。从宝光会计所

---

① 载《最高人民法院公报》2005年第7期。

确认的瞒报净资产值中，扣除钱彦领取的奖金，原设计所被瞒报的净资产值应为391 787.78元。法院经审理认为：《刑法》第382条第1款规定："国家工作人员利用职务上的便利，侵吞、窃取、骗取或者以其他手段非法占有公共财物的，是贪污罪。"被告人束兆龙身为国家工作人员，利用担任国有事业单位法定代表人的职务便利，在国有事业单位改制中隐瞒国有资产，并将国有资产转移到自己占有投资份额的公司中，其行为符合以骗取的手段非法占有公共财物的特征，构成贪污罪。"非法占有"，是贪污罪客观方面应当具有的特征之一。束兆龙在隐瞒原设计所管理的国有资产时，明知这些资产将来只能由原设计所改制后形成的有限责任公司取得，其个人不能直接非法占有。在这种情况下，束兆龙仍实施了隐瞒国有资产的行为。这是因为在主观上，束兆龙有通过按投资份额得到部分国有资产的犯罪动机，客观上也只有这样干，束兆龙才能实现对部分国有资产的非法占有。因此按束兆龙在嘉德公司的投资比例25%计算，被束兆龙隐瞒的391787.78元国有资产中的9.79万余元，才是束兆龙实施贪污行为主观上想得到、客观上也已经实现的贪污数；391787.78元国有资产中的10%即3.91万余元，仍是国有事业单位市政设计院在嘉德公司内占有的国有资产；391 787.78元国有资产中的65%即25万余元，是束兆龙犯罪行为给国有资产造成的损失，应当在量刑时考虑。

【法条链接】

《最高人民法院、最高人民检察院关于办理国家出资企业中职务犯罪案件具体应用法律若干问题的意见》（2010年11月26日）

75. 社保工作人员骗取企业为非企业人员参保并私自收取养老保险费的行为，如何定性？

社保工作人员骗取企业为非企业人员缴纳养老保险费，同时收取参保人员缴纳的养老保险费，或利用企业"空名户"名额收取参保人员已被抵缴的养老保险费，并占为己有的行为，应以贪污罪定罪处罚。

如李成兴贪污案：[①] 2004年8月至2008年10月间，李成兴（原系浙江省瑞安市劳动和社会保障局湖岭劳保所所长）。在企业和参保人不知情的情况下，将参保人员（非企业员工）30多人次挂靠到企业名下以企业员工身份办理社会养老保险关系，使企业虚增养老保险参保人数并多缴纳养老保险金合计人民币425 360.12元，然后再私自收取参保人的养老保险费（数额与企业缴纳的数额基本一致）。此外，李成兴通过操作，将非企业人员代替企业的"空名户"名额，以两种方式非法获利96 677.73元：（1）占用32位"空名户"名额并让参保人继续参保。由于企业在社保统筹账户内已为"空名户"缴纳了保险费并不得主张返回，这笔预征款被用来折抵占用"空名户"名额参保人员的保险费，又再私自收取了这些参保人员已被抵缴了的保险费计78 166元。（2）占用企业37位"空名户"名额激活养老保险关系后，随即停止参保，终止养老保险关系。依据相关规定，终止因占用"空名户"名额而成的养老保险关系，可将企业已缴的养老保险预征款约三分之一退还给参保个人，而这部分应退款共计18 511.73元也被李成兴领取占有。案发后，李成兴主动退还赃款514 424.69元。法院经审理后认为，被告人李成兴身为国家工作人员，利用职务上的便利，非法占有公共财物，数额巨大，其行为已构成贪污罪。

76. 贪污罪与徇私舞弊低价折股、出售国有资产罪的界限是什么?

徇私舞弊低价折股、出售国有资产罪是指国有公司、企业或者其上级主管部门直接负责的主管人员，徇私舞弊，将国有资产低价折股或低价出售，致使国家利益遭受重大损失的行为。两者的主要区别表现在：（1）侵犯客体的内容不同。前者侵犯的是国家工作人员的职务廉洁性和公共财产的所有权，后者侵犯的国有公司、企业的管理秩序和国有资产的所有权，与国家工作人员的职务廉洁性无关，亦包括其他公共财产所有权（如集体财产所有权）。（2）客观表现形式不同，这是区分两者的关键。前者在客

---

① 刑事指导案例第771号，载《刑事审判参考》2012年第2集·总第85集。

观方面表现为行为人利用职务便利，侵吞、窃取、骗取或者以其他方法非法占有公共财物的行为；后者则表现为行为人徇私舞弊，将国有资产低价折股或低价出售，致使国家利益遭受重大损失的行为。(3) 犯罪主体不完全相同。前者的犯罪主体包括所有国家工作人员和以国家工作人员论的人员，以及其他受委托经营、管理国家资产的人员；后者的犯罪主体一般只是国有公司、企业或者其上级主管部门直接负责的主管人员。(4) 主观方面的内容不同。前者的行为人以非法占有为目的，后者的行为人在犯罪主观方面不具有非法占有目的，如果具有非法占有的目的，则可能构成共同贪污罪。

77. 贪污罪与为亲友非法牟利罪的界限是什么?

为亲友非法牟利罪，是指国有公司、企业、事业单位的工作人员，利用职务便利，将本单位的盈利业务交由自己的亲友进行经营，或者以明显高于市场的价格向自己的亲友经营管理的单位采购商品或者以明显低于市场的价格向自己的亲友经营管理的单位销售商品的，或者向自己的亲友经营管理的单位采购不合格商品，使国家利益遭受重大损失的行为。两者的主要区别表现在：(1) 侵犯客体不同。前者侵犯的客体是国家工作人员的职务廉洁性和公共财产的所有权，后者侵犯的客体是国有公司、企业、事业单位的正常管理活动和利益。(2) 客观表现形式不同。前者在客观方面表现为行为人利用职务便利，侵吞、窃取、骗取或者以其他方法非法占有公共财物的行为；后者在客观方便表现为行为人利用职务便利，在经营、采购、供销活动中为亲友牟利益，使国家利益遭受重大损失的行为。(3) 犯罪主体虽有交叉，但范围完全不同。前者的犯罪主体是国家工作人员，后者的犯罪主体只限于国有公司、企业、事业单位的工作人员，其他国家工作人员不属于该罪的犯罪主体。(4) 故意内容不同。前者行为人的主观故意是利用职务上的便利，将公共财物非法占为己有，后者在主观故意上只是希望通过自己的行为使亲友在经济活动中非法获取利益，并非将公共财产直接占有。

78. 贪污罪与吸收客户资金不入账罪的界限是什么？

吸收客户资金不入账罪是指银行或其他金融机构工作人员吸收客户资金不入账，数额巨大或造成重大损失的行为。两者的界限主要表现在：（1）侵犯的客体不同。前者侵犯的客体是国家工作人员的职务廉洁性和公共财产的所有权；后者侵犯的客体是国家金融管理制度和金融机构的利益和信誉。（2）客观行为方式不同。前者的行为方式是利用职务便利非法占有公共财物，后者是采用吸收客户资金不入账，并且给他人财产造成巨大或重大损失的行为。（3）犯罪主体有区别。前者的主体是国家工作人员，后者虽也包括国家工作人员，但通常情况下不一定是国家工作人员。

如金融机构工作人员以单位名义高息吸收存款不入账并挪作他用构成何罪？以柳志勇被控贪污案为例：[①] 1999 年下半年至 2007 年 12 月间，被告人柳志勇利用其担任商丘市郊区邮政局刘口邮政储蓄所主任的便利条件，通过其亲友对外宣传要完成储蓄任务并且有高息，从而骗取周围同事、同学、朋友及其他群众的存款。柳志勇将已废弃的邮政储蓄存单用彩色复印机复印，并加盖所在储蓄所储蓄专用章后，交给存款人。至案发前，共出具储蓄存单 127 张，所吸收公众存款达 1010 万余元，由被告人柳志勇及其父柳俨庭、兄柳志强用于经营活动及其家人的日常生活费用。2007 年 12 月中旬，为达到侵吞该款的目的，柳志勇以邮政储蓄所要改成邮政银行需更换新存单为名，将存款人手中的存单全部收回后予以销毁，并于 12 月 23 日携款 30 余万元潜逃。法院经审理认为，被告人柳志勇作为国家工作人员，利用职务上的便利，给储户开具复制的过期存单非法吸收储户资金，且该存单足以使储户认为已将其个人资金款已存入邮政储蓄所，而柳志勇却将吸收到的资金归个人使用，在无力偿还的情况下，又虚构事实销毁存款凭证外逃，主观上具有非法占有的目的，其行为已构成贪污罪。

① 载《人民法院案例选》2013 年第 1 辑。

79. 利用职务便利，隐瞒离退休人员已死亡的真相并虚构养老金发放地址以占有社保资金的行为，是否构成贪污罪?

利用职务便利，隐瞒离退休人员已死亡的真相并虚构养老金发放地址以占有社保资金的行为构成贪污罪。如王玉文贪污案：[①] 王玉文原系呼和浩特铁路局社会保险管理处财务科科长。王玉文从 1996 年起至案发时，一直负责管理呼和浩特铁路局离退休人员养老工作。2004 年至 2012 年间，王玉文利用制作呼和浩特铁路局离退休人员数据库（其中包含离退休人员死亡和住址变更等信息）和向内蒙古自治区社保局报送该数据库的职务便利，先后隐瞒 168 名离退休人员已死亡的真相，并虚构这些人员社保养老金发放地址由外地变更为呼和浩特市的事实，用这些人员的身份资料在呼和浩特邮政储蓄银行重新开设养老金账户，并将这 168 个养老金账户的银行卡（折）归其个人掌握使用，骗取国家社保资金共人民币（以下币种同）23236605.79 元，并非法占有利息 208704.44 元。事后，王玉文先后采用转账、提现、消费的方式，从 68 个养老金账户中提出共 5548087.27 元。法院经审理认为；自 1996 年至案发，呼铁局离退休人员养老金工作一直由上诉人王玉文经手和管理，离退休人员基本信息数据库的制作和上报工作也由其专门负责。在此项工作中，王玉文长期利用职务便利，隐瞒离退休人员已死亡的真相并虚构养老金发放地址变更的事实，将本应停止发放的养老金重新开户后由其本人掌握，从而实现其对社保资金的占有。该行为是其利用管理和经手离退休人员养老金的职务上的便利实施的侵吞、骗取社保资金的行为，符合贪污罪的犯罪构成要件特征。

① 载《人民法院案例选》2014 年第 1 辑。

第三章　受贿罪

80. 村支部书记能否成为受贿罪的主体?

村民委员会是村民自我管理、自我教育、自我服务的基层群众性自治组织，农村村民委员会不是国家机构，村民委员会领导成员也不是国家工作人员。但村民委员会或党支部在协助乡镇人民政府开展工作时，在特定条件下符合国家工作人员的身份。如果工作的性质属于村民委员会自治组织生产、经营或管理中的事情，不以国家工作人员身份论；如果是协助人民政府从事行政管理工作，则以国家工作人员论。

81. 国有单位科技人员能否成为受贿罪的主体?

认定国有单位科技人员是否构成受贿罪的主体，（1）看行为人是属于单纯的科研人员，还是具有科研与行政管理的双重身份。如果属于具有双重身份的科研人员，其利用职务之便非法收受他人财物，则构成受贿罪；对于单纯的科研人员，只有没有利用单位权力形成的职务之便，非法收受他人财物，只能以非国家工作人员受贿论处。（2）看行为人是否属于“从事公务”，即使是具有行政管理权限的科技人员，如果不是在从事公务活动中收受的他人财物，也没有利用自己的职务之便，不属于违反犯罪行为；即使属于没有行政管理职责的专门科研人员，但其所从事的某项工作是受国家委托，如某科研人员受命承担国家某专门科研项目研究管理工作，在该项目范围内，其行为性质属于从事公务。其在项目公关过程中，利用自己的地位和优势，收受他人财物，即属于利用职务之便，构成受贿罪。

82. 新闻出版机构工作人员能否成为受贿罪的犯罪主体?

新闻出版机构，是指与新闻媒体传播有关的各类报刊杂志社、出版社、电台、广播电台、媒体网站等机构。国有新闻出版机构属于全民所有，在这些机构中工作并具有一定职务的人，属于国家工作人员。国有事业单位的工作人员分为管理人员、技术人员和劳务人员等。管理人员一般是从事公务的人员，可以认定为国家工作人员；技术人员如果不兼任行政管理，不属于公务人员，只要没有在特定的委托事项中从事公务，都不属于国家工作人员；劳务人员一般不属于国家工作人员。如某国有出版社中社长、副社长、书记、总编等属于管理人员，一般可以认定为国家工作人员；编辑、具有业务职称的编审、采编等属于技术人员，不属于国家工作人员；从事保管、运输、搬运的劳务人员，是非国家工作人员。只有考察其从事的具体工作是否具有公务性质，才能认定是否属于国家工作人员。

83. 国有媒体的记者能否构成受贿罪的主体

记者从事的新闻报道等业务活动属于职务行为，利用采访等实现舆论监督的手段索要财物的，属于“利用职务上的便利”。国有媒体记者对公共事务行使舆论监督权，属于从事公务活动，其利用舆论监督权索取他人财物的，符合受贿罪权钱交易的本质特征。将有关舆论监督界定为公务活动应具备两个条件：（1）定位在国有媒体的舆论监督权。非国有媒体的权利义务不同于国有媒体，只有国有媒体的舆论监督才具备行使公务的形式条件。（2）定位在对公共事务行使的舆论监督。对私务进行舆论监督不具备行使公务的实质特征，不应界定为公务活动。

如李万、唐自成受贿案：[①] 《经济日报农村版》报社是国有事业单位，《经济日报农村版》报社广西记者站是该报社的派出机构。2005 年 9 月至 10 月间，被告人李万、唐自成在分别担任《经济日报农村版》报社广西记

① 刑事指导案例第 608 号，载《刑事审判参考》2010 年第 1 集・总第 72 集。

者站副站长、工作人员期间，利用职务之便，在采访全区“对农民直接补贴与储备粮订单挂钩试点工作”（以下简称“粮食直补工作”）过程中，利用各粮食系统因粮食直补工作中存在一些问题害怕上报、曝光的心理，共同索取来宾市的象州县、兴宾区粮食局各 1 万元、贵港市覃塘区粮食局 6 万元、桂平市粮食局 6 万元和河池市环江县粮食局 8 万元，以上共计现金 22 万元，得款后两人均分，各分得 11 万元。法院经审理后认为，被告人李万和唐自成是受聘于国有事业单位《经济日报农村版》报社的记者和工作人员，其对广西粮食系统直补工作的采访、报道、进行舆论监督属于履行公务行为，依法应以国家工作人员论。李万、唐自成在采访过程中，利用相关单位工作中存在问题，向相关单位索取钱款，得款后二人平分，其行为均已构成受贿罪。

84. 医疗机构中的工作人员能否成为受贿罪的主体？

医疗机构中的国家工作人员，在药品、医疗器械、医用卫生材料等医药产品采购活动中，利用职务上的便利，索取销售方财物，或者非法收受销售方财物，为销售方谋取利益，构成犯罪的，以受贿罪定罪处罚。医疗机构中的非国家工作人员，有上述行为，数额较大的，以非国家工作人员受贿罪定罪处罚。医疗机构中的医务人员，利用开处方的职务便利，以各种名义非法收受药品、医疗器械、医用卫生材料等医药产品销售方财物，为医药产品销售方谋取利益，数额较大的，以非国家工作人员受贿罪定罪处罚。开处方的医务人员，是指那些不具有行政管理权限的医疗工作人员，如果是医院院长、科室主任利用开处方的职务便利收受贿赂，仍然属于国家工作人员受贿行为。经过乡镇政府或者主管行政机关任命的乡镇卫生院院长，在依法从事本区域卫生工作的管理与业务技术指导，承担医疗预防保健服务工作等公务活动时，属于《刑法》第 93 条第 2 款规定的其他依照法律从事公务的人员。对其利用职务上的便利，索取他人财物的，或者非法收受他人财物，为他人谋取利益的，应当以受贿罪追究刑事责任。

【法条链接】

《刑法》第 163 条、第 385 条

《最高人民法院、最高人民检察院关于办理商业贿赂刑事案件适用法律若干问题的意见》(2008年11月20日)

《最高人民检察院法律政策研究室关于集体性质的乡镇卫生院院长利用职务之便收受他人财物的行为如何适用法律问题的答复》(2003年4月2日)

85. 国有医院信息管理员“拉统方”非法收受财物的行为，是否构成受贿罪？

国有医疗机构中，从事医疗数据统计、传输、维护等信息管理工作的事业编制人员，其统计、传输、维护的信息和数据系国有医疗机构对医疗业务进行管理、监督、决策的重要依据，属于医保信息，工作内容具有公务信息，该人员系国有事业单位中从事公务的人员，应以国家工作人员论。该类人员利用从事信息管理的职务便利，非法收受医药营销人员财物，向其提供本医疗机构药品使用情况统计数据等信息，为相关药品生产、销售企业以不正当手段销售药品提供便利的行为，应当以受贿罪定罪处罚。

如丁利康被控受贿案：[①] 丁利康在担任上海市嘉定区马陆镇社区卫生服务中心办公室信息管理员期间，利用负责构建、维护计算机网络及日常信息统计工作的便利，于2006年至2011年间收受销售非洛地平片、伤湿止痛膏等药的医药销售代表许某给予的好处费人民币27600元，于2007年下半年至2011年3、4月间收受浙江海力生制药公司医药销售代表张某给予的好处费18000元，并向上述医药销售代表提供医院药品使用情况；2008年至2010年间，收受电脑设备供应商上海银兵贸易有限公司负责人吴某给予的价值2000元的礼券、消费卡。上述收取的好处费共计4.7万余元。2011年5月23日，丁利康向单位领导主动交代了收受有关医药销售代表贿赂的事实，并在接受检察机关调查时，如实供述了上述犯罪事实。在一审审理期间，丁利康退出了违法所得。

法院经审理后认为，丁利康是国有事业单位上海市嘉定区马陆镇社区

① 载《人民司法·案例》2014年第10期。

卫生服务中心的事业编制人员。丁利康作为办公室信息管理员，工作职责包括监控信息数据库使用情况、管理用户权限、协助相关部门进行医保数据的统计、传输等信息管理工作，并对数据的真实性、准确性和安全性负责。这些信息是国有事业单位医院对医疗业务进行管理、监督、决策的重要依据。丁利康管理、监控医院用药数据等医保信息，是履行公共事务管理、监督等职责，从事的活动具有公务性质，故其应以国家工作人员论。丁利康身为国有事业单位中从事公务的国家工作人员，利用信息管理的职权，私自向药商提供数据，收受钱款，符合受贿罪钱权交易的特征，其还利用具有单位电脑采购建议权的职务便利，在计算机网络日常维护管理工作中，收取电脑设备供应商的礼券、消费卡，相关金额应与前述收取医药销售代表的贿赂款累计，一并以受贿罪论处。

86. 社区卫生服务中心网管员为医药销售代表“拉单”收受财物的行为，如何定性？

社区卫生服务中心（国有事业单位）网管员对该中心的网络信息予以维护的范围包括对医生的工作量、业务总金额、看病人次、人均费用、药品所占业务总金额的比例等进行统计、汇总，监控医生超量或者异常用药情况，确保统计数据的真实性、安全性和保密性。其在事业单位中履行了对国有资产的管理及对公共事务的监督职责，从事的活动具有公务性质，应当将其认定为国家工作人员。其利用网络管理员的职务便利，收受供货单位相关人员以及医药销售代表给予的财物，并在采购计算机及配件和提供医生药品用量信息等方面为他们谋取利益的行为，构成受贿罪。如吕辉被控受贿案：[1] 吕辉原系上海市虹口区新港路街道社区卫生服务中心（以下简称新港卫服中心）、上海市虹口区嘉兴路街道社区卫生服务中心（以下简称嘉兴卫服中心）网络管理员。2004 年 5 月被告人吕辉进入新港卫服中心担任网络管理员，系临时工，2008 年 8 月成为新港卫服中心的正式职工。2009 年 12 月，新港卫服中心并入嘉兴卫服中心，吕辉继续担任新合

① 刑事指导案例第 806 号，载《刑事审判参考》2012 年第 4 集・总第 87 集。

并成立的嘉兴卫服中心的网络管理员。上述两家社区卫生服务中心的性质均系上海市虹口区卫生局差额拨款的国有事业单位。2006年至2010年，吕辉利用担任上述两家单位网络管理员的职务便利，在负责为本单位采购计算机及相关配件的业务过程中，多次收受供货单位上海广创科技有限公司销售员吴丽、上海切尔顿企业管理咨询有限公司总经理卢中秋、上海紫越网络科技有限公司销售员郁凯以及UPS供应商王健宏的贿赂，共计人民币14.47万元。在负责管理本单位医药信息的过程中，多次擅自对外提供医生药品用量等信息并收受医药销售代表邓施方、刘文军的贿赂，共计2.35万元。2011年4月19日，吕辉主动向所在单位投案，并如实供述了上述受贿犯罪事实。到案后，吕辉又主动向有关部门检举揭发了他人犯罪行为，且经查证属实。吕辉在其家属的帮助下主动向法院退赃10万元。法院经审理认为，被告人吕辉身为在国有事业单位中从事公务的国家工作人员，利用职务上的便利，非法收受他人财物，为他人谋取利益，其行为构成受贿罪。

87. 学校及其他教育机构的人员能否成为受贿罪的主体?

学校及其他教育机构中的国家工作人员，在教材、教具、校服或者其他物品的采购等活动中，利用职务上的便利，索取销售方财物，或者非法收受销售方财物，为销售方谋取利益，构成犯罪的，以受贿罪定罪处罚。学校及其他教育机构中的非国家工作人员，有上述行为，数额较大的，以非国家工作人员受贿罪定罪处罚。学校及其他教育机构中的教师，利用教学活动的职务便利，以各种名义非法收受教材、教具、校服或者其他物品销售方财物，为教材、教具、校服或者其他物品销售方谋取利益，数额较大的，以非国家工作人员受贿罪定罪处罚。

【法条链接】

《刑法》第163条、第385条

《最高人民法院、最高人民检察院关于办理商业贿赂刑事案件适用法律若干问题的意见》(2008年11月20日)

88. 佛教协会工作人员能否成为受贿罪的主体？

佛教协会属于社会团体，其工作人员除符合《刑法》第93条第2款的规定属于受委托从事公务的人员外，既不属于国家工作人员，也不属于公司、企业人员。根据《刑法》的规定，对非受委托从事公务的佛教协会的工作人员利用职务之便收受他人财物，为他人谋取利益的行为，不能按受贿罪或者公司、企业人员受贿罪追究刑事责任。

【法条链接】

《最高人民检察院关于佛教协会工作人员能否构成受贿罪或公司、企业人员受贿罪主体问题的答复》（2003年1月13日）

89. 人大代表能否成为受贿罪的主体？

人大代表能否成为受贿罪的主体，要从人大代表本身的身份来判断。人大代表中具有国家工作人员身份的当然能成为受贿罪的主体；对于不具有国家工作人员身份的人大代表，在未履职期间，不能以从事公务论，不能成为受贿罪的主体；但在依法履行人大代表职责期间，其行使审议权、提案权、表决权、询问权和质询权，具有从事公务的性质，应当以国家工作人员论，可以成为受贿罪的主体。

90. 评标委员会成员能否成为受贿罪的主体？

依法组建的评标委员会、竞争性谈判采购中谈判小组、询价采购中询价小组的组成人员，在招标、政府采购等事项的评标或者采购活动中，索取他人财物或者非法收受他人财物，为他人谋取利益，数额较大的，以非国家工作人员受贿罪定罪处罚。依法组建的评标委员会、竞争性谈判采购中谈判小组、询价采购中询价小组中国家机关或者其他国有单位的代表有前款行为的，以受贿罪定罪处罚。在国有项目招标过程中参与评标委员会的成员，如果利用评标的职务之便，为请托人谋取利益收受贿赂的，以受贿罪处罚。

【法条链接】

《刑法》第163条、第385条

《最高人民法院、最高人民检察院关于办理商业贿赂刑事案件适用法律若干问题的意见》(2008年11月20日)

91. 国家出资企业中的国家工作人员如何认定?

经国家出资企业中负有管理、监督国有资产职责的组织批准或者研究决定，代表其在国有控股、参股公司及其分支机构中从事组织、领导、监督、经营、管理工作的人员，应当认定为国家工作人员。

如章国钧受贿案:[①] 被告人经交通银行湖州分行党委研究决定，先后担任新天地支行的业务管理经理、行长助理的职务，其工作内容主要是通过对贷款客户的调查、贷款的申报，以及贷款发放后的监控与实地查访，对国有财产进行监督、经营、管理。被告人属于国家工作人员，其利用职务之便，收受他人财物，为他人谋取利益的行为，构成受贿罪。交通银行股份有限公司(以下简称交通银行)是国有参股的股份制银行。2003年7月至2012年2月26日，被告人章国钧系交通银行湖州分行的合同制职工。经交通银行湖州分行党委研究决定，2008年8月至2011年3月，章国钧担任交通银行湖州新天地支行公司(以下简称新天地支行)的业务管理经理。2011年3月至2012年2月，章国钧担任新天地支行行长助理，主要负责公司类客户的营销和日常管理工作，及公司客户经理队伍的日常管理，2011年2月至9月，章国钧利用担任新天地支行业务管理经理、行长助理职务上的便利，为李金星谋取利益，先后多次非法收受李金星贿送的现金，共计约人民币49 200元。法院经审理认为，章国钧身为国家工作人员，利用职务上的便利，非法收受他人财物，为他人谋取利益，其行为构成受贿罪。

① 刑事指导案例第974号，载《刑事审判参考》2014年第2集·总第97集。

92. 以非法途径取得国家工作人员身份的人，能否构成受贿罪的主体？

行为人通过伪造国家机关公文、证件担任国家工作人员职务以后，又利用职务上的便利实施侵占本单位财物、收受贿赂、挪用本单位资金等行为，构成犯罪的，应当分别以伪造国家机关公文、证件罪和相应的贪污罪、受贿罪、挪用公款罪等追究刑事责任，实行数罪并罚。

【法条链接】

《最高人民法院研究室关于对行为人通过伪造国家机关公文、证件担任国家工作人员职务后利用职务便利侵占本单位财物、收受贿赂、挪用本单位资金等行为如何适用法律问题的答复》(2004 年 3 月 30 日)

93. 受贿罪主观故意中的“明知”如何理解？

受贿故意的明知包括两个方面：(1) 行为人明知自己收受他人贿赂的行为是在利用自己职务上的便利，同时利用职务上的便利会给国家公务活动的廉洁性造成损害，并对这种行为的社会危害性和违法性具有概括性认识。(2) 对自己实施行为的权钱交易关系以及获取的财物性质具有明确的认识。至于行为人对行贿人的请托事项以及为他人谋取利益等内容是否明知，则在所不问。

94. 受贿罪中是否要求行为人明知收受的财物（数额）？

受贿行为人对贿赂财物应当具有明知的故意，这种明知可以是确定的，也可以是不确定的即属于概括性的明知。在有的受贿案件中，收受贿赂的人对行贿人给予的财物并没有确定的、具体的认识，只是概括性地认识到对方是在行贿，但行贿人行贿多少财物，受贿人并没有明确认识。受贿人只要求对犯罪对象是否属于非法财物或者说对受贿行为的违法性具有认识即足够了，至于财物的多少、数额和数额类型，无需行为人主观上具有确定的认识。

95. 受贿罪中是否要求行为人明知请托事项?

明知他人有具体请托事项而收受其财物的，视为承诺为他人谋取利益。行为人是否明知他人有具体请托事项，是受贿行为成立的前提条件。只要收受贿赂的行为人明知行贿人的具体请托事项，即使后来没有利用职务之便为请托人谋取利益，亦不影响受贿罪的认定。要求行为人对行贿人的请托事项具有认识是必要的，但对请托事项具有具体、明确的认识是不现实的。只要行为人对请托事项具有概括性的认识即足够了，至于具体请托事项，则要根据案件具体情况加以判断。

【法条链接】

《全国法院审理经济犯罪案件工作座谈会纪要》(2003年11月13日)

96. 贿赂犯罪对象“财物”的范围如何界定?

随着社会经济的不断发展和财物的加速流转，贿赂犯罪对象“财物”的范围呈现出扩张之势，由传统的金钱、实物有形财物不断扩展到具有财产性利益的无形财物。早在2008年11月颁布的《最高人民法院、最高人民检察院关于办理商业贿赂刑事案件适用法律若干问题的意见》指出：商业贿赂中的财物，既包括金钱和实物，也包括可以用金钱计算数额的财产性利益，如提供房屋装修、含有金额的会员卡、代币卡(券)、旅游费用等。具体数额以实际支付的资费为准。

2016年4月《关于办理贪污贿赂刑事案件适用法律若干问题的解释》规定，贿赂犯罪中的“财物”，包括货币、物品和财产性利益。财产性利益包括可以折算为货币的物质利益如房屋装修、债务免除等以及需要支付货币的其他利益如会员服务、旅游等。后者的犯罪数额，以实际支付或者应当支付的数额计算。这是根据反腐败斗争形势的需要和司法实践经验的总结，为了更有效地严惩腐败犯罪，《关于办理贪污贿赂刑事案件适用法律若干问题的解释》对刑法规定的财物作出的适度扩张解释，规定贿赂犯罪中的财物包括财产性利益，并进一步明确财产性利益包括可以折算为货币的物质利益和需要支付货币才能获得的其他利益两种。前者如房屋装修、债务免除等其本质上是一种物质利益。后者如会员服务、旅游，由于取得这种利益需要支付相应的货币对价，故在法律上也应当视同为财产性利益。实践中提供或者接受后者利益主要有两种情况：（1）行贿人支付货币购买后转送给受贿人消费；（2）行贿人在社会上作为商品销售的自有利益，免费提供给行为人消费。两种情况实质相同，均应纳入贿赂犯罪处理。需要注意的是，非财产性利益尚不能成为受贿罪的对象。如梁晓琦受贿案①：2005 年年初，梁晓琦应重庆国际高尔夫俱乐部有限公司总经理杨传全的请托，调整了国际高尔夫俱乐部的规划，增加了居住用地、商业用地和公共绿地。为此，杨传全送给梁晓琦人民币 18 万元和一张免费高尔夫荣誉会员消费卡，梁晓琦使用该卡实际消费人民币 12 292 元。本案中，梁晓琦收受无具体金额的会员卡的，具体受贿数额应以行为人持该卡实际消费（支付）的资费计算。

【法条链接】

《最高人民法院、最高人民检察院关于办理商业贿赂刑事案件适用法律若干问题的意见》（2008 年 11 月 20 日）

《最高人民法院、最高人民检察院关于办理贪污贿赂刑事案件适用法律若干问题的解释》（2016 年 4 月 18 日）

97. 利用职务便利为他人谋取利益，授意他人向第三人出借款项，还款义务最终被免除的，是否属于受贿？

免除第三人债务可以成为受贿罪的对象。利用职务便利为他人谋取利益，授意他人向第三人出借款项，还款义务最终被免除的，属于受贿。财产性利益包括可以折算为货币的物质利益，如房屋装修、债务免除等以及需要支付货币的其他利益如会员服务、旅游等。

---

① 刑事指导案例第 562 号，载《刑事审判参考》2009 年第 3 集·总第 68 集。

如雷政富受贿案：[①] 2007年7月至2008年12月，雷政富利用职务之便，为勇智公司承接工程项目等提供帮助。2008年1月，华伦达公司法定代表人肖烨（另案处理）等人为谋取非法利益，安排赵某（另案处理）偷拍赵某与雷政富的性爱视频。同年2月14日，雷政富与赵某在金源大饭店再次开房时被肖烨安排的人当场“捉奸”，假扮赵某男友的张进、扮私家侦探的严鹏（另案处理）对雷政富播放了雷与赵某的性爱视频，双方为此发生纠纷。肖烨接赵某的电话通知来到饭店后假意协调解决，让雷政富离开。2008年2月16日，肖烨以张进要闹事为由，以借为名向雷政富提出“借款”300万元，雷担心不雅视频曝光，在明知其被肖烨设局敲诈的情况下，要求勇智公司法定代表人明勇智“借款”300万元给肖烨的公司。同年2月18日，肖烨向勇智公司出具借条。次日，勇智公司向华伦达公司转账300万元。同年8月18日，该“借款”期满后，肖烨个人及其永煌公司的账上均有足额资金，但未归还。雷政富得知肖烨未归还后向明勇智表示由其本人归还，明勇智提出不用雷归还，雷予以认可。2010年11月，雷政富害怕事情败露，经与肖烨共谋后，为掩饰该事实，于2010年11月16日，以“还款”的名义，由永煌公司转账100万元到勇智公司账上。法院认为，雷政富身为国家工作人员，利用职务之便，为他人谋取利益，非法收受他人财物，其行为构成受贿罪。

【法条链接】

《最高人民法院、最高人民检察院关于办理贪污贿赂刑事案件适用法律若干问题的解释》（2008年11月20日）

98. 收受贿赂物品未办理权属变更，是否影响受贿罪的认定？

未改变权属性质的财产，主要是指需要依法登记才能变更财产所有权或者使用权的财物，如房屋、土地、汽车。国家工作人员利用职务上的便利为请托人谋取利益，收受请托人房屋、汽车等物品，未变更权属登记或

① 刑事指导案例第885号，载《刑事审判参考》2013年第4集·总第93集。

者借用他人名义办理权属变更登记的，不影响受贿的认定。《刑法》上非法占有的认定标准与《物权法》上的合法所有的认定标准不完全一样，非法占有目的的实现并不以得到法律上的确认为条件，是否在法律上取得对房屋、汽车等的所有权，并不能对事实上占有房屋、汽车等的认定构成障碍。只要双方有明确的送、收的意思表示，受贿方实际占有房屋、汽车等即可认定为受贿。同时，考虑到未办理权属登记情形下受贿犯罪容易与合法借用混淆，要准确区分以借为名的受贿与真实借用的界限。

【法条链接】

《最高人民法院、最高人民检察院关于办理受贿刑事案件适用法律若干问题的意见》（2007 年 7 月 8 日）

99. 在国家机关设立的非常设性工作机构中从事公务的非正式在编人员，是否属于国家工作人员？

地方人民政府设立的行使特定管理职能的非常设性机构，是地方人民政府的组成部分，属于国家行政机关；只要是在国家机关中从事公务，即使是非正式在编人员，属于《刑法》第 93 条第 1 款规定的“国家工作人员”。“从事公务”是国家工作人员的本质特征。

如钱政德被控受贿案：[1] 被告人钱政德，原系上海市北外滩地区动迁工作指挥部项目管理部副部长。上海市轨道交通三号线工程虹口区指挥部、上海市轨道交通明珠线工程虹口区指挥部、上海市轨道交通杨浦线工程虹口区指挥部及上海市北外滩地区动迁工作指挥部均是上海市虹口区人民政府为上述重大市政工程建设而成立的非常设性机构，主要是负责协调、管理相关工程中的具体事项，并受国有建设单位的委托签订部分合同。钱政德以工人身份，受上海市虹口区人民政府聘用，先后担任上海市轨道交通三号线工程虹口区指挥部、上海市轨道交通明珠线工程虹口区指挥部、上海市轨道交通杨浦线工程虹口区指挥部工作人员及上海市北外滩地区动迁工作指挥部项目管理部副部长，主要负责房屋建筑拆除、垃圾清

① 刑事指导案例第 399 号，载《刑事审判参考》2006 年第 3 集·总第 50 期。

运等工程项目的处理、管理等工作。2000年11月至2004年1月，上海市虹口区市容建设公司总经理王红根为了获得各工程中的垃圾清运等业务，先后3次送给被告人钱政德共计人民币33万元。钱政德利用职务上的便利，通过协调操作，帮助上海市虹口区市容建设公司的总经理承揽了一些工程中的垃圾清运业务。案发后，被告人钱政德已退出全部赃款。法院经审理认为，被告人钱政德身为国家工作人员，利用职务上的便利，非法收受他人财物，为他人谋取利益，其行为已构成受贿罪。

100. 以房屋、汽车等物品为对象的受贿，如何与借用行为区分?

以房屋、汽车等物品为对象的受贿，应注意与借用的区分。具体认定时，除双方交代或者书面协议之外，主要应当结合以下因素进行判断：(1) 有无借用的合理事由；(2) 是否实际使用；(3) 借用时间的长短；(4) 有无归还的条件；(5) 有无归还的意思表示及行为。

如杨光亮受贿案：① 1992年至2009年，杨光亮在担任广东省茂名市电白县人民政府副县长、县长、县委书记、茂名市人民政府副市长、常务副市长期间，利用职务上的便利，为他人谋取利益，非法收受他人财物共折合人民币1048.5658万元、港币200万元：(1) 2007年年初，杨光亮提出向柯某某和黄某某借款。为与杨光亮搞好关系以便得到生意上的关照，柯某某和黄某某以支持杨光亮竞争茂名市市长的名义，分别送给杨光亮港币100万元，共计港币200万元。(2) 2008年年底至2009年年初，杨光亮接受茂名市博汇投资有限公司总经理黄某某的请托，利用担任茂名市常务副市长的职务便利，为解决茂名市博汇投资有限公司受让的土地使用权的权属等问题提供支持和帮助。为此，黄某某向杨光亮承诺待该项目完工后给予杨光亮人民币500万元，并于2009年5月出具了向杨光亮借款500万元的借据一张交给杨光亮。直至案发，黄某某仍未向杨光亮给付500万元现金。法院经审理认为，杨光亮身为国家工作人员，利用职务上的便利，非

① 载《人民法院案例选》2012年第4辑。

法收受他人财物，为他人谋取利益，其行为已构成受贿罪。杨光亮收受500万元借据的受贿行为属于犯罪未遂，依法可比照既遂犯从轻处罚。

【法条链接】

《最高人民法院、最高人民检察院关于办理受贿刑事案件适用法律若干问题的意见》（2007年7月8日）

101. 刑法中的回扣、手续费如何认定?

回扣和手续费是商品交换过程中形成的一种被扭曲的等价交换方式，其本质在于商品销售者通过返还一定数量的商品价值，来填补交换中的不平衡或者起到促销产品的作用。回扣是指经营者销售商品时在账外暗中以现金、实物或其他方式退给对方单位或者个人的一定比例的商品价款。所谓账外暗中，是指未在依法设立的反映其生产经营活动或者行政事业经费收支的财务账上按照财务会计制度规定明确如实记载，包括不计入财务账、转入其他财务账或者做假账等。所谓手续费是指在商品交换过程中，除了回扣等方式外，由销售方在账外支付给对方的各种额外费用，如信息费、劳务费、顾问费、辛苦费、好处费和佣金等。认定国家工作人员非法收受回扣、手续费的行为，主要从以下几个方面考察：（1）行为具有违法性和非正当性，即该行为不仅违反了国家法律的有关规定，而且在商业道德和职务廉洁方面也受到社会问责，具有非正当性、非合理性。（2）行为方式主要表现为隐蔽的、不公开的形式，即行为人不让他人知道这些回扣、手续费来自非法的和不正当的途径。如《反不正当竞争法》第8条规定："经营者不得采用财物或者其他手段进行贿赂以销售或购买商品。在账外暗中给予对方单位或者个人回扣的，以行贿论处；对方单位或者个人在账外暗中收受回扣的，以受贿论处。"

【法条链接】

《国家工商总局关于禁止商业贿赂行为的暂行规定》（1996年11月15日）

《反不正当竞争法》（1993年12月1日）第8条

102. 涉股票受贿案中如何计算犯罪数额?

在涉及股票受贿案件中,(1)国家工作人员利用职务上的便利,索取或非法收受股票,没有支付股本金,为他人谋取利益,构成受贿罪的,其受贿数额按照收受股票时的实际价格计算。(2)行为人支付股本金而购买较有可能升值的股票,由于不是无偿收受请托人财物,不以受贿罪论处。(3)股票已上市且已升值,行为人仅支付股本金,其"购买"股票时的实际价格与股本金的差价部分应认定为受贿。

【法条链接】

《全国法院审理经济犯罪案件工作座谈会纪要》(2003年11月13日)

103. 受国有公司委派担任非国有公司诉讼代理人过程中收受他人财物能否构成受贿罪?

受国有公司委派担任非国有公司诉讼代理人过程中,收受他人财物的构成受贿罪。如王海峰受贿、伪造证据案:[①] 1997年11月至1998年7月间,湖北中钢物贸有限责任公司(以下简称中钢公司)与湖北鑫鹰物贸公司(以下简称鑫鹰公司)口头约定购销钢材8258.605吨,总金额2415.7669万元,鑫鹰公司按约定交货后,中钢公司支付货款1945.1699万元,尚差货款470余万元。1997年11月20日,中钢公司通过武汉钢铁(集团)公司(以下简称武钢集团)委托辽阳铁合金厂、南通港务局、镇江港务局利用武钢集团内部转账支票将651万元货款汇至鑫鹰公司在武钢集团的账户上。由于是通过中间环节转入鑫鹰公司账户,鑫鹰公司的账上未反映是中钢公司付的货款。1998年6月,中钢公司法人代表赵锅生因车祸身亡。由于中钢公司拖欠武钢集团货款8700余万元,武钢集团对中钢公司提起诉讼,并通过青山区人民法院查封了中钢公司的全部财产及账务。同时要求与中钢公司有业务往来的公司与中钢公司对账,否则,冻结与其

① 刑事指导案例第113号,载《刑事审判参考》2001年第6集·总第17集。

业务往来。鑫鹰公司于1998年9月以中钢公司拖欠货款470万余元为由向武汉市中级人民法院提起民事诉讼，武汉中院受理后，于1998年9月作出(1998)武刑初字第357号民事判决，判处中钢公司支付鑫鹰公司钢材款475万余元，并付违约金9.4万余元。中钢公司不服，向湖北省高级法院提出上诉。武钢集团经中钢公司认可，指派被告人王海峰担任中钢公司二审诉讼代理人。在二审期间，被告人王海峰在调查过程中，发现中钢公司于1998年1月20日通过南通港务局、镇江港务局、辽阳铁合金厂服务部3个单位，共支付给鑫鹰公司人民币651万元。该证据证实中钢公司不仅不欠鑫鹰公司的货款，而且还多支付了人民币180.4万余元。王海峰将此情况告诉了鑫鹰公司法定代表人蒋某和总经理樊某，并说明此证据在二审时将对鑫鹰公司不利。樊某提出以中钢公司的名义出个证明，让王海峰帮忙盖中钢公司的章，王海峰表示同意。樊某等人合谋伪造了一份中钢公司函件，内容为："湖北鑫鹰物资有限公司：我公司通过镇江港务局、南通港务局以及辽阳铁合金厂服务部三家付给湖北锦鹰贸易有限公司订购武钢钢坯货款共计651万元，现根据锦鹰公司的要求汇入你公司在武钢的账户上。特此证明，落款，湖北中钢物贸有限公司。1997年12月26日"。王海峰以中钢公司诉讼代理人的身份，在该函件上偷盖了中钢公司的印章从而改变了原有的法律关系。然后由鑫鹰公司律师提交给湖北省高级人民法院。湖北省高级人民法院据此认定651万元系另一法律关系，裁定驳回上诉，维持原判。事后，王海峰收受樊某给的人民币8万元。1998年10月，被告人王海峰作为中钢公司诉讼代理人会同青山区人民法院对江苏省常州市常州经济发展公司的债权进行清理，青山区法院将该公司165.872吨钢材查封后，委托中钢公司全权委托人樊某变卖。事后，王海峰陪同法院的两名工作人员到上海等地办事。回武汉后，王海峰找到樊某以有些费用不能报销为由，收受樊某给的人民币1万元。法院经审理认为：王海峰作为武钢集团法律顾问处工作人员，受国有公司委派担任非国有公司诉讼代理人，所代表的是武钢集团的利益，其诉讼活动的行为是执行公务的行为。王海峰受国有公司委派，作为非国有公司诉讼代理人，利用职务便利帮助对方当事人伪造证据，严重妨害国家司法机关的正常诉讼活动，并在代理活动中收受贿赂人民币9万元，其行为构成受贿罪、帮助伪造证据罪。

104. 受贿罪数额较大的标准是多少？如何处罚？

受贿数额在三万元以上不满二十万元的，应当认定为《刑法》第383条第1款规定的“数额较大”，依法判处三年以下有期徒刑或者拘役，并处罚金。以上、以下均包含本数。

【法条链接】

《最高人民法院、最高人民检察院关于办理贪污贿赂刑事案件适用法律若干问题的解释》（2016年4月18日）第1条

105. 受贿罪中其他较重情节如何认定？如何处罚？

受贿数额在一万元以上不满三万元，具有下列情形之一的，应当认定为《刑法》第383条第1款规定的“其他较重情节”，依法判处三年以下有期徒刑或者拘役，并处罚金：（1）曾因贪污、受贿、挪用公款受过党纪、行政处分的；（2）曾因故意犯罪受过刑事追究的；（3）赃款赃物用于非法活动的；（4）拒不交待赃款赃物去向或者拒不配合追缴工作，致使无法追缴的；（5）造成恶劣影响或者其他严重后果的。（6）多次索贿的；（7）为他人谋取不正当利益，致使公共财产、国家和人民利益遭受损失的；（8）为他人谋取职务提拔、调整的。

【法条链接】

《最高人民法院、最高人民检察院关于办理贪污贿赂刑事案件适用法律若干问题的解释》（2016年4月18日）第1条

106. “多次索贿”如何理解？

“多次索贿”的作为情节加重情形，应当是指三次或三次以上，原则上没有时间限定；可以是针对同一人也可以是不同的人，与场所等所谓的具体情形无关。

107. 受贿罪数额巨大的标准是多少？如何处罚？

受贿数额在二十万元以上不满三百万元的，应当认定为《刑法》第383条第1款规定的“数额巨大”，依法判处三年以上十年以下有期徒刑，并处罚金或者没收财产。

【法条链接】

《最高人民法院、最高人民检察院关于办理贪污贿赂刑事案件适用法律若干问题的解释》（2016年4月18日）第2条

108. 受贿罪的“其他严重情节”如何认定？如何处罚？

受贿数额在十万元以上不满二十万元，具有本解释第1条第3款规定的情形之一的，应当认定为《刑法》第383条第1款规定的“其他严重情节”，依法判处三年以上十年以下有期徒刑，并处罚金或者没收财产。

【法条链接】

《最高人民法院、最高人民检察院关于办理贪污贿赂刑事案件适用法律若干问题的解释》（2016年4月18日）第2条

109. 只有部分数额属于“其他严重情节”，全案是否法定刑升格？

按照《关于办理贪污贿赂刑事案件适用法律若干问题的解释》规定，一般的受贿20万元以上不满300万元的为数额巨大，但是具有：（1）多次索贿的；（2）为他人谋取不正当利益，致使公共财产国家和人民利益遭受损失的；（3）为他人谋取职务提拔、调整的，数额在10万元以上不满20万元就认定“其他严重情节”。同样，数额特别巨大和情节特别严重也存在这样的情况。比如行为人受贿15万元，只有其中10000元是为他人谋取职务提拔的，那么全案认定为“其他严重情节”吗？可以认定全案升格，对于其他没有特殊情形的数额在量刑时酌情从轻。理由如下：（1）从法理

上来说，属于情节加重犯，之所将这几类特殊情况作为法定刑升格的条件，就是要体现从严打击，最高人民法院法官在发布会上的解读也指出，之所以将“职务提拔、调整”作为特殊情况列举，就是要整治官场，体现从严治吏，坚决打击买官卖官之风；（2）从文义上解释，司法解释用语是“有下列情形之一”，既然如此，只要有其中一种情形即可升格，至于多和少，并没有特别要求；（3）从体系解释的角度说，刑法中的其他罪名及其他司法解释，对于情节加重犯，均是规定只要具有这种情形即可升格，而不问多少。比如行为人实施三次抢劫，只要其中有一次入户抢劫，全案就升格为十年以上，没有入户的两次量刑时从轻考虑。当然，如果该部分数额过小或比例过低的，可以不考虑法定刑升格，具体比如何判断，需要结合个案综合考虑全案的各种情节进行裁量。而且，《最高人民法院、最高人民检察院关于办理贪污贿赂刑事案件适用法律若干问题的解释》中的另外两种情形“多次索贿的；为他人谋取不正当利益，致使公共财产国家和人民利益遭受损失的”显然具有一次就够了，比如行为人十次受贿其中“索贿三次”，就属于多次索贿，如果不认定升格就直接违反司法解释规定。

【法条链接】

《最高人民法院、最高人民检察院关于办理贪污贿赂刑事案件适用法律若干问题的解释》（2016 年 4 月 18 日）

110. 受贿罪数额特别巨大的标准是多少？如何处罚？

受贿数额在三百万元以上的，应当认定为《刑法》第 383 条第 1 款规定的“数额特别巨大”，依法判处十年以上有期徒刑、无期徒刑或者死刑，并处罚金或者没收财产。

【法条链接】

《最高人民法院、最高人民检察院关于办理贪污贿赂刑事案件适用法律若干问题的解释》（2016 年 4 月 18 日）第 3 条

111. 受贿罪的“其他特别严重情节”如何认定？如何处罚？

受贿数额在一百五十万元以上不满三百万元，具有《最高人民法院、最高人民检察院关于办理贪污贿赂刑事案件适用法律若干问题的解释》第1条第3款规定的情形之一的，应当认定为《刑法》第383条第1款规定的“其他特别严重情节”，依法判处十年以上有期徒刑、无期徒刑或者死刑，并处罚金或者没收财产。

【法条链接】

《最高人民法院、最高人民检察院关于办理贪污贿赂刑事案件适用法律若干问题的解释》第3条（2016年4月18日）

112. 如何计算多次受贿的数额？

对多次受贿未经处理的，累计计算受贿数额。国家工作人员利用职务上的便利为请托人谋取利益前后多次收受请托人财物，受请托之前收受的财物数额在一万元以上的，应当一并计入受贿数额。《最高人民法院、最高人民检察院关于办理贪污贿赂刑事案件适用法律若干问题的解释》从两方面对受贿犯罪数额的计算作出了规定。（1）针对小额贿款的问题，明确多次受贿未经处理的，累计计算受贿数额。据此，受贿人多次收受小额贿款，虽每次均未达到《最高人民法院、最高人民检察院关于办理贪污贿赂刑事案件适用法律若干问题的解释》规定的定罪标准，但多次累计后达到定罪标准的，应当依法追究刑事责任。（2）针对收受财物与谋利事项不对应的问题，明确利用职务上的便利为请托人谋取利益前后多次收受请托人财物，受请托之前收受财物数额在一万元以上的，应当一并计入受贿数额。据此，对那些小额不断、多次收受的财物，符合条件的也应当一并追究刑事责任。

【法条链接】

《最高人民法院、最高人民检察院关于办理贪污贿赂刑事案件适用法律若干问题的解释》（2016年4月18日）第15条

113. 受贿罪中“利用职务上的便利”如何理解？

利用职务上的便利，是指利用职权或者与职务有关的便利条件。职权是指本人职务范围内的权力；与职务有关是指虽然不是直接利用职权，但利用本人职权或地位形成的便利条件。利用职务上的便利，既包括利用本人职务上主管、负责、承办某项公共事务的职权，也包括利用职务上有隶属、制约关系的其他国家工作人员的职权。担任单位领导职务的国家工作人员通过不属于自己主管的下级部门的国家工作人员的职务为他人谋取利益的，应当认定为“利用职务上的便利”为他人谋取利益。利用职务之便的时间顺序为：利用当前、过去、将来的职务之便。利用职务之便的权力内容包括：（1）利用自己所掌握的领导权和指挥权；（2）利用行使的管理权和经办权；（3）利用监督和制约的权力。利用职务之便的类型有：本人职务上的便利、具有隶属关系的国家工作人员的职务之便、利用有制约或监督关系的国家工作人员的职务之便。

【法条链接】

《全国法院审理经济犯罪案件工作座谈会纪要》（2003年11月13日）

114. “利用本人职权或地位形成的便利条件”如何认定？

“利用本人职权或地位形成的便利条件”，主要是为了解决间接受贿行为问题。“利用本人职权或者地位形成的便利条件”，是指行为人与被其利用的国家工作人员之间在职务上虽然没有隶属、制约关系，但是行为人利用了本人职权或者地位产生的影响和一定的工作联系，如单位内不同部门的国家工作人员之间、上下级单位没有职务上隶属、制约关系的国家工作人员之间、有工作联系的不同单位的国家工作人员之间等。认定这一点应从以下几个方面进行考察：（1）行为人是否具有一定的职务，这种职务属于对其他国家工作人员产生一定影响的职务；（2）行为人接受请托时是否表示要通过自己的职权或地位形成的便利条件为请托人谋取不正当利益；（3）行为人在委托、要求第三人时是否以自己所拥有的职权或地位来影响第三人；（4）第三人在承诺接受、完成行为人的委托事项，为他人谋取不正当利益是基于行为人的职权或地位的影响，还是基于其他因素如亲属、朋友关系。“利用本人职权或地位形成的便利条件”，需要与“通过其他国家工作人员职务上的行为”联系起来才能构成受贿罪。

【法条链接】

《刑法》第380条第1款

《全国法院审理经济犯罪案件工作座谈会纪要》（2003年11月13日）

115. 国家工作人员通过其情人职务上的行为收取贿赂，为他人谋取不正当利益的行为，如何定性？

行为人通过上级的职务行为，为请托人谋取不正当利益，索取或收受财物，属于利用本人职权或者地位形成的便利条件受贿。行为人既是国家工作人员，又与被其利用的其他国家工作人员之间具有不正当男女关系，其利用本人职权或者地位形成的便利条件的行为，构成受贿罪。

如陆某受贿案：[①] 2009年年底至2010年5月期间，陆某利用其担任某市某区新城管委会办公室主任及某市某区发展和改革局副局长这一职权、地位形成的便利条件，通过刘某担任某市某区人民政府副区长、中共某区新城工委书记并全面负责某区新城建设的职务上的行为，使不具备投标资格的某区森林地面工程有限公司，通过挂靠有资质的企业参与某区新城4个建设工程的投标并中标，为该公司谋取不正当利益，先后4次收受该公司法定代表人薛某所送的现金合计70万元。2009年年底至2010年5月期间，陆某又利用自己职权形成的便利条件，通过刘某职务上的行为，使某市建设管理咨询有限公司违规承接了某区新城建设项目编标业务，为该公司谋取不正当利益，先后两次收受该公司董事长陈某所送的现金合计15万元。2010年春节前，陆某以同样的手段，使不具备投标资格的某市市政工程有限公司，通过挂靠有资质的企业参与某区道路及排水工程的投标并中标，为该公司谋取不正当利益，收受该公司董事长薛某所送的现金1万元。

---

① 刑事指导案例第754号，载《刑事审判参考》2012年第1集·总第84集。

法院经审理认为，《刑法》第388条规定的“利用本人职权或者地位形成的便利条件”，是指行为人对被其利用的国家工作人员之间在职务上没有制约关系，但是行为人利用了本人职权或者地位产生的影响。本案被告人陆某先后担任某区城管委会办公室主任、发展和改革局副局长，与时任某区人民政府副区长、某区新城工委书记的刘某在职务上没有制约关系，但有工作联系，且陆某的职权和地位对刘某职务上的行为能够产生一定的影响，因此，陆某通过刘某职务上的行为，为请托人谋取不正当利益，并收受请托人财物的，应以受贿论处。陆某利用其担任某区新城管委会办公室主任、发展和改革局副局长的便利条件，通过其他国家工作人员职务上的行为，为请托人谋取不正当利益，收受请托人的财物合计86万元，其行为构成受贿罪。

116. “为请托人谋取不正当利益”如何认定?

为请托人谋取不正当利益是针对间接受贿行为而言的，“谋取不正当利益”是指谋取违反法律、法规、国家政策和国务院各部门规章规定的利益，以及要求国家工作人员或者有关单位提供违反法律、法规、国家政策和国务院各部门规章规定的帮助或者方便条件。这些利益中，多数是利益本身不合法，有的利益本身虽然合法，但取得的手段和方式、途径不合法，所得到的利益不能视为合法。

117. 利用过去职务上的便利，卸任后收受他人财物的行为，如何认定?

国家工作人员利用职务上的便利为请托人谋取利益之前或者之后，约定在其离职后收受请托人财物，并在离职后收受的，以受贿论处。国家工作人员利用职务上的便利为请托人谋取利益，离职前后连续收受请托人财物的，离职前后收受部分均应计入受贿数额。

【法条链接】

《最高人民法院关于国家工作人员利用职务上的便利为他人谋取利益

离退休后收受财物行为如何处理问题的批复》（2000 年 7 月 21 日）

118. “为他人谋取利益”如何认定？

为他人谋取利益包括承诺、实施和实现三个阶段的行为。只要具有其中一个阶段的行为，如国家工作人员收受他人财物时，根据他人提出的具体请托事项，承诺为他人谋取利益的，就具备了为他人谋取利益的要件。明知他人有具体请托事项而收受其财物的，视为承诺为他人谋取利益。具有下列情形之一的，应当认定为“为他人谋取利益”，构成犯罪的，应当依照《刑法》关于受贿犯罪的规定定罪处罚：（1）实际或者承诺为他人谋取利益的；（2）明知他人有具体请托事项的；（3）履职时未被请托，但事后基于该履职事由收受他人财物的。

如王小石受贿案：[①] 2002 年 3 月至 9 月间，被告人王小石利用担任中国证券监督管理委员会（以下简称证监会）发行监管部发审委工作处助理调研员的便利条件，通过东北证券有限责任公司（以下简称东北证券公司）工作人员林碧介绍，接受福建凤竹纺织科技股份有限公司（以下简称凤竹公司）的请托，通过证监会发行监管部其他工作人员职务上的行为，为凤竹公司在申请首次发行股票的过程中谋取不正当利益，为此王小石收受请托人通过林碧给予的贿赂款人民币 72.6 万元。法院经审理认为：王小石身为国家证券监督管理机构的工作人员，对凤竹公司申请上市发行股票的正当程序已经知悉，但其接受发行股票申请单位的请托后，不遵循正当申报程序，而是利用本人的职权及地位形成的便利条件，采用“吃请送礼”的手段，介绍参与审核和核准股票发行申请的人员与申请单位私下接触，为请托人谋取不正当利益，其从中收受请托人巨额钱财的行为已构成受贿罪。

【法条链接】

《最高人民法院、最高人民检察院关于办理贪污贿赂刑事案件适用法律若干问题的解释》（2016 年 4 月 18 日）第 13 条

---

① 载《人民法院案例选》2007 年第 1 辑。

119. 索取他人财物的，是否需要为他人谋取利益？

索取他人财物，即索贿，是行为人利用职务上的便利，主动向他人索取财物。对行为人而言，他是主动向对方所要，带有勒索、胁迫性；对被索取人而言，他是被迫给予财物。索取他人财物的，不论是否“为他人谋取利益”，均可构成受贿罪。非法收受他人财物的，必须同时具备“为他人谋取利益”的条件，才能构成受贿罪。但是为他人谋取的利益是否正当，为他人谋取的利益是否实现，不影响受贿罪的认定。

120. “明知他人有具体请托事项”如何认定？

国家工作人员明知他人有具体请托事项而收受其财物的，视为承诺为他人谋取利益。这一点在行为人没有为请托人谋取利益或没有来得及为请托人谋取利益的案件中，往往成为认定受贿罪的关键因素。认定“明知他人有具体请托事项”，应从以下几个方面进行考察：（1）应当具有特定的请托人，即需要利用被请托人的职务之便谋取利益的人；（2）须属于具体的事项，具体事项是相对抽象事项而言；（3）须有明确的要求，这是建立在具体请求事项基础之上的。

【法条链接】

《最高人民法院、最高人民检察院关于办理贪污贿赂刑事案件适用法律若干问题的解释》（2016年4月18日）

121. “通过其他国家工作人员职务上的行为”如何理解？

“通过其他国家工作人员职务上的行为”，主要是指通过与自己有隶属关系的其他国家工作人员，以及与自己职务和权力上无隶属关系，但属于受自己职务、权力和地位影响的其他国家工作人员。具体包括：（1）与行为人存在直接领导关系的国家工作人员，即被利用的国家工作人员在行政管理体制方面，与利用自己权力的行为人属于纵向的权属关系，被利用者直接受到利用者的领导，如市长与下辖各区的区长之间、县长与县属各委办局主要负责人之间等。(2) 与行为人存在工作关系的国家工作人员，即从行政权力的配置和利用方面引起具有权力内容的工作关系。如A县长与B县长同属C市管辖下平行的处级领导干部，二人虽不具有领导与被领导的关系，也不存在直接权属关系，但在工作配合和权力运行方面，双方很容易交流沟通，两者之间存在工作关系。(3) 与行为人存在监督和制约关系的国家工作人员，监督与制约关系，包括职务上的监督与制约关系和工作关系上的领导与被领导关系。如检察机关工作人员甲在实施刑事诉讼监督过程中，利用侦查员或审判员的职务便利为他人谋取利益，自己从中收受贿赂，即属于利用监督权之便的受贿行为。

122. 行为人索取财物没有得手的，是否影响受贿罪的成立？

索贿犯罪行为的成立不需要具备为他人谋取利益，只要利用职务之便主动向他人索要财物，即构成受贿罪。索取财物的主动权掌握在给予人手中，财物是否最终取得，决定犯罪形态（既遂或未遂），不影响受贿罪的成立。

123. 关于收受财物后退还或者上交的行为，如何认定？

国家工作人员收受请托人财物后及时退还或者上交的，不是受贿。具体包括以下几种情形：(1) 行为人原本不具有收受他人贿赂的故意，但当行贿人送来财物后，没有当面拒绝而予以收下，随后觉得不妥予以退还或上交；(2) 行为人原本不具有收受他人贿赂的故意，行贿人将财物送来后，行为人一再推辞但最终还是收下了，随后又把财物退还或上交；(3) 行为人不知道行贿人给自己送财物，如有的行贿人将贿赂款装在烟盒里送给国家工作人员，当收到财物后予以退回或上交；(4) 行为人收受他人财物后，由于醒悟而及时将财物退回或上交；(5) 行为人收受他人财物后，因害怕被查处，后将财物退还或上交。这里的及时，是指马上、立刻、不迟延，实践中需要考虑案件的具体情形和各种客观因素，综合加以判断。

对于国家工作人员收受请托人财物后，及时退还或者上交的，说明其主观上没有受贿故意，因此不是受贿。收受财物后，因自身或与其受贿有关联的人、事被查处，为掩饰犯罪而退还或者上交的，不影响认定受贿罪。因为从法律上讲受贿犯罪已经实施完毕，而且主观上也没有悔罪的意思，依法应定罪处罚。

【法条链接】

《最高人民法院、最高人民检察院关于办理受贿刑事案件适用法律若干问题的意见》（2007年7月8日）第9条

124. 贿赂犯罪的“在经济往来中”如何理解？

贿赂犯罪中的经济往来，是指行为人代表本单位与外单位或个人从事经济交往，如买卖、购销、贷款等活动，即限于平等民事主体之间的经济往来，而不包括行为人代表国家或单位所进行的经济管理活动。国家机关及其工作人员的行政执法、审批、侦查、起诉、审判等活动，都是代表国家进行的管理活动，以及在经济活动中的管理活动如审批项目、土地等不属于“经济往来”。国有公司、企业内部的人事管理、员工录用等活动，也不属于“经济往来”。但是国家机关作为市场经济主体，与其他市场主体进行市场经济活动，如政府采购、招标投标、商业服务、工程建设等则属于“经济往来”。在经济往来中，应限于行为人代表本单位从事经济活动的经济往来中，而不包括盗用本单位的名义后利用工作便利为自己或他人推销产品，购买物资、联系促成业务等活动。

125. 国家工作人员为他人谋取利益后收受酬谢费的行为如何认定？

在经济活动中，国家工作人员利用职权便利，为他人谋取利益，以“酬谢费”等名义索取、收受财物的；或者利用职务上的便利，与他人勾结，以次充好、以假充真、抬高或降低物资价格、提高工程造价、降低工程质量等手段为他人谋取利益的，使国家或集体利益受损，而以酬谢费等

名义索取或收受的，应认定为受贿罪。

126. 事后收受他人财物的行为是否构成受贿罪?

事后收受他人财物的行为在实践中较为常见，认定该行为需要从以下两个方面进行考察：(1) 事后收受财物的行为与实现利用职务之便为他人谋取利益之间是否存在直接联系；(2) 行为人事前是否具有收受他人贿赂的主观故意。一般而言，如果行为人事后收取他人财物的事实与事前行为人利用职务之便为他人谋取利益具有直接因果关系，可推定其具有主观故意。履职时未被请托，但事后基于该履职事由收受他人财物的，应当认定为“为他人谋取利益”。

事后收受财物通常具有以下特点：行为人利用其职务行为为他人谋取了利益；行为人在利用职务之便为他人谋取利益之时或者之前，没有收受财物；行为人在为他人谋取利益之后收受对方财物；没有充分证据证明行为人在利用职务便利为他人谋取利益时就意在以后收受对方的财物，但行为人事后收受对方财物时，却明知对方送的财物是因为自己的职务行为使对方获取了利益。事后收受财物的行为构成受贿罪。

如陈晓受贿案：[①] 陈晓自 1986 年至 1996 年间任安徽公司总经理。1992 年年初，安徽公司下达公司各部门承包经营方案。同年 4 月，能源化工处处长兼庐海公司经理李剑峰向陈晓递交书面报告，提出新的承包经营方案，建议超额利润实行三七分成。陈晓在没有通知公司其他领导的情况下，与公司党委书记、副总经理徐某（另案处理)、财务处长吴某及李剑峰四人研究李剑峰提出的建议，决定对李剑峰承包经营的能源化工处、庐海公司实行新的奖励办法，由陈晓亲笔草拟，并会同徐某签发《关于能源化工处、庐海实业有限公司试行新的奖励办法的通知》，规定超额利润 70％作为公司利润上缴，30％作为业务经费和奖金分成，并由承包人支配。发文范围仅限财务处、能源化工处、徐某及陈晓个人。1993 年年初，陈晓在公司办公会上提出在全公司实行新的承包方案，主持制定《业务处

① 刑事指导案例第 64 号，载《刑事审判参考》2000 年第 3 集，总第 8 集。

室六项费用承包核算办法实施细则》。依据《关于能源化工处、庐海实业有限公司试行新的奖励办法的通知》《业务处室六项费用承包核算办法实施细则》的规定，李剑峰于 1992 年提取超额利润提成 21 万余元，1993 年提取超额利润提成 160 万余元。在李剑峰承包经营期间，被告人陈晓以公司总经理身份及公司名义于 1992 年 11 月、1993 年 5 月先后两次向安徽省计划委员会申请拨要进口原油配额 6.5 万吨，交给李剑峰以解决其进口加工销售业务所需，并多次协调李剑峰与公司财务部门之间就资金流通、使用等方面的矛盾。李剑峰为感谢陈晓为其制定的优惠政策及承包经营业务中给予的关照，于 1993 年春节前，送陈晓人民币 3 万元，1994 年春节前后又两次送给陈晓人民币 30 万元、港币 15 万元。陈晓收受李剑峰的钱款后，其妻李某利用此款在广东珠海市吉大园林花园购买房屋一套（价值人民币 51 万余元）。法院经审理认为：陈晓身为国家工作人员，利用职务便利，根据下属部门承包经营人李剑峰建议，制定新的承包经营政策，协调、帮助李剑峰承包经营，在李剑峰获取巨额利润后，非法收受李剑峰所送 33 万元人民币、15 万元港币，其行为侵害了国家工作人员公务活动的廉洁性，已构成受贿罪。

【法条链接】

《最高人民法院、最高人民检察院关于办理贪污贿赂刑事案件适用法律若干问题的解释》（2016 年 4 月 18 日）

127. 国家工作人员为他人谋取利益收受物品后只付少量现金的行为，如何认定？

国家工作人员利用职务上的便利，为他人谋取利益，收受物品，只付少量现金，这往往是行贿、受贿双方为掩盖犯罪行为的一种手段，数额较大或有其他较重情节的，应认定为受贿罪。受贿金额以行贿人购买物品实际支付的金额扣除受贿人已付的现金额来计算。行贿人的物品未付款或无法计算行贿人支付金额的，应以受贿人收受物品当时、当地的市场零售价格扣除受贿人已付现金额来计算。

128. 收受贿赂财物后用于公务支出或社会捐赠的行为，是否影响受贿罪的认定？

国家工作人员出于贪污、受贿的故意，非法占有公共财物、收受他人财物之后，将赃款赃物用于单位公务支出或者社会捐赠的，不影响贪污罪、受贿罪的认定，以此堵住贪污、受贿犯罪分子试图逃避刑事追究的后门，但量刑时可以酌情考虑。将贪污、贿赂款用于公务开支或社会捐赠的行为，只是贪污、受贿行为完成后赃款的去向问题，不影响犯罪的成立，但由于行为人犯罪主观恶性较轻，在量刑时可以作为从轻处罚的情节予以考虑。

如徐朕良受贿案：[①] 徐朕良系奉化市溪口镇人民政府农业办公室工作人员。徐朕良在奉化市溪口镇人民政府农业办公室工作管理农林公路工程期间，利用职务便利，2007 年至 2008 年先后 5 次非法收受村公路工程施工员林仲光的贿赂款共计人民币 22000 元，2007 年非法收受村公路工程承建人孙永产的贿赂款计人民币 2000 元，并以孙永产为其支付餐费的形式非法收受孙永产的贿赂款计人民币 9000 元；2010 年春节前非法收受工程承建人叶信用的贿赂款计人民币 10000 元；2010 年春节前以支付餐费为名非法收受村公路工程承建人葛启臣的贿赂款计人民币 10000 元。法院经审理后认为，被告人徐朕良身为国家工作人员，利用职务上的便利，非法收受他人贿赂，为他人谋取利益，其行为已构成受贿罪。对于被告人徐朕良以支付餐费的形式非法收受的 19000 元，是否用于公务接待，系其受贿后对赃款的处理，不影响以受贿罪认定。

【法条链接】

《最高人民法院、最高人民检察院关于办理贪污贿赂刑事案件适用法律若干问题的解释》（2016 年 4 月 18 日）第 16 条

---

① 载《人民司法》2012 年第 10 期。

129. 以借款为名索取或非法收受贿赂的行为，如何认定？

认定以借款为名收受贿赂的行为，可以从以下几个方面加以考察：(1) 借款是否建立在国家工作人员利用职务之便为请托人谋取利益之上，这是确认借款行为性质的前提。如果国家工作人员没有利用职务之便为他人谋取利益，无论他人借款给国家工作人员是出于帮助，或者寄希望于国家工作人员以后利用职务之便为自己谋取利益，都不能以受贿行为论。(2) 借款的真实意图，即借款人是否处于真实的借款目的，有借有还，只要借款人具有归还的目的，就不属于受贿。(3) 借款行为与国家工作人员利用职务之便为请托人谋取利益之间是否存在必然的联系，即借款的实现是因为国家工作人员利用职务之便为请托人谋取利益，否则请托人不会借款给国家工作人员。只有同时具备上述三个条件，才能认定通过借款形式进行受贿。

国家工作人员利用职务上的便利，以借为名向他人索取财物，或者非法收受财物为他人谋取利益的，应当认定为受贿。具体认定时，不能仅仅看是否有书面借款手续，应当根据以下因素综合判定：(1) 有无正当、合理的借款事由；(2) 款项的去向；(3) 双方平时关系如何、有无经济往来；(4) 出借方是否要求国家工作人员利用职务上的便利为其谋取利益；(5) 借款后是否有归还的意思表示及行为；(6) 是否有归还的能力；(7) 未归还的原因；等。从七个方面归纳了通过借款方式达到受贿和索贿目的的行为方式，其中既包含了借款人借款的主观心理态度，又反映了借款的客观行为内容，通过主客观的相互印证正确认定此类受贿行为。

【法条链接】

《全国法院审理经济犯罪案件工作座谈会纪要》(2003 年 11 月 13 日)

130. 逢年过节收受下属红包的行为，如何定性？

逢年过节收受下属红包成为目前一些官员变相收受财物的新型受贿手

段。上下级之间的“感情投资”等能否认定为“为他人谋取利益”？为了净化政治生态，促进腐败犯罪的深层治理，相关司法解释对所谓的“感情投资”提出了明确的处理意见，即：国家工作人员索取、收受具有上下级关系的下属或者具有行政管理关系的被管理人员的财物，价值三万元以上，可能影响职权行使的，视为承诺为他人谋取利益，应当以受贿犯罪定罪处罚。其中，规定“价值三万元以上”的限定，主要是出于区分违纪行为等方面的考虑。

【法条链接】

《最高人民法院、最高人民检察院关于办理贪污贿赂刑事案件适用法律若干问题的解释》（2016年4月18日）第13条

131. 被告人利用职权便利向管理对象高息放贷行为，如何认定？

国家工作人员利用职务便利，向职权管理对象放贷收受巨额利息，其行为构成受贿。国家工作人员受贿后，因自身或者与其受贿有关联的人、事被查处，为掩饰犯罪而退还或者上交的，不影响认定受贿罪。

如陈建飞受贿案：① 2008年1月至4月，陈建飞在担任金华市公安局消防支队副支队长期间，先后向金华世贸中心项目负责人杨伯伟提出以其妻方某某、外甥女陈某某名义放贷，按5%、8%月利率收取利息，杨伯伟为了在金华世贸中心消防设计、审核、验收等方面得到陈建飞的关照，予以同意。之后，陈建飞以方某某、陈某某名义陆续放贷给杨伯伟共计人民币900万元，至2010年5月，陈建飞共收取利息计人民币1503.1万元，超出银行同类贷款利率4倍以上利息计人民币819.25万元。2010年10月，在单位有关人员被查处后，陈建飞退还给杨伯伟人民币600万元。2007年5月至2009年9月，陈建飞在担任金华市公安局消防支队副支队长期间，负责浙江省义乌市九州建设开发有限公司（以下简称“九州公司”）开发的义乌金福源珠宝广场消防项目的验收，即向该公司负责人吴

① 载《人民法院案例选》2013年第3辑。

文红提出放贷及高利率回报要求。之后，陈建飞先后放贷给九州公司计人民币800万元，按月利率3%～3.2%收受利息计人民币116.93万元，超出银行同类贷款利率4倍以上利息计人民币53.75万元。2010年5月，被告人陈建飞在单位有关人员被查处后退还吴文红人民币41万元。法院经审理认为：被告人陈建飞身为国家工作人员，利用职务上的便利非法收受他人财物总计人民币925万余元，并为他人谋取利益，其行为已构成受贿罪。其中，陈建飞利用其担任金华市公安局消防支队副支队长的职务之便，在行使对金华世贸中心和九州公司开发的义乌金福源珠宝广场的消防设计、审核、验收的职权过程中，向职权管理对象杨伯伟、吴文红提出高息放贷要求，并实际收受高额利息款计人民币873万元，主观上利用职权非法收受他人财物的故意明显，其行为符合受贿罪的特征。其受贿犯罪既遂后，因本单位相关人员被司法机关查处，以及在其被调查时，为逃避法律追究，先后退还、上缴部分赃款赃物，均不影响对其受贿行为的定性。

【法条链接】

《最高人民法院、最高人民检察院关于办理贪污贿赂刑事案件适用法律若干问题的解释》（2016年4月18日）

132. 国家机关工作人员收取“中介费”的行为，如何定性？

国家机关工作人员利用管理职权，为被监管企业从事违法交易提供帮助，并使之谋取利益，从而收受请托人给予的好处费，其行为构成受贿罪。

如许士梅被控受贿案：① 2004年至2005年期间，陈某的企业为筹集资金，欲转让部分排污指标。于是，就请托时任慈溪市环境保护局环境监察大队大队长的被告人许士梅介绍买主。当时，陈某许诺，事成之后会给予被告人许士梅“中介费”。经被告人许士梅撮合，陈某以400万元的总额将8只染缸的排污指标转让给了他人。为此，陈某先后两次给予被告人许士梅共计人民币10万元。法院经审理认为，陈某的企业属于环保监管企

① 载《人民司法·案例》2010年第20期。

业，被告人许士梅利用其所掌握的信息为陈某联系买主，而收受陈某给予的大额财物的行为，已严重侵害了国家工作人员职务行为的廉洁性，其行为已符合受贿罪的构成要件。

133. 收受他人财物后没为他人谋取利益的，可否以受贿罪定罪？

国家工作人员在收受他人财物时，承诺为他人谋取不正当利益，即使后来没有利用本人职权或者地位形成的便利条件，通过其他国家工作人员职务上的行为，为请托人谋取不正当利益，也应认定构成受贿罪。

如仲华兵被控受贿案：[①] 2008 年 8 月，被告人仲华兵在任正阳县公安局真阳镇派出所副所长期间，该县陡沟镇理发个体户张英强因涉嫌盗窃被正阳县公安局刑警队逮捕，张英强的妻子徐少萍找到在县城卖家电的高文亮（高文亮的哥与仲华兵是战友），让其找人活动此事，高文亮就找到仲华兵让其帮忙，仲华兵答应活动此事，张英强亲属分两次共送给仲华兵 35000 元。其间，仲华兵并未过问此事，张英强因证据不足被取保候审。案发后，被告人仲华兵将赃款全部退出。法院经审理认为：被告人仲华兵身为正阳县公安局工作人员，明知张英强的亲属利用他谋取不正当利益，承诺为张英强的亲属谋取不正当利益而收受人民币 3.5 万元，其行为已构成受贿罪。根据有关规定，为他人谋取利益包括承诺、实施和实现三个阶段，明知他人有具体请托事项而收受财物的，视为承诺为他人谋取利益，被告人仲华兵明知张英强亲属的请托事项而收受其财物，即是承诺为他人谋取不正当利益。

134. 贪污贿赂犯罪中“可能影响职权行使”如何认定？

国家工作人员索取、收受具有上下级关系的下属或者具有行政管理关系的被管理人员的财物价值三万元以上，可能影响职权行使的，视为承诺

---

① 载《人民法院案例选》2011 年第 1 辑。

为他人谋取利益。“可能影响职权行使的”是前一句的同位语，具有推定功能，无须证明。其一，既然是上下级和职权的制约管理关系，那么，没有无缘无故的爱也没有无缘无故的恨，为什么要送钱，而且还是三万元以上，不是小数目，怎么可能没有所求呢？该国家工作人员明知或应当明知对方有所求，既然如此，根据《最高人民法院、最高人民检察院关于办理贪污贿赂刑事案件适用法律若干问题的解释》第 14 条“明知他人有具体请托事项的”应当认定“为他人谋取利益”。所以前面的两个限定条件：(1) 隶属制约关系；(2) 3 万元的数额。就已经将正常的人情往来排除掉了，当然如果确有证据证明属于正常人情往来的，比如原本具有亲属、同学等关系，以往两家的礼尚往来的数额等原本就不符合受贿罪的构成要件而不成立受贿罪。因此，具有这两个条件，原则上就可以推定“可能影响职权行使的”。

【法条链接】

《最高人民法院、最高人民检察院关于办理贪污贿赂刑事案件适用法律若干问题的解释》(2016 年 4 月 18 日) 第 13 条

135. 收受下级单位“慰问金”的行为，如何定性？

在社会生活中，下级单位逢年过节期间出于各种不同的目的，以给上级单位及其工作人员发放所谓的“奖金”“福利”“慰问金”等名义送钱送物的情况较为普遍。收受钱物的一方是否构成受贿。对此，应区分不同情况，结合受贿犯罪的构成要件即是否具有为他人谋取利益来加以具体认定。仅仅出于人情往来，不具有为他人谋取利益的意图即行为，属于不正之风，应按一般的违纪处理，不应认定为受贿犯罪；如借逢年过节这些传统节日之机，明知他人有具体请托事项，或者根据他人提出的具体请托事项、承诺为他人谋取利益而收受他人财物的，不管是单位还是个人，均应认定为受贿行为。

136. 国家工作人员与其家属共同受贿的行为如何认定？

国家工作人员与其家属共同受贿是受贿罪中较为常见的一种形式。以

家庭成员为共犯的共同犯罪不同于一般共同犯罪，其特殊性主要表现在家庭成员具有密切关系，这种关系隐含在行为之间的共同犯罪故意。只要查明利用职权为他人谋取利益的行为人实际知道其家属收受了贿赂，即可确认其具有受贿的故意。认定国家工作人员与其家属是否构成共同犯罪，关键是证实他们之间是否具有主观上的共同犯罪故意。《最高人民法院、最高人民检察院关于办理受贿刑事案件适用法律若干问题的意见》第 7 条明确规定：特定关系人与国家工作人员通谋，共同实施前款行为的，对特定关系人以受贿罪的共犯论处。特定关系人以外的其他人与国家工作人员通谋，由国家工作人员利用职务上的便利为请托人谋取利益，收受请托人财物后双方共同占有的，以受贿罪的共犯论处。

137. 帮助受贿与介绍贿赂行为的界限是什么？

介绍贿赂行为是指行为人在行贿人与受贿人之间进行沟通、撮合，使行贿和受贿得以实现的行为。帮助受贿行为与介绍贿赂行为的界限，主要从行为主体、主观目的、行为的表现形式、获取利益来源等方面进行区分。

138. 受贿罪与取得合理报酬、接受正当馈赠的界限是什么？

国家工作人员在法律允许的范围内，利用业余时间，以自己的劳动为他人提供某种服务，从而获得报酬的，不成立受贿罪。但国家工作人员在业务时间，利用职务上的便利为他人谋取利益，进而获得报酬的，仍成立受贿罪。行为人接受亲友正当馈赠的行为，固然不成立受贿罪。但实践中存在以馈赠为名的行贿，其与受贿罪的界限，应从以下几个方面进行全面分析，综合判断：（1）接受方与提供方是否存在亲友关系；（2）提供方是否有求于接受方的职务行为；（3）接受方是否许诺为他人谋取利益，或者是否正在或已经为提供方谋取利益；（4）所接受的财物是否超出了一般馈赠的数量和价值；（5）接受方是否利用了职务之便；（6）有无正当馈赠的适当理由；（7）接受与提供方式是否具有隐蔽性等。

办理商业贿赂犯罪案件，要注意区分贿赂与馈赠的界限。主要应当结合以下因素全面分析、综合判断：（1）发生财物往来的背景，如双方是否存在亲友关系及历史上交往的情形和程度；（2）往来财物的价值；（3）财物往来的缘由、时机和方式，提供财物方对于接受方有无职务上的请托；（4）接受方是否利用职务上的便利为提供方谋取利益。

【法条链接】

《最高人民法院、最高人民检察院关于办理商业贿赂刑事案件适用法律若干问题的意见》（2008年11月20日）

139. 受贿罪与非国家工作人员受贿罪的界限是什么？

非国家工作人员受贿罪是指公司、企业或其他单位的工作人员利用职务上的便利，索取他人财物或者非法收受他人财物，为他人谋取利益，数额较大的行为。受贿罪与非国家工作人员受贿罪的区别主要表现在：

（1）犯罪主体不同。这是两者的根本区别。前者的主体是国家工作人员，后者的主体是公司、企业或其他单位的工作人员。但是，在公司、企业中，不是所有工作人员的受贿行为都按非国家工作人员受贿罪处理，对于国有公司、企业或其他国有单位中“以国家工作人员论的”公司、企业人员犯受贿罪的，应以受贿罪论处。判断的关键是看行为人所从事的具体工作是公务性的还是业务性的。所谓公务性，是指与企业的组织、领导、经营、管理有关，属于单位行政管理层面；所为业务性，是指单纯属于公司、企业具体经营方面的事宜，如技术员、销售员所从事的具体工作。

（2）客观表现行为不同。前者主要表现为行为人在行使公职权时利用其特殊身份和权力为他人谋取利益并收受贿赂；后者的受贿行为表现为行为人在公司、企业从事业务往来过程中利用业务往来的便利条件为他人谋取利益并收受贿赂。

140. 单位受贿罪与受贿罪的界限是什么？

区分单位受贿罪与受贿罪，主要看行为人受贿是否在单位意志的支配下实施以及收受的财物是否归单位所有。国有公司内设机构的下属科室负责人及工作人员在经济往来中，违反规定，共同收受回扣并予以私分或共同占有的行为，应当认定为相关行为人共同受贿而非单位受贿。

如倪毓民等受贿案：[①] 2006 年 1 月至 2009 年 1 月，被告人倪毓民先后担任上海外高桥造船有限公司（简称外高桥造船公司）品质保证部检测技术室副主任、退休返聘专家。被告人顾秋兵先后担任该室探伤员、副主任，被告人刘晓明、钱利铭担任该室的探伤员。四名被告人在对本单位新建 H1058 号船无损检测工作进行监督管理过程中，利用职务之便，共同收受承接本单位无损检测业务的上海基实无损检测技术有限公司（简称基实公司）总经理钟阿定以及上海船舶检测公司（简称船舶检测公司）焊接室主任陈永康按业务量的比例给予的回扣费，包括多次收受钟阿定给予的回扣费计人民币 72 万元，其中 16 万元四人均分，6 万元私下分给科室其他工作人员，50 万元用于共同炒股；共同或单独收受陈永康给予的回扣费 70 余万元，部分钱款归入被告人个人账户，部分用于共同炒股。案发时，上述共同炒股的钱款尚未予以私分。法院经审理认为，被告人倪毓民、刘晓明、顾秋兵、钱利铭身为国家工作人员，在经济往来中，违反国家规定，共同收受回扣归个人所有，其行为均已构成受贿罪。倪毓民、刘晓明、顾秋兵、钱利铭共同收受其他单位回扣费，因其行为既没有体现单位意志，所受钱款又未归单位所有，不构成单位受贿罪，而应认定为个人共同受贿。

141. 受贿罪与贪污罪的界限是什么？

两者的主要区别在于：（1）获取财物的行为方式不同。前者是为他人谋取利益直接收受他人财物；后者是采用侵吞、窃取、骗取或者其他手段来非法占有财物。（2）财物的来源不同。受贿罪的财物是行贿人所有的财产；贪污罪的财产来源是公共财物。（3）利用公权力的作用不同。受贿罪的行为人是利用职务之便为请托人谋取利益，贪污罪的行为人则是通过职

① 载《人民法院案例选》2010 年第 1 期。

务上的便利直接占有公共财物。(4) 主体范围有所不同。虽然两者都是特殊主体，但贪污罪的主体主要体现在与主管、管理、经手公共财物的国家工作人员或受委托管理、经营国有财产的人员；受贿罪的主体包括一切可以利用公职务的国家工作人员。(5) 侵犯的客体不同。受贿罪侵犯的直接客体是国家公务活动的廉洁性，贪污罪侵犯的直接客体是公共财产所有权。

142. 受贿罪与敲诈勒索的界限是什么?

敲诈勒索罪是指以非法占有为目的，通过对被害人使用威胁或要挟的方法，强索公私财物，数额较大的行为。受贿罪与敲诈勒索罪是性质不同的犯罪，两者主要区别在于：(1) 犯罪主体不同。前者是特殊主体，仅限于国家工作人员；后者是一般主体；(2) 客观行为表现不同。敲诈勒索罪一般是以暴力加害被害人及其亲属、揭发他人隐私或损害他人的名誉、地位、前途以及其他危害他人的人身、生命、财产等方法相威胁或要挟。受贿罪表现为利用职务上的便利，非法收受他人财物，为他人谋取利益和利用职务上的便利，索取他人财物。在索贿的情况下，一般比较隐蔽，明目张胆地强行索贿并不常见；(3) 侵犯的客体不同。敲诈勒索罪侵犯的是公私财物的所有权和公民的人身权利，受贿罪虽然也侵犯公私财产所有权，但主要侵害的是国家工作人员职务行为的廉洁性。

143. 国家工作人员利用职权实施敲诈勒索的行为，是定敲诈勒索罪还是受贿罪?

实践中，国家工作人员利用职权实施敲诈勒索的行为，如何定性？如王某系公安局治安支队中队长，一天其在家休息时接到群众举报，称有人在一酒店嫖娼。王某即与另一名民警前往该酒店，查获了正在嫖娼的机关干部胡某与一名卖淫女。王某对他们进行了取证，制作了询问笔录。胡某当场求情，并给二人各1万元，被王某当场拒绝，但王某也没将胡某带回公安机关处理，而是将自己的电话留给胡某，表示要回去商量下一步怎么处理。后，胡某多次给王某打电话，提出只要不公开处理，愿意出钱私了。王某表示可以私了，但要求胡某出10万元。后经双方讨价还价，胡某最终给了王某5万元。王某的上述行为系索贿，构成受贿罪。理由是王某对胡某存在利益上的直接制约关系，查禁嫖娼行为是王某的职责，王某原本应对胡某的行为进行处理，但却利用职权，强行索要财物，从事权钱交易，其行为符合受贿罪的犯罪特征。如果本案中胡某不是嫖娼，而是因为与情人在酒店发生关系而被王某获悉，王某即以披露、揭发胡某的隐私相威胁，索要财物的，则其行为构成敲诈勒索罪。因此，国家工作人员利用职务上的便利，实施勒索行为的，关键要看对被勒索者是否有利益的直接制约关系和权钱交易的本质特征。

144. 什么是交易型受贿?

所谓交易型受贿，是指国家工作人员利用职务之便为请托人谋取利益，在收受贿赂时采取相对隐蔽的交易方式进行，主要包括以明显低于市场的价格向请托人购买房屋、汽车等大宗财物；或者以明显高于市场的价格向请托人出售房屋、汽车等物品的大宗财物；或者采取能够从中获取收益的以物易物的方式进行，从中获取大额差价的行为。交易型受贿的目的在于掩饰贿赂行为，规避法律和政策，是近年来一种新型贿赂形式。以交易形式收受财物，如以低于市场价格购买或者以高于市场价格出售的方式买卖房屋、汽车等物品，与直接收受财物相比只是手法上有所不同，性质上都属于权钱交易，可以认定为受贿。

145. 交易型受贿行为如何认定?

认定交易型受贿行为，应当具备以下几个条件：(1) 获取差额的主体是国家工作人员；(2) 通过市场交换和以物易物的特定方式进行，这是交易型受贿的特定条件；如果不是这种方式，则是直接受贿；(3) 具有违背市场规律的行为发生，具体表现为低买高卖，导致交易双方权利义务关系不对等；(4) 国家工作人员从中获取的差价已经达到受贿罪的入罪标准；

(5) 行为人主观上具有故意，包括请托人具有贿赂他人的故意，收受人具有受贿的故意。

146. 交易型受贿的主要表现有哪些？

交易型受贿是通过貌似正当交易的形式来掩盖非法贿赂的目的。从表面上看，行为对象不是贿赂物，而是具体的大宗商品；实际上，交易型受贿的行为对象是交易过程中产生的财产差价，交易型受贿的主要类型有三种：高卖、低买和不对等的以物易物。国家工作人员利用职务上的便利为请托人谋取利益，以下列交易形式收受请托人财物的，以受贿论处：(1) 以明显低于市场的价格向请托人购买房屋、汽车等物品的。低价买入一般是国家工作人员利用职务之便为请托人谋取利益后，请托人将自己的汽车、房屋或贵金属等送给收受人，收受人为了规避法律，掩人耳目，支付少量款项，或者在大宗物品如房屋交易中，以明显低于市场的价格买进请托人的财物。(2) 以明显高于市场的价格向请托人出售房屋、汽车等物品的。高价卖出主要发生在国家工作人员利用职务之便为请托人谋取利益后，为了从请托人处获取好处，将自己不同的大宗物品如闲置甚至废旧的汽车、多余的房屋，以明显高于市场的价格出售给请托人。(3) 以其他交易形式非法收受请托人财物的，如以明显不对等的价值与请托人进行物物交换。通常情况下，以物易物的行为对象都是价值较高的物品，如汽车、房屋、贵金属等大宗商品，行为人用价值明显较低的物品，交换请托人价值明显较高的物品，物品交换的差价较大，足以构成受贿罪。

【法条链接】

《最高人民法院、最高人民检察院关于办理受贿刑事案件适用法律若干问题的意见》(2007年7月8日)

147. 交易型受贿的犯罪数额如何认定？

受贿数额按照交易时当地市场价格与实际支付价格的差额计算。以交易形式收受财物，行为人实际获取的好处是交易时当地市场价格与实际支付价格的差额，以此认定受贿数额符合《刑法》规定。考虑到市场经济条件下优惠让利是一种正常而普遍的销售方式，前款所列市场价格包括商品经营者事先设定的不针对特定人的最低优惠价格。根据商品经营者事先设定的、不针对特定人的各种优惠交易条件，以优惠价格购买商品的，不属于受贿。

考虑到这类交易行为的对象多为房屋、汽车等大宗贵重物品，如简单规定以低于市场的价格购买或者高于市场的价格出售房屋、汽车等物品，达到受贿犯罪的定罪数额起点的，都将构成受贿犯罪，则有可能混淆正常交易与权钱交易的界限，也不利于控制打击面。为此，《意见》规定了“明显”低于或者高于市场价格的限制性条件。

1. 交易时间的认定。交易型受贿案件中，涉案房屋市场价格具有较大的波动性，以不同的时间基准计算交易时间犯罪数额相差悬殊。原则上应以商品房买卖合同成立时间为交易时间。交易型贿赂案件中的腐败交易，集中表现为行贿人与受贿人之间的犯罪意思表示。因此，房屋买卖合同成立时，受贿人与行贿人已经完全具备贿赂犯罪的意思表示，双方均明知签订合同为形式，贿赂为实质，受贿行为已经完成，危害结果也实际发生，因而应当认定为“交易时间”。

2. 市场价格的认定。真正反映市场交易价格的是开发商针对不特定人优惠折扣后的实际成交价格，这不仅能够避免控辩双方对于评估价格是否准确的争论，而且充分考虑了房产交易的实际操作惯例。在认定实际成交价格时，（1）根据商品房买卖合同、房地产权属登记簿证明、房地产销售专用发票、商品房销售明细证明、客户优惠申请单、现金存款凭证证明、刷卡交易记录、记账凭证、银行进账单、收据证明等证据查明在交易时间、地理位置、面积、户型、朝向、所在层数相同或较为相近的开发商针对不特定人的商品房最低优惠价格。（2）查清开发商的优惠价格是否针对不特定对象，市场价格包括商品经营者事先设定的不针对特定人的最低优惠价格。针对特定人的最低优惠价格不能认定为市场价格。同时，还应当查清最低优惠价格是否附有条件。（3）如果商家真实交易价格无法查明，而评估价格能够反映当时的市场行情，则应采用评估价格。“明显低于市场价格”标准的界定。判断是否“明显低于市场价格”，应从受贿罪权钱交易的本质出发，通过查证房产开发商内部的优惠销售记录，结合特定地区、特定时期的经济发展水平、房产市场的交易规则及差额所占涉案房屋价值总额的比例等多方面进行综合判断。

如杨海受贿案：① 被告人杨海自1996年4月先后担任天津市人防办财务处处长、计划财务处处长。自2001年4月，担任市人防办副主任，分管指挥和通信（信息化）工作，负责天津市人防系统通信工作的总体规划及通讯队伍的训练和演练、通信设备采购标准的制定等。1998年至2010年间，被告人杨海利用职务之便，或利用职权、地位形成的便利条件通过其他国家工作人员职务上的行为，为请托人谋取利益，先后收受长业建设集团有限公司、天津市亿隆工程建设咨询服务有限公司等5家企业贿赂计90.45万元，索取天津市中环系统工程有限责任公司、天津佰都房地产开发有限公司等15家企业或个人贿赂计593.077万元，受贿金额共计人民币683.527万元。其中，2004年被告人杨海以明显低于市场的价格购得“时代奥城”1号楼1门1501号商品房，扣除其实际支付的购房款，折合索贿金额为63.4142万元；2004年，被告人杨海以明显低于市场的价格购得“欣水园”5－1－1901号商品房，扣除其实际支付的购房款，折合索贿金额为58.6115万元；2002年，被告人杨海以明显低于市场的价格购得“帝旺温泉花园”住宅小区内的“林语居”2—3、2—4号别墅两套，扣除其实际支付的购房款，折合索贿金额为140万元；2006年至2009年间，被告人杨海以明显低于市场的价格购得“玛歌庄园·悦水园”26号别墅，扣除其实际支付的购房款，折合索贿金额为106.92万元。法院经审理后认为，杨海身为国家工作人员，利用职务之便为他人谋取利益，索取、非法收受他人财物，其行为构成受贿罪，应根据犯罪数额依法予以处罚。

【法条链接】

《最高人民法院、最高人民检察院关于办理受贿刑事案件适用法律若干问题的意见》（2007年7月8日）

① 载《人民法院案例选》2013年第1辑。

148. 国家工作人员以优惠价格购买商品房与以交易形式收受贿赂，如何区分？

交易型受贿具有受贿罪权钱交易的本质特征。在交易型受贿中，从形式上看，行贿人和受贿人双方存在一般市场交易行为，以金钱和物品的对价进行支付，通常包含打折、让利等优惠，但是上述优惠并不是一般商品买卖活动中为了促销而进行的正常销售手段，而是为了通过这种优惠换取国家工作人员手中的公权力。所谓市场交易只不过是权钱交易的幌子，权钱交易才是交易型受贿的本质特征。交易型受贿中的“市场价格”包括“事先设定的不针对特定人的优惠价格”。应当从是否“事先设定”和“不针对特定人”两个基本方面，结合案件实际来判断国家工作人员所享受的“优惠价格”是正常市场优惠还是交易型受贿。“事先设定”是指在正常的市场优惠购房中，交易价格通常是由经营者预先设定的，事先确定折扣幅度，按照事先制定的程序进行销售和结算，而交易型受贿犯罪中的房产优惠价格往往具有较大的随机性和任意性，经营者会根据交易对象（国家工作人员）的具体情况来临时确定房产价格优惠幅度、结算方式等因而难以事先确定优惠幅度。“不针对特定人”是指在正常的市场优惠购房中，能够以优惠条件购买房产的人是不特定的多数人，所有愿意支付相关对价的（符合相关法律政策规定的）人均可参与优惠购买房产。而在交易型受贿犯罪中，优惠房价仅针对特定的国家工作人员等个别对象，社会上的不特定多数人是不可能享受到同等优惠的。

如胡伟富受贿案：[①] 常山县城市规划管理所为全额拨款事业单位，对常山县天马镇（即县城所在地）范围内建设项目的选址、建设用地和建设工程规划许可证的核发、建筑设计方案的审查以及工程验收、批后管理、组织综合验收、配合依法查处各类违章违法建设等方面具有职权。被告人胡伟富于 1988 年 1 月至 2003 年 4 月在常山县规划建设局规划办（后改为城市规划管理所）工作，2003 年 4 月 30 日任常山县城市规划管理所副所

---

① 刑事指导案例第 975 号，载《刑事审判参考》2014 年第 2 集·总第 97 集。

长，2007年1月任所长。2002年，江山市民建房地产有限公司（以下简称民建公司）在常山县天马镇东苑小区A－2地块开发商住楼。同年11月1日，胡伟富的妻子徐敏向民建公司常山县开发项目部负责人周小明预定了东苑小区26幢东单元401号商品房一套，购房联系单上载明，优惠1%后房价计人民币（以下币种同）157 155元，同日胡伟富交纳首付57 155元。2003年，胡伟富及其弟弟胡伟贵到该公司购买东苑小区26幢东单元401号、402号商品房时，胡伟富要求周小明给予优惠，周小明经与民建公司总经理姜建益商量后同意给予优惠，但考虑到查账等原因，周小明让胡伟富仍旧按市场基准价签订购房合同并付款，事后由胡伟富向公司提供一张他人名义的购货发票，再将优惠的钱以报销的形式返还给胡伟富，胡伟富表示同意。2003年3月25日、9月4日，胡伟贵和胡伟富分别以优惠1%的价款与公司签订了买卖合同，并付清房款，后胡伟富凭购货发票从民建公司获取现金5万元。民建公司针对不特定对象售楼的最高优惠幅度为3%，胡伟富和胡伟贵实际支付给该公司房款比该公司售房的最优惠价格少4万余元。

2004年，浙江晨源置业有限公司（以下简称晨源公司）在常山县天马镇开发柚香城综合大楼。2006年10月，晨源公司因市场需要调高房价，并实际以8.8左右的折扣向社会销售。2007年10月左右，晨源公司进入尾房销售，时任该公司销售主管的汪素芳以7.3折的优惠价购房一套，后又经公司老总的同意以7.5折的优惠为其父亲的朋友郑某购房一套，并从中赚取差价3万元。为此，公司不再支付汪素芳2007年的年终奖。2007年11月，胡伟富的妻子徐敏（曾在该公司工作过）得知公司已经进入尾房销售，且汪素芳已经以7.5折的优惠购得一套房屋后，便与胡伟富商量后到晨源公司以7.5折的优惠价购买一套商品房。晨源公司经理缪建勋、茅建如陈述如果不考虑胡伟富的职务因素，仅考虑徐敏本身在公司做过销售，最多只能优惠到7.9折，与7.5折之间差价为19 000余元。法院经审理后认为，被告人胡伟富身为国家工作人员，利用职务上的便利，非法收受他人财物，并为他人谋利，其行为构成受贿罪。

【法条链接】

《最高人民法院、最高人民检察院关于办理受贿刑事案件适用法律若

干问题的意见》（2007 年 7 月 8 日）

149. 以明显高于市场的价格向请托人出租房屋，如何认定受贿的数额？

明知他人有与自己职务相关的请托事项，仍然将自己房屋以明显高于市场的价格租给请托人的，视为承诺为他人谋取利益。以明显高于市场的价格让请托人租赁其房屋，实质上是一种变相收受请托人财物的行为，属于采取交易形式变相收受贿赂，受贿数额为实际收取的租金与市场租金的差额。

如凌吉敏受贿案：[①] 2003 年至 2011 年，被告人凌吉敏担任人力资源和社会保障部养老保险司待遇处副处长，负责对农垦企业基本养老保险专项转移支付资金进行分配、监督。在此期间，凌吉敏利用职务便利，将其房产以明显高于市场的价格租赁给吉林省扶余华侨农场，以此方式收受该农场贿赂款人民币 633 864 元。凌吉敏作为人力资源和社会保障部养老保险司待遇处副处长，具有制定养老保险专项补助政策、分配养老保险专项补助资金以及监督该项政策实施的职务便利。凌吉敏在明知扶余华侨农场有与其职务行为相关的请托事项的情况下，仍然以明显高于市场的价格向请托方出租自有房屋，其房屋租金高于市场价格的部分，应当认定为凌吉敏变相收取的贿赂款，构成受贿罪。

【法条链接】

《最高人民法院、最高人民检察院关于办理受贿刑事案件适用法律若干问题的意见》（2007 年 7 月 8 日）

150. 国家工作人员以炒房之名收受财物的，是否构成受贿罪？

国家工作人员利用职务上的便利，假借炒房名义，收受他人送予的所

---

① 刑事指导案例第 1019 号，载《刑事审判参考》2014 年第 4 集・总第 99 集。

谓房屋溢价款，为他人谋取利益的，应当认定为受贿罪。如施百泉受贿案[①]：2006 年至 2009 年 10 月，被告人施百泉在担任湖州市国土资源局吴兴区分局副局长兼吴兴区织里镇土地管理所所长期间，利用职务上的便利，先后非法收受湖州广际房地产开发有限公司总经理郁林强、湖州义祥房地产有限公司总经理沈新康、湖州金属科技有限公司总经理周国旗、湖州星火房地产开发有限公司总经理周新明贿送的财物，价值共计人民币 184000 元、港币 10000 元，并为他们谋取利益。其中，2006 年左右，施百泉以买房为名，预订了位于湖州市吴兴区织里镇广际童装苑的两间店面房，后该童装苑的开发商湖州广际房地产开发有限公司（以下简称广际公司）总经理郁林强以补偿差价为由，将人民币 160000 元作为房屋溢价款贿送给施百泉，施百泉予以收受。法院经审理认为，被告人施百泉身为国家机关工作人员，利用职务之便，非法收受他人财物，为他人谋取利益，其行为已构成受贿罪。被告人施百泉在客观上无房可订，也不存在房屋转让的情况下，借炒房名义收受他人人民币 160000 元的行为构成受贿罪，其缴纳订金只是一种掩盖其受贿犯罪事实的行为。

【法条链接】

《最高人民法院、最高人民检察院关于办理受贿刑事案件适用法律若干问题的意见》（2007 年 7 月 8 日）

151. 在交易过程中增设中介环节的受贿行为如何认定？

实践中，行为人故意在交易过程中增加一个中介环节，使构成受贿的交易隐蔽起来，其实现受贿利益是通过中介来完成的。如某国有建筑公司经理甲，利用自己的职务便利，从建材商乙手中大批购进建材。乙没有直接向甲行贿，而是以明显低于市场的价格将建材销售给甲的儿子丙控制的民营公司。三年内，丙的公司从乙处所进建材的差价超过了 200 万元。本案中，从表面上看，甲从乙处购进建材属于正常的交易行为，乙将自己的建材销售给丙的公司也属于市场行为，但这种买卖行为在价格上与市场平

---

① 载《人民司法》2013 年第 10 期。

均价存在很大差别，因为如果没有国家工作人员利用职务之便为请托人谋取利益，请托人不会把财物给予收受人，给钱与收钱之间存在直接联系，这实际上是通过中介环节实施受贿，所以在交易过程中增收中介环节不影响受贿罪的成立。认定通过中介环节进行交易受贿的行为，在实践中应把握以下几个方面：（1）是否存在国家工作人员利用职务之便为直接交易一方（请托人）谋取利益的事实；（2）国家工作人员与参与直接交易的另一方（介入方）之间是否存在特殊关系，包括亲属关系、利益关系和共同受贿关系；（3）通过中介环节所进行的交易，在价格方面是否明显偏离了市场价格。

【法条链接】

《最高人民法院、最高人民检察院关于办理受贿刑事案件适用法律若干问题的意见》（2007 年 7 月 8 日）

152. 收受干股的行为如何认定？

干股是指未出资而获得的股份。收受干股是指没有投入资金而占有股份，不参与经营管理、不承担风险并享有权利或分享红利的行为。干股型受贿是近年来受贿犯罪的一种新形式，是腐败分子企图规避法律制裁的一种手段。国家工作人员利用职务上的便利为请托人谋取利益，收受请托人提供的干股的，以受贿论处。进行了股权转让登记，或者相关证据证明股份发生了实际转让的，受贿数额按转让行为时股份价值计算，所分红利按受贿孳息处理。股份未实际转让，以股份分红名义获取利益的，实际获利数额应当认定为受贿数额。

【法条链接】

《最高人民法院、最高人民检察院关于办理受贿刑事案件适用法律若干问题的意见》（2007 年 7 月 8 日）

153. 收受干股是否需要经过登记才可以认定？

刑事犯罪行为和民商事法律行为的认定上应当有所区分，刑事犯罪行为侧重于客观事实的认定，所以，没有进行转让登记，但相关证据证明股份发生了事实转让的，也应当认定为受贿。干股受贿不以股份是否登记为成立条件，而是以实际享有的权属或者实际获取的财物数额来计算。

154. 干股没有实际转让的情况下应当如何处理？

在股权没有进行登记或者事实上转让的情况下，所谓的干股，只是名义上的干股，受贿人真实得到的是以赢利名义给付的红利，故应当以实际得到的好处即分红来计算受贿数额。

155. 已登记转让或者实际转让情况下，干股受贿数额如何认定？

登记转让和实际转让是股份转让的两种基本方式。登记转让是法律上的转让，即通过履行必要程序和手续对股份进行转让，这种转让一般都是以登记时间作为股份转让时间。实际转让是事实上的转让，即虽然没有进行登记并履行必要转让手续，但转让人与收受人之间已达成股份转让的合意。根据《公司法》的规定，有限责任公司的股东以其认缴的出资额为限对公司承担责任，股份有限公司的股东以其认购的股份为限对公司承担责任。有限责任公司是以出资额为计算单位，股份有限公司则以股份为计算单位。(1) 持有有限责任公司干股的计算，应以干股所占公司总股本的比例乘以转让时公司的净资产，作为持有干股的实际价值；(2) 持有股份有限公司干股，应当按照该股份转让时的市场价格计算；对于股票的转让，以转让行为发生时该股票的成交价格计算，如果转让不能确定具体时间，应以转让行为结束时当天股票成交的平均价格额计算。转入型干股的受贿数额只计算股份数额，不包括孳息在内。

156. 分红型受贿干股的数额如何认定？

干股分红有两种形式：一种是进行股权登记或者实际持有股份后所进

行的分红，这种分红因持有人已经实际享有股权，受贿数额以股份价值计算，其所分红利不计入受贿数额，而按照股份的孳息处理，作为量刑情节予以考虑；另一种是受贿人没有实际享有股权，即股权没有进行转让，行为人只是名义上接受了干股，实际是通过分红来收受财物的，这种情况下按照实际分红所得数额计算其受贿数额。

157. 行为人先收取红利后登记股份的行为，如何认定受贿数额？

实际收受干股的，以干股的实际数额来计算受贿数额；收取干股分红的不计算干股数额，只计算所分红利数额。如果行为人在干股受贿中，先收取红利，后又将干股进行登记转让，应如何认定受贿数额？这种情况可以按照对竞合行为的处理原则，择其重行为处理。具体而言：可以将登记后的干股数额与登机前获取的红利数额和增值数额进行比较，如果登记数大于前者，按照登记数额认定受贿数额。登记前获取的红利数额和增值数额作为孳息认定，在量刑时加以考虑；如果登记数小于前者，则以登记前获取的红利数额和增值数额作为受贿数额，登记行为作为量刑情节加以考虑。

158. 以开办公司等合作投资名义收受贿赂的行为如何认定？

国家工作人员利用职务上的便利为请托人谋取利益，由请托人出资，“合作”开办公司或者进行其他“合作”投资的，以受贿论处。受贿数额为请托人给国家工作人员的出资额。

国家工作人员利用职务上的便利为请托人谋取利益，以合作开办公司或者其他合作投资的名义获取“利润”，没有实际出资和参与管理、经营的，以受贿论处。

国家工作人员利用职务上的便利为请托人谋取利益，以合作开办公司或者进行其他合作投资的名义收受请托人财物，是近几年来出现的新情况。主要有两种：(1) 由请托人出资，国家工作人员“合作”开办公司或者进行其他“合作”投资的，这与直接收受贿赂财物没有本质区别，应以受贿处理。(2) 以合作开办公司或者进行其他合作投资的名义，既没有实际出资也不参与管理、经营，这意味着行为人没有任何正当理由获取所谓“利润”，属于打着合作开办公司或者其他合作投资的名义，行受贿之实的变相受贿行为。

【法条链接】

《最高人民法院、最高人民检察院关于办理受贿刑事案件适用法律若干问题的意见》(2007年7月8日) 第3条

159. 合作投资型受贿如何理解？

投资合作型受贿分为两个方面：(1) 利用职务上的便利为请托人谋取利益，接受请托人的投资，本人参加管理合作开办公司；(2) 利用职务上的便利为请托人谋取利益，既不投资也不参与管理而从中获取利润。前者表现为直接收受贿赂的形式，后者表现为间接收受贿赂的形式。

160. 由请托人投资，国家工作人员进行合作开办公司的行为，如何认定？

即由请托人投资，国家工作人员参与投资，以合作的形式开办公司或者进行其他投资，有的是国家工作人员或其亲属直接参与，有的是国家工作人员指定的第三人代理参与。这属于《最高人民法院、最高人民检察院关于办理受贿刑事案件适用法律若干问题的意见》第3条第1款规定的国家工作人员利用职务上的便利为请托人谋取利益，由请托人出资，“合作”开办公司或者进行其他“合作投资”。

【法条链接】

《最高人民法院、最高人民检察院关于办理受贿刑事案件适用法律若干问题的意见》(2007年7月8日) 第3条第1款

161. 由请托人垫资，国家工作人员参与投资但不参与管理的行为，如何认定?

由请托人垫付资金，以合作的形式开办公司或者进行其他投资，承诺盈利后偿还垫付资金，但国家工作人员不参与公司的经营和管理。这种形式从表面上看没有直接占有请托人资金，但国家工作人员既没有实际出资，也没有参与管理，采取的是无风险收益投资方式。如果公司亏损，国家工作人员没有损失；如果公司盈利，则国家工作人员从中获取收益。这属于《受贿刑事案件适用法律若干问题的意见》第3条第2款规定的国家工作人员利用职务上的便利为请托人谋取利益，以合作开办公司或者其他合作投资的名义获取“利润”，没有实际出资和参与管理、经营的，以受贿论处。

【法条链接】

《最高人民法院、最高人民检察院关于办理受贿刑事案件适用法律若干问题的意见》(2007年7月8日) 第3条第2款

162. 由请托人垫付资金，国家工作人员以其他方式投资或参与管理，如何认定?

由请托人垫付资金，以合作的形式开办公司或者进行其他投资，双方参与经营，国家工作人员承诺用盈利的资金偿还投资人投资，但事后并未偿还。如国家工作人员甲利用职务之便为乙谋取利益后，双方协商合作开办公司，由乙先期垫付50万投资，并约定双方投资和收益均等甲待公司盈利后所得款项用于偿还投资。后由于公司经营不善，甲只从公司获利10万元，没有偿还乙垫付的投资款25万元。该案应以请托人为甲垫付的25万元资金为受贿金额，由于甲从中实际获取的贿赂款只有10万元，可作为量刑情节予以考虑。

163. 合作投资型受贿数额如何计算?

(1) 国家工作人员与请托人合作投资，由请托人出资，国家工作人员参与管理、经营。这种情况下，国家工作人员在经营中既占有他人出资，又参与分红，以其收受的投资资金作为受贿数额。

(2) 国家工作人员与请托人合作投资，由请托人出资，且全部经营管理活动都由请托人一人负责，国家工作人员既不出资，也不参与管理，实际上只是挂投资的名义。这种情况下，应以实际分红所得作为受贿的数额。

(3) 国家工作人员与请托人合作投资，虽然也参与投资，但实际投资资金很少，而在公司或投资份额中所占比例很大，即实际投资比例与占有股份比例严重失衡。这种情况下，应对公司或投资份额按照比例应获取的利润进行计算，然后计算出国家工作人员所投资或所占份额的比例，通过计算出其应得金额，然后从国家工作人员实际所得收益中扣除其应得部分，差额即是该国家工作人员受贿的数额。

(4) 国家工作人员与请托人合作投资，由请托人出资，国家工作人员参与经营管理，由于经营管理不善，没有获取利润。这种情况下，如果国家工作人员与请托人之间订立了正式投资合作协议，请托人实际出资，并且为国家工作人员付出的资金额已达到构成受贿犯罪的数额，原则上应以受贿罪来认定国家工作人员的行为。由于没有实际获取收益，在量刑时可酌情从轻处理。

164. 出资和垫资的界限是什么?

所谓出资，是指承担开办公司或者其他投资项目的全部费用；所谓垫资，是指采用预借的形式由出资一方或第三人暂时支付开办费用，待日后由应当承担投资款的投资人予以偿还。出资和垫资的本质界限涉及收受贿赂与民事借贷的区别问题。在认定垫资时，应注意以下几个问题：(1) 垫资的真实意思表示，这涉及垫资人（请托人）和被垫资人（国家工作人员）两方面因素。考察垫资人主观上是否具有真实的垫资意思，可以成为认定受贿和索贿行为的分界线。作为被垫资一方，如果是出于真实意思的表示，明确表示接受垫资人的垫资，并表示随后归还，说明其没有接受请托人投资贿赂的意思；反之，没有打算用自己的资金归还垫资，说明其具有非法收受请托人财物的故意。（2）垫资的归还时间和方式，这可以看出垫资行为的当事人主观上所持态度的真实性程度，认定是真垫资还是假垫资行为。（3）垫资人与被垫资人之间的合作关系。构成投资贿赂犯罪的案件中，两者之间不是正当合法的经济关系，而是利用职务之便谋取利益的贿赂关系。

165. 以“合作投资房产”名义收受贿赂如何认定？

国家工作人员利用职务上的便利为请托人谋取利益，而后由请托人出资，“合作”开办公司或者进行其他“合作”投资的，仅有投资之名但不承担投资风险，在项目获得利润后收受投资本金和收益的，应认定为受贿。受贿数额为请托人给国家工作人员的出资额。

如朱永林受贿案：[①] 朱永林系湖州市吴兴区织里镇政府机关工作人员。2005 年 3 月起担任湖州市吴兴区环渚乡副乡长，分管城建、土管等工作，2006 年 8 月起担任湖州市吴兴区东林镇人大副主席，2008 年起担任湖州市吴兴区织里镇副镇长。2005 年至 2006 年，被告人朱永林利用职务之便，分别收受苏四荣等 6 人现金人民币 56000 元，以及手机、礼卡等财物，合计价值人民币 80580 元。2006 年，苏四荣为感谢被告人朱永林在拆迁补偿中的帮助，和购买日月城小区 22 号商务楼时帮助谈价钱，与被告人朱永林一起购买该商务楼，以转手获利。2007 年 4 月 28 日，苏四荣向日月置业有限公司缴纳了第一笔定金 60 万元。5 月初，苏四荣联系了买家邱小根，商定加价 180 万元转售给邱小根。5 月 10 日，被告人朱永林向苏四荣支付了由苏垫付的 30 万元定金。7 月 18 日，苏四荣又向日月置业有限公司缴纳了 40 万元。10 月 22 日和 11 月 1 日，苏四荣分别向朱永林支付了 20 万

① 刑事指导案例第 724 号，载《刑事审判参考》2011 年第 4 集·第 81 集。

元和30万元。至案发，被告人朱永林实际收到本金和溢价款人民币110万元。案发后，被告人朱永林退出赃款人民币10万元。

法院经审理后认为，朱永林身为国家工作人员，利用职务便利，为他人谋取利益，非法收受他人财物，其行为已构成受贿罪。在湖州融达机械设备有限公司拆迁赔偿中，苏四荣得到了朱永林的帮助，苏四荣许诺给予朱永林30万元好处，朱永林并未拒绝；在朱永林为苏四荣与日月置业有限公司谈妥商务楼价格后，两人共同投资该商务楼，苏四荣前后共支付定金100万元，朱永林虽曾支付给苏四荣30万元作为投资款，但该款是在转手出让商务楼基本谈妥的情况下支付的，且后又被抽回。故朱永林和苏四荣名义上是共同投资，实质上是权钱交易，应以受贿论处。

166. 受贿行为与投资获利行为的界限是什么？

行为人向其曾给予过便利的公司投资，但不管公司的经营业绩如何，只收取高额回报，不承担任何投资风险的行为，是受贿行为。如于纪豹受贿案：[①] 1995年11月6日和1999年9月，被告人于纪豹利用在任乌鲁木齐市计划委员会主任之时曾对新疆德隆国际实业总公司补办宏源大厦工程项目立项审批手续及固定资产调节税税率减让等方面给过便利和照顾，先后共交给（以下简称“德隆公司”）唐万里100万元人民币，作为其在德隆公司的投资款，要求每年给予高额回报。自1997年1月至2003年4月期间，被告人于纪豹领取所谓回报款共计170万元。法院经审理认为，正当的投资是平等主体间的民事行为。在本案中，于纪豹因其具有市计委主任的职权，和德隆公司之间形成的不是平等主体间的关系，而是管理者与被管理者的关系。正常的投资行为是双方合意、意思表示一致的结果，而本案中的相关证据证明，这100万元的投资、回报的具体内容是于纪豹个人主动提出的，德隆公司只是被迫服从，德隆公司给100万元投资的“回报”的用意也是为了感谢于纪豹的帮助而支付的酬谢款。正当的投资应当有合理的投资期限、投资项目，接受投资方也有接受投资的合法资格，而本案

① 载《人民法院案例选》2007年第2辑。

所谓投资从形式上和实际履行上均无确定的期限，直到案发为止，于纪豹仍然在收取所谓的回报款；双方没有约定投资项目，100 万元投资款根本没有用于德隆公司的任何项目上；回报款也不是从德隆公司投资利润中支付，而是从唐万里的个人掌握款中支付；德隆公司本身并未从事代客理财即接受所谓投资的行为，是德隆公司下属的有法人资格的子公司金新信托公司等法人在非法从事代客理财业务。于纪豹明知这一点，却硬要将 100 万元“投资”到德隆公司，完全是因为其曾向德隆公司提供过很多“帮助”，德隆公司不敢拒绝其“投资”并支付报酬的要求。所以，170 万元应该认定是名为投资回报款实为受贿款。

167. 国家工作人员利用职务便利索要高额投资回报的行为，是否构成受贿罪？

国家工作人员假借投资合伙经营，在实际并未经营的情况下，利用职务便利强要“合伙”相对方支付高额投资回报的行为构成受贿罪。如胡发群受贿、巨额财产来源不明案：① 被告人胡发群先后于 1995 年 5 月任原上饶地区行署副专员，2000 年 10 月任上饶市人民政府常务副市长，2002 年 8 月至案发前任中共上饶市委副书记。2001 年下半年，上饶市信州区商业局下属企业华联商厦改制并在原址开发建设“时代广场”，需筹集资金。上饶市民营企业江西龙江实业有限公司（以下简称龙江公司）有意收购，公司法人代表姚贵禄考虑以外资介入有优惠政策，即邀请上海瑞文实业有限公司董事长陆百湖合伙开发。2001 年 10 月，姚贵禄在上饶把陆百湖介绍给被告人胡发群，陆百湖向胡发群说明了意图，并请胡帮忙。嗣后，胡发群先后两次给信州区委书记蒋英明打电话，提出上海这家公司有实力，建议将华联商厦卖给他们。2001 年 12 月，上海瑞文公司退出。同年 12 月 12 日，上饶市华联有限公司与龙江公司签订了合作协议，双方合作开发“时代广场”。后上饶市华联有限公司因职工安置费及退休职工医疗费等问题，经与龙江公司协商同意，退出该项目的合作联建，由龙江公司独家开

① 刑事指导案例第 384 号，载《刑事审判参考》2006 年第 1 集·总第 48 集。

发建设。在以后姚贵禄办理时代广场土地使用证等手续的过程中，胡发群还多次出面给有关部门打招呼，要求关照。2002 年 2 月，被告人胡发群得知姚贵禄准备在上海经营出租车业务，即向姚贵禄提出要参与投资，姚贵禄考虑到华联改制项目还在做，今后还有求于胡发群，便同意了胡的要求。同年 3 月初，胡发群来到上海其儿子胡德雄家，要胡德雄起草了一份投资协议，甲方是上海贵禄实业有限公司，乙方是胡德雄，主要内容是：乙方投资 10 辆车，每辆以 23 万元计，共计投资 230 万元，先期投资 115 万元，另一半以利润冲抵；每辆车每月利润 5000 元。乙方不参与经营管理，但按约定分享经营权益。到 3 月中旬，胡发群先后付给姚贵禄现金 115 万元。2002 年年底，胡发群到上海，打电话要姚贵禄到其住处来结算一次。胡发群提出：按 10 个月结算，每个月每辆车收益 5000 元，10 辆车共计 50 万元，用来冲抵投资欠款。并要姚贵禄写了一张收条给胡德雄。2003 年 10 月，胡发群打电话要胡德雄回到上饶，告诉胡德雄说姚贵禄的车要卖掉，要胡德雄和姚贵禄结算一下。姚贵禄到胡发群家中后，说没有收购到出租车，生意没做成。胡发群说没做成不要紧，把账结清楚。胡发群提出：本金 115 万元，每辆车每月收益 5000 元，10 辆车 20 个月收益 100 万元，卖车升值 45 万元（每辆车升值 4.5 万元），总金额为 260 万元。胡发群要姚贵禄写了一张 260 万元的欠条给胡德雄，让姚贵禄到上海后把钱付给胡德雄。姚贵禄于 2003 年 11 月至 2004 年 2 月，先后共付给胡发群 260 万元，扣除胡发群自己原有的 115 万元，胡发群实际从姚贵禄处获得 145 万元。此外，胡发群还利用职务便利，在 1997 年 8 月至 2003 年下半年间，先后非法收受毛永生、张少敏、徐梅英、胡旺钱、姚贵禄、吕美庆、邱亨龙等人 21 万元钱款，为他人谋取利益。法院经审理认为，被告人胡发群身为国家工作人员，利用职务上的便利，索取他人钱财 145 万元，其行为已构成受贿罪，因具有索贿情节，依法应从重处罚。

168. 以委托请托人投资证券、期货或者其他委托理财的名义收受贿赂的行为，如何认定？

国家工作人员利用职务上的便利为请托人谋取利益，以委托请托人投资证券、期货或者其他委托理财的名义，未实际出资而获取“收益”，或者虽然实际出资，但获取“收益”明显高于出资应得收益的，以受贿论处。受贿数额，前一情形，以“收益”额计算；后一情形，以“收益”额与出资应得收益额的差额计算。

国家工作人员利用职务上的便利为请托人谋取利益，以委托请托人投资证券、期货或者其他委托理财的名义收受请托人财物的，主要有两种情形：(1) 国家工作人员利用职务上的便利为他人谋取利益，未实际出资，借委托他人投资证券、期货或者其他委托理财的名义变相收受他人财物的；(2) 他人虽然将国家工作人员出资实际用于投资活动，但国家工作人员所获“收益”与实际盈利明显不符。对于第一种情形，既然没有出资，也就谈不上委托理财，更谈不上理财“收益”，应当以受贿处理。对于第二种情形，其实质就是变相受贿。

【法条链接】

《最高人民法院、最高人民检察院关于办理受贿刑事案件适用法律若干问题的意见》(2007 年 7 月 8 日) 第 4 条

169. 委托理财型受贿如何理解?

委托理财型受贿是指国家工作人员利用职务之便为请托人谋取利益，与请托人之间建立虚假的委托关系，利用请托人的名义投资证券、期货、房产或其他经济项目，没有实际出资，或者虽然出资但从中所获收益明显超过其投资应得的收益的行为。委托理财型受贿行为具有以下特点：(1) 委托理财关系的虚假性；(2) 行业的特殊性，主要集中在证券、期货、大宗商品交易和房地产等行业；(3) 受贿隐蔽行为的特殊性，用貌似公开的委托理财关系掩盖请托人与国家工作人员之间的贿赂关系；(4) 收受财物的间接性，国家工作人员利用职权收取的贿赂财物，通过理财这一中介环节所取得。

170. 不出资的理财受贿行为如何认定？

所谓不出资的理财受贿，是指国家工作人员利用职务上的便利为请托人谋取利益，以委托请托人投资证券、期货或者其他委托理财的名义，本人没有出资但从中获取收益的行为。这种受贿形式与直接受贿无异，受贿人毫无资本地获取经营收益，属于法律规定的理财受贿形式。

【法条链接】

《最高人民法院、最高人民检察院关于办理受贿刑事案件适用法律若干问题的意见》（2007年7月8日）第4条第1款

171. 出资的理财受贿行为如何认定？

所谓出资的理财受贿行为，是指国家工作人员利用职务上的便利为请托人谋取利益，以委托请托人投资证券、期货或者其他委托理财的名义，实际出资，但获取收益明显高于出资应得收益的行为。这属于法律规定的理财受贿形式。

【法条链接】

《最高人民法院、最高人民检察院关于办理受贿刑事案件适用法律若干问题的意见》（2007年7月8日）第4条第2款

172. 委托理财型受贿数额如何计算？

委托理财型受贿数额的计算方法：（1）国家工作人员利用职务上的便利为请托人谋取利益，以委托请托人投资证券、期货或者其他委托理财的名义，未实际出资而获取“收益”，受贿数额以“收益”额计算；（2）国家工作人员利用职务上的便利为请托人谋取利益，以委托请托人投资证券、期货或者其他委托理财的名义，虽然实际出资，但获取“收益”明显高于出资应得收益的，以受贿论处。受贿数额，以“收益”额与出资应得

收益额的差额计算。

173. 委托理财过程中的“应得收益”如何认定?

委托理财过程中的“应得收益”，是指排除受贿因素所致收益以外的正当收入。这种应得收益只可能发生在国家工作人员已经实际出资，委托请托人或第三人代为理财的情形中。作为受贿处罚的委托理财数，主要是指国家工作人员在委托理财过程中获得了超过自己应得收益的那部分数额较大的收益。应得收益的认定问题，涉及收益的计算问题，即如何从行为人收取的收益中剔除受贿收益，差额即是应得收益部分。应得收益的计算要根据委托理财的具体项目来认定，有的理财项目收益巨大，如股指期货、贵金属现货买卖，房地产开发等。

174. 委托理财中获得的收益明显高于出资应得收益如何理解?

国家工作人员在委托理财中具有出资时，获得的收益明显高于出资应得收益属于受贿行为，其前提是：该国家工作人员利用职务之便为请托人谋取利益，请托人自愿接受国家工作人员委托为其理财；国家工作人员在理财过程中具有出资；国家工作人员的出资应得收益远远低于实际所得收益。“明显高于”是根据社会一般人的认识水平，应得数额和实际所得数额之间悬殊较大，不是细微的、可以忽略的，而是一眼就可以看出来的。需要注意的是，这里的明显是在构成犯罪数额基础之上的明显，不包括尚未达到构成受贿罪数额的明显。

【法条链接】

《最高人民法院、最高人民检察院关于办理受贿刑事案件适用法律若干问题的意见》(2007 年 7 月 8 日)

175. 接受请托人提供没有风险的盈利机会是否构成受贿?

国家工作人员利用职务之便为请托人谋取利益，请托人并没有给国家工作人员财物，而是为国家工作人员提供能够获取理财收益的信息，是否构成受贿？我们认为，能够带来财产性收益的信息可以认定为财产性利益，对于请托人能够给国家工作人员带来确定的收益机会，或无风险收益机会的，只要国家工作人员从中获得了请托人给予的财产性利益，其获利数额大到受贿罪的入罪标准，应当以受贿罪论处。

176. 赌博形式受贿如何认定？

所谓赌博形式受贿，是指国家工作人员利用职务之便为请托人谋取利益，利用赌博方式收受请托人财物的行为。以赌博形式受贿，实际上是行贿方和受贿方以赌博作为贿赂工具，以掩盖实质性的受贿行为。通过赌博或者为国家工作人员赌博提供资金的形式实施行贿、受贿行为，构成犯罪的，依照《刑法》关于贿赂犯罪的规定定罪处罚。赌博形式受贿可以分为索取赌资型、收受赌资型、赌博赢资型和代付赌债型等类型。

【法条链接】

《最高人民法院、最高人民检察院关于办理赌博刑事案件具体应用法律若干问题的解释》第 7 条

177. 以赌博形式受贿，如何计算受贿数额？

根据不同的赌博类型，认定赌博中的受贿数额。（1）赌博赢资型受贿是较为典型的赌博受贿形式，通常情况下不存在请托人为国家工作人员提供赌资的问题，即使提供赌资也是象征性的，数额不会很大。这种赌博受贿行为原则上应把所得赢利作为受贿数额。（2）收受赌资型、索取赌资型、代付赌资型受贿数额，根据国家工作人员从请托人处直接获取的财物作为受贿数额。

178. 赌博形式贿赂与赌博活动、娱乐活动的界限是什么？

实践中应注意区分贿赂与赌博活动、娱乐活动的界限。具体认定时，

主要应当结合以下因素进行判断：（1）赌博的背景、场合、时间、次数。赌博的背景是指赌博活动赖以发生的主客观基础，客观基础是指参与赌博的国家工作人员是否利用职务之便为参与赌博的人谋取利益；主观基础是指国家工作人员和请托人是否具有行贿受贿的故意。所谓场合，是指参加赌博的人和地点是否适合，是否与贿赂行为相关，如参加赌博的人都旨在拉拢贿赂国家工作人员。地点主要表现在是否属于相对隐蔽的地方，以便于国家工作人员收受贿赂。（2）赌资来源，这是认定赌博受贿行为的重要方面，并非所有的赌博受贿都会由参与赌博的国家工作人员事先取得请托人的赌资，如赢资型赌博；在由请托人提供赌资的场合，如果国家工作人员赢利数额大，一般可以认定为赌博受贿行为。（3）其他赌博参与者有无事先通谋。“事先预谋”，主要从行贿人角度而言，即由请托人一方或者请托人委托、聘请的人来陪国家工作人员赌博，这些人之间是否存在预谋，即在赌博开始前已经商量好，只能让国家工作人员赢，不能让国家工作人员输，目的是把财物变相输送给国家工作人员。（4）输赢钱物的具体情况和金额大小。从输赢的情况来判断赌博受贿行为是否成立，需要从两个方面来判断：在输赢方面，要看国家工作人员与请托人共同进行赌博过程中，是否总是国家工作人员赢，请托人一方输。当然，在输赢金额不是很大的场合，需要通过多次来考察。对于赌博盈利金额大甚至巨大的情形，只要国家工作人员属于利用职务之便为请托人谋取利益而参与赌博，一两次即可以认定为赌博受贿行为；对于一般获利较小金额的赌博，需要将每次赌博赢钱的金额累计综合分析。

【法条链接】

《最高人民法院、最高人民检察院关于办理受贿刑事案件适用法律若干问题的意见》（2007 年 7 月 8 日）第 5 条第 2 款

179. 挂名取酬型受贿行为如何认定？

所谓挂名取酬型受贿行为，是指国家工作人员利用职务上的便利条件，为请托人谋取利益的同时，要求或接受请托人给特定关系人挂名安排工作，从中收取贿赂的行为。挂名取酬型受贿是赤裸裸的权力腐败，是行

为人将受贿行为从自己直接实施转为由特定关系人实施，从而掩盖自己收受贿赂的行为。构成挂名取酬型受贿行为，需要具备以下几个要件：(1)国家工作人员利用职务之便为请托人谋取利益；(2)由挂名人作为收取贿赂的实行人，直接收取贿赂；(3)挂名人与国家工作人员之间具有特定关系，就收受贿赂而言，国家工作人员是间接实行犯，特定关系人是实行人；(4)额外薪酬（贿赂财物）由请托人提供；(5)国家工作人员与请托人之间存在行贿受贿的对向性关系。具体类型包括：挂名人不工作，薪酬由国家工作人员领取；挂名人不工作，薪酬由挂名人自己领取；挂名人参加工作，但领取的薪酬大大超过应得报酬。

【法条链接】

《最高人民法院、最高人民检察院关于办理受贿刑事案件适用法律若干问题的意见》(2007年7月8日)

180. 受贿罪中特定关系人的范围如何认定？

"特定关系人"，指的是"与国家工作人员有近亲属、情妇（夫）以及其他共同利益关系的人"。特定关系人的具体范围包括：(1)近亲属，根据《刑事诉讼法》上近亲属的范围，包括配偶、父母、子女、同胞兄弟姐妹，具有收养关系的兄弟姐妹与同胞兄弟姐妹享有相同的权利和义务。(2)情妇（夫），是指非法同居的两性关系，实质上是通常所说的情人。是否属于情妇（夫）关系，一是要从双方的感情方面观察，看男女之间是否经常存在不正常的两性关系，这里的性关系应当属于具有规律性的性生活，即双方在较长时间内反复不断地发生性关系，而不是偶尔的一两次。而是从物质生活方面考察，只有双方在共同生活过程中，在物质利益方面存在相互依存关系，才能称为情妇（夫）。(3)其他共同利益关系人。"共同利益"既包括物质性利益，如双方之间共同从中获取财物的共同故意，也包括非物质利益，如具有权力关系或者其他与财物和地位相互有关的事宜。其他共同利益关系的人，关键在于该人是否与国家工作人员有共同利益关系。理解共同利益关系应注意把握两点：一是共同利益关系主要是指经济利益关系，纯粹的同学、同事、朋友关系不属于共同利益关系，受贿罪的本质是权钱交易，没有经济利益往来的不符合受贿本质特征；二是共同利益关系不限于共同财产关系，除共同财产关系外，情夫情妇等关系亦属于特定关系。

如周小华受贿案：[①] 2006年年初至2007年年底，周小华在担任湖州市工商局南浔区分局经检科副科长兼经检大队副大队长（主持工作）期间，利用其对辖区内市场进行监管和对违法经营的企业、个人进行查处等职务便利，为他人谋取利益，分别收受冯荣兴等人现金和礼卡，合计价值人民币25400元。其中2006年9月，董连富在被告人周小华单位门口，将浙北大厦价值人民币1800元的购物券放在月饼盒中，送给被告人周小华，周予以收受。2006年上半年，湖州市东迁建筑工程有限公司直港巷分公司（以下简称东迁分公司）经理周文荣因无照经营而被南浔工商分局经检大队查处。事后，被告人周小华通过东迁建筑有限公司总经理董连富，安排其妻子张金仙的妹妹张金莲到东迁分公司担任会计。从2006年4月起至2007年年底，无会计从业资格的张金莲出面担任东迁分公司的会计，期间，张金莲在其有会计证的姐姐张金仙的帮助和指导下，完成了东迁分公司2006年度及2007年度的会计工作。周文荣分别在2006年及2007年的年底，先后两次以工资名义交付给被告人周小华现金人民币3万元（其中2006年度为2万元，2007年年底，周文荣以2007年度工作量较少，给付1万元）。被告人周小华拿到钱后将钱交给其妻张金仙，张金仙将其中的一部分给予张金莲。2007年年初，周小华妻子的表弟沈子良准备购买湖州巨赢置业有限公司（以下简称巨赢公司，系私营企业）开发的巨赢花园小区的住房，为此，被告人周小华多次向巨赢公司董事长冯荣兴要求给沈子良购房予以优惠。后沈子良购买标价为人民币335088元的住房1套，享受销售单位的优惠后，房价为人民币327423元，并以此价由沈子良与巨赢公司、湖州远大房地产代理经营有限公司签订了购房合同，购房的首付款收据开票额为人民币147098元，但沈子良实付人民币117098元。对该套房屋，沈子良实付总房款为人民币297423元（比签订合同的价格少人民币30000元）。2008年4月2日，周小华因涉嫌索取巨赢公司董事长冯荣兴3万元，被湖

---

① 刑事指导案例第584号，载《刑事审判参考》2009年第5集·总第70集。

州市南浔区人民检察院传唤，周小华到案后主动交代了上述犯罪事实。法院经审理认为，周小华身为国家工作人员，利用职务上的便利，收受他人钱财，为他人谋取利益，其行为已构成受贿罪。冯荣兴应被告人周小华的要求，而给予沈子良买房 3 万元优惠，沈子良因被告人周小华的身份而获利，鉴于沈子良既非被告人周小华的近亲属，且本案亦无证据证明周小华与沈子良之间具有共同利益关系，故公诉机关指控被告人周小华对沈子良所获得的 3 万元购房优惠构成受贿罪，不能成立。

【法条链接】

《最高人民法院、最高人民检察院关于办理受贿刑事案件适用法律若干问题的意见》（2007 年 7 月 8 日）

181. 挂名取酬型受贿数额如何计算？

对挂名取酬型受贿数额的计算，应根据具体行为类型来确定。（1）特定关系人挂名，薪酬由国家工作人员领取，受贿数额以行为人实际收取的金额计算。（2）特定关系人挂名，薪酬由拍卖人领取。如果该特定关系人是国家工作人员的家属，或者共同生活的父母、子女，或者关系密切的情人，或者属于具有共同利益的关系人，应把特定关系人实际从请托人处获取的薪酬作为受贿数额。（3）特定关系人参加工作，但领取的薪酬明显高于该职位正常薪酬水平的，其性质属于变相受贿，但考虑到当前一些企业，尤其是私营企业薪酬发放不规范，如何认定实际领取的薪酬与正常薪酬是否相当以及如何认定受贿数额，均存在困难，故法律对这种情况暂没作规定。（4）特定关系人正常工作和领取薪酬的，不存在非法收受财物问题，不能以犯罪处理。

国家工作人员利用职务上的便利为请托人谋取利益，要求或者接受请托人以给特定关系人安排工作为名，使特定关系人不实际工作却获取所谓薪酬的，以受贿论处。

国家工作人员要求或者接受他人给特定关系人安排工作的情况较为复杂，主要有三种情形：一是特定关系人“挂名”领取薪酬的，这与直接接受财物没有实质区别，应以受贿论处；二是特定关系人虽然参与工作但领取的薪酬明显高于该职位正常薪酬水平的，其性质属于变相受贿，但考虑到当前一些企业，尤其是私营企业薪酬发放不规范，如何认定实际领取的薪酬与正常薪酬是否相当以及如何认定受贿数额，均存在困难，故对这种情况暂没作规定；三是特定关系人正常工作和领取薪酬的，不存在非法收受财物问题，不能以犯罪处理。

【法条链接】

《最高人民法院、最高人民检察院关于办理受贿刑事案件适用法律若干问题的意见》（2007 年 7 月 8 日）

182. 合法薪酬与受贿的界限是什么?

合法收入与受贿取酬在实践中不易区分，应根据具体案情，综合分析以下几个方面，再判断是否可以认定为受贿行为：（1）国家工作人员利用职务之便为请托人谋取利益与特定关系人挂名取酬行为之间是否存在直接的因果关系。即请托人为特定关系人挂名取酬是直接因为国家工作人员利用职务之便为自己谋取利益而作出的。（2）特定关系人所得报酬是否明显高于应得报酬，这应根据社会一般常识和人们的一般认识来判断。

区分国家工作人员受贿与收取合理劳务报酬的界限在于国家工作人员是利用职务便利为他人谋取利益收受财物还是利用个人技术换取报酬。受贿行为的社会危害本质在于职务便利与金钱交易（通常表述为权钱交易），侵犯国家工作人员的职务廉洁性。对于国家工作人员利用职务之便，为他人谋取利益收受财物的，应认定为受贿：对于国家工作人员没有利用职务便利，仅仅是利用个人的技术、管理专长为他人提供服务，收取相应报酬的，因为没有职权与金钱交易性质，故该报酬属于合理收入，不应认定为受贿。正确区分正当的劳务报酬与非法的行贿受贿的界限，司法中应当注意从以下几个方面进行综合把握：（1）国家工作人员是利用职务便利为他人谋取利益收受财物还是利用个人技术换取报酬；（2）是否确实提供了有关服务；（3）接受的财物是否与提供的服务等值。

国家工作人员以“劳务报酬”为名收受请托人财物的应认定为受贿。

如方某受贿案：[①] ×市园林管理处系国有事业单位。2000年12月，方某被聘任为×市园林管理处副主任，分管绿化建设及绿化养护等工作，对绿化建设、养护等工程的方案、招投标、竣工验收等方面具有一定的决定权。2000年12月到2002年11月间，×市××园林有限公司多次与×市园林管理处签订了绿化养护工程合同，承接了×市园林管理处发包的绿化养护增绿工程。为了方便工程竣工验收，以及在“养护工程邀请招标时予以考虑”，×市××园林有限公司经理施某与被告人方某达成口头协议，约定方某利用休息日及业余时间为施某所在公司承建的×市西大门景观绿地建设工程提供技术支持和进行质量监督管理，×市××园林有限公司付给方某12万元报酬。此后，方某并未实际参与×市××园林有限公司的任何工作。2002年12月5日，×市××园林有限公司经理施某送给方某面额为人民币12万元的现金支票一张。嗣后，方某通过委托他人将该支票兑现并将之藏匿于家中。法院经审理认为，被告人方某身为国家工作人员，利用职务之便，非法收受他人贿赂，为他人谋取利益，其行为已构成受贿罪。方某受全民事业单位×市园林管理处聘任担任职务，应认定为在国有事业单位中从事公务的人员。国家对事业单位实行聘用合同制改革，并不改变受聘于国有事业单位并担任管理职务的人员属从事公务的性质，且《刑法》第93条第2款对国有事业单位中从事公务的人员，以国家工作人员论，也未有任何其他限制性条件。本案没有证据能够证实被告人方某参加了×市西大门景观绿地建设工程的施工指挥和指导，故被告人方某与施某之间即使曾形成口头聘用合同，也因未实质履行而自不产生权利、义务关系。×市园林管理处具有参与本案所涉及的绿化建设工程验收、养护工程考核、后续绿化养护工程招投标的组织管理等权力，被告人方某系该单位分管绿化建设、养护工程的副主任，因此，其职权与前述工程具有关联性。被告人方某正是利用其职务便利，承诺为行贿人谋取利益，至于其是否着手为他人谋取利益，有否为他人谋取了利益，并不影响受贿罪的构成，贿赂双方就行送与收受的意图或认识，彼此是否明示，也不改变行为的贿赂性质。方某与施某之间借支取劳务报酬之名，行贿赂之实，足以认定。

---

① 刑事指导案例第407号，载《刑事审判参考》2006年第4集·第51集。

183. 通过特定关系人受贿的行为如何认定?

国家工作人员利用职务上的便利为请托人谋取利益，授意请托人以本意见所列形式，将有关财物给予特定关系人的，以受贿论处。特定关系人与国家工作人员通谋，共同实施前款行为的，对特定关系人以受贿罪的共犯论处。特定关系人以外的其他人与国家工作人员通谋，由国家工作人员利用职务上的便利为请托人谋取利益，收受请托人财物后双方共同占有的，以受贿罪的共犯论处。

实践中，一些国家工作人员，尤其是一些职务较高的国家工作人员利用职务上的便利为请托人谋取利益，往往不是其本人亲自收受请托人财物，而是授意请托人与特定关系人以买卖房屋、汽车等物品的方式进行交易，有关财物也由特定关系人收取。这类行为，虽然表面上国家工作人员本人没有获得财物，但实质上行贿人的指向是很明确的，最后送给特定关系人完全是根据国家工作人员的意思，是国家工作人员对于财物的处置行为所致，同样可以认定国家工作人员获得了财物，故应以受贿论处。关于特定关系人的范围，法律予以明确，即“是指与国家工作人员有近亲属、情妇（夫）以及其他共同利益关系的人”。

【法条链接】

《最高人民法院、最高人民检察院关于办理受贿刑事案件适用法律若干问题的意见》（2007 年 7 月 8 日）第 7 条

184. 特定关系人与国家工作人员共同受贿行为如何认定?

国家工作人员和特定关系人共谋后，特定关系人直接接受请托事项并收受财物，国家工作人员利用自己的职务行为以及下属的职务行为，为请托人谋取利益，应当认定为国家工作人员和特定关系人共同受贿。国家工作人员和特定关系人共谋后，特定关系人和请托人“合作”投资，国家工作人员利用职务之便为该投资项目谋取利益，以较少投资获取高额利润的应当认定为国家工作人员和特定关系人共同受贿。有无事前共谋，不应当

成为受贿成立的必要条件。特定关系人索取、收受他人财物，国家工作人员知道后未退还或者上交的，应当认定国家工作人员具有受贿故意。如国家工作人员利用职务之便为请托人谋取利益，事先没有告知自己妻子，然后让妻子出面收取请托人财物，其妻子也知道是请托人给予的贿赂财物，可以认定国家工作人员与妻子具有收受贿赂的共同故意。

如蒋勇、唐薇受贿案：[①] 被告人蒋勇，原系重庆市规划局局长。被告人唐薇，重庆久源商品信息咨询有限公司、重庆嘉汇置业顾问有限公司及重庆瑜然房地产开发有限公司法定代表人。2002年上半年，蒋勇、唐薇确立情人关系后，共谋由唐薇出面为开发商办理规划手续和规划调整业务并收受钱财，利用蒋勇担任重庆市规划局领导的职务之便协调关系，解决调规问题。2004年11月，唐薇在蒋勇的帮助下成立重庆嘉汇置业顾问有限公司，取得丙级城市规划资质等级。为了让该公司顺利开展代办规划业务，蒋勇要求下属市规划局用地处原处长陈明关照唐薇的业务，陈明表示同意。(1) 2004～2007年，重庆长安房地产开发有限公司薛松、重庆市锦天集团卢志红、重庆金鹏物业（集团）有限公司戴相超、重庆市沙坪坝区覃家岗塑料制品有限公司徐光荣、重庆三木实业有限公司范奉琴、重庆佰富实业有限公司李云旗、重庆天龙房地产开发有限公司叶炳均、中国四联仪器仪表集团有限公司卿玉玲、四川省成都市华瑞实业有限公司刘聚臻、重庆市沙坪坝联芳园区管委会徐生明，为相关项目规划事宜，请托唐薇到市规划局协调关系，唐薇接受请托后告知蒋勇，蒋勇利用自己的职务行为或安排下属予以关照，以及蒋勇接受重庆鲁能开发（集团）有限公司孙瑜有关项目规划事宜的请托，通过唐薇共收受687.3016万元。(2) 2004～2005年，重庆艺洲生态农业发展有限公司张华荣、重庆金鹏物业（集团）有限公司戴相超、重庆才宇房地产开发有限公司通过李坚、重庆都市房屋开发有限公司周祖刚、重庆华辰物业发展有限公司林锋、重庆市卢山房地产开发有限公司王大贤，为相关项目规划事宜，请托唐薇到市规划局协调关系，陈明利用职务上的便利予以关照，唐薇共收受273.84万元。(3) 2005年7月，蒋勇、唐薇商议后成立重庆瑜然房地产开发有限公司，并在

---

① 刑事指导案例第585号，载《刑事审判参考》2009年第5集·总第70集。

蒋勇的帮助下取得房地产开发资质。后蒋勇向唐薇提出将位于重庆市江北区花果小区一地块性质由绿化用地调整为居住用地后，供该公司进行房地产开发。唐薇找到重庆市利丰达房地产开发公司柏昌福，提议合作开发。2006 年 5 月，唐薇与柏昌福签订合同，约定唐薇出资 100 万元，柏昌福出资 1900 万元；唐薇负责该地块的取得、地块性质调整等，柏昌福负责项目资金的筹措、项目建设和销售策划；项目利润分配由唐薇占 49%，柏昌福占 51%。后唐薇为调整该项目规划事宜找到蒋勇，蒋勇利用职务之便协调相关单位和职能部门，办理了相关规划手续。至 2008 年 12 月，该项目完成一期工程，净利润为人民币 1486.1253 万元，扣除实际投入的本金折合股份，唐薇应当分得利润人民币 653.8951 万元。

【法条链接】

《最高人民法院、最高人民检察院关于办理贪污贿赂刑事案件适用法律若干问题的解释》（2016 年 4 月 18 日）

185. 关于国家工作人员利用职务便利为他人谋利，“身边人”收钱的行为，如何认定？

本着主客观相一致的定罪原则，该行为能否认定国家工作人员构成受贿犯罪，关键看其对收钱一事是否知情及知情后的态度。特定关系人索取、收受他人财物，国家工作人员知道后未退还或者上交的，应当认定国家工作人员具有受贿故意。对于这里的“特定关系人”，指的是“与国家工作人员有近亲属、情妇（夫）以及其他共同利益关系的人”。

【法条链接】

《最高人民法院、最高人民检察院关于办理贪污贿赂刑事案件适用法律若干问题的解释》（2016 年 4 月 18 日）

186. 特定关系人以外的其他人与国家工作人员共同受贿行为如何认定？

特定关系人以外的其他人与国家工作人员通谋，由国家工作人员利用职务上的便利为请托人谋取利益，收受请托人财物后双方共同占有的，以受贿罪的共犯论处。这里包括两种情形：（1）国家工作人员教唆、帮助或与其他人共同实施受贿犯罪，如国家工作人员甲利用职务之便为请托人谋取利益，教唆乙收受请托人财物后，二人共同瓜分贿赂财物。（2）特定关系人之外的其他人教唆、帮助或与国家工作人员共同实施受贿犯罪，如丙在收受请托人财物后，找到国家工作人员丁，教唆丁利用职务之便为请托人谋取利益，然后二人瓜分贿赂财物。

【法条链接】

《最高人民法院、最高人民检察院关于办理受贿刑事案件适用法律若干问题的意见》（2007年7月8日）第7条

187. 通过特定关系人受贿与利用影响力受贿如何区分？

两者均是职务犯罪，都利用了国家工作人员的职务和权力方面的因素，两者的主要区别在于：（1）犯罪主体不同。通过特定关系人受贿行为构成受贿，必须有国家工作人员作为犯罪主体，单独的特定关系人不构成受贿罪；利用影响力交易罪的主体一般是单独由非国家工作人员构成，即国家工作人员的近亲属或其他与国家工作人员关系密切的人作为犯罪主体。（2）对职务和公权力的利用形式不同。通过特定关系人受贿，必须是A国家工作人员利用职务之便为请托人谋取利益，权力行使主体与权力利用存在直接的联系；利用影响力受贿，只是国家工作人员的近亲属或其他与国家工作人员关系密切的人，通过该国家工作人员职务上的行为，或者利用该国家工作人员职权或地位形成的便利条件，通过其他国家工作人员B职务上的行为，为请托人谋取不正当利益，索取请托人财物或收受请托人财物的形式。（3）关系人的构成内容不同。特定关系人“是指与国家工作人员有近亲属、情妇（夫）以及其他共同利益关系的人”，利用影响力交易罪的关系人，是指国家工作人员的近亲属或其他与国家工作人员关系密切的人，所谓其他与国家工作人员关系密切的人，既包括国家工作人员的情妇（夫）和其他共同利益关系的人，也可能超过这个范围，如与国家工作人员长期交往的亲属、朋友、占有、老乡、同学关系。司法实践中，

区分通过特定关系人受贿与利用影响力受贿的界限，重点在考察国家工作人员是否存在受贿的故意，是否利用职务之便为请托人谋取利益。

188. 未变更财产权属型受贿行为如何理解？

所谓未变更财产权属型受贿行为，是指国家工作人员利用职务上的便利为请托人谋取利益，收受请托人房屋、汽车等物品，没有对其产权进行变更登记，或者虽然进行了变更登记，但都是以借用他人财物的名义所办理的行为。这类行为主要有以下特点：（1）受贿财物表现为不动产和少数特殊动产。下列不动产依法办理登记：集体土地所有权，房屋等建筑物、构筑物所有权，森林、树木所有权，耕地、林地、草原等土地承包经营权，建设用地使用权，宅基地使用权，海域使用权，地役权、抵押权，法律规定需要登记的其他不动产权利。除了上述不动产外，其他特殊动产也需要进行登记，如汽车。（2）受贿所得财物需要从法律上确认其所有权。（3）受贿行为与所得财物之间存在因果关系。（4）未变更权属的原因主要表现为规避法律制裁，掩盖贿赂行为。通常的手段是国家工作人员利用职务之便为请托人谋取利益，收受请托人房屋、汽车等财产，与请托人约定名义上借用，实际上占有。认定类似行为时，需要从贿赂关系双方的主观态度以及行为人占有财物的实际情况进行综合分析，从而判断行为人是借用还是非法占有。既不能把表面上的借用关系所掩盖的占有事实简单地认定为借用，也不能把实际上的借用认定为受贿。

【法条链接】

《最高人民法院、最高人民检察院关于办理受贿刑事案件适用法律若干问题的意见》（2007 年 7 月 8 日）第 8 条

189. 未变更财产权属型受贿行为主要有哪些表现形式？

1. 实际占有型，是指国家工作人员利用职务之便为请托人谋取利益，请托人给予国家工作人员房屋等不动产或者汽车等需要进行登记的财物。双方均明确表示不办理产权变更手续，财产所有权属保持原有状态不变，

财产权完全由国家工作人员支配，即享有对财物的占有、使用、收益和部分处分权。

2. 借用他人名义型，即国家工作人员不以实名收受请托人的不动产等财物，通过借用他人名字来办理财产登记手续，从而达到控制财物所有权的目的。其特点是国家工作人员收受请托人贿赂财物后，不直接以自己或家属名义办理产权登记，而是借用第三人的名义办理产权登记手续，行为人与第三人约定所有权。

3. 长期借用型，即受贿人与行贿人之间明确约定，需要办理产权登记的财物以借用的名义长期无限制地使用，表面上看借用形式，实际上是转移财物所有权。

4. 正在办理型，是指行为人收受他人贿赂财物后，已决定或提出办理产权登记申请，但该房屋或汽车等财物尚未来得及办理登记，或者正在办理过程中即案发。

190. 未变更财产权属受贿数额如何计算？

认定未变更财产权属型受贿的数额，应根据案件的具体情况，区分不同的表现形式加以认定：

1. 对于实际占有型的未变更财产权属型受贿行为，以确立实际占有的时间作为认定行为人收受贿赂的时间，受贿数额按照受贿人取得该财物的实际占有时该财产的市场价格来计算。

2. 对于借用他人名义型的未变更财产权属型受贿行为，一般应当以财物登记或者变更登记的时间，作为确认受贿行为的成立时间，受贿数额以受贿财物在当时的市场价格来计算。

3. 对于长期借用型的未变更财产权属型受贿行为，不应以受贿财物的全部价值计算，应当以实际占有、使用的价值来计算。不能以受贿财物的全部价值作为受贿数额，而应以实际占有、使用的价值来计算。

4. 对于正在办理型的未变更财产权属型受贿行为，分不同情况确定受贿数额：如果行贿人与受贿人之间有协议或明确约定的，以协议或约定成立的时间作为计算的时间基点；如果行贿人与受贿人之间没有合同或协议，以实际交付或受贿人实际占有财物的时间为计算的时间基点；如果既没有协议、约定，也没有实际占有，则以申请登记或变更登记的时间为计算的时间基点。在确定上述时间基点的基础上，受贿数额根据当日受贿财物的市场价格来计算。

【法条链接】

《最高人民法院、最高人民检察院关于办理受贿刑事案件适用法律若干问题的意见》(2007年7月8日) 第8条

191. 未变更财产权属型受贿行为与借用如何区分？

国家工作人员利用职务上的便利为请托人谋取利益，收受请托人房屋、汽车等物品，未变更权属登记或者借用他人名义办理权属变更登记的，不影响受贿的认定。

认定以房屋、汽车等物品为对象的受贿，应注意与借用的区分。刑法上非法占有的认定标准与《物权法》上的合法所有的认定标准不完全一样，非法占有目的的实现并不以得到法律上的确认为条件，是否在法律上取得对房屋、汽车等的所有权，并不能对事实上占有房屋、汽车等的认定构成障碍。只要双方有明确的送、收的意思表示，受贿方实际占有房屋、汽车等即可认定为受贿。同时，考虑到未办理权属登记情形下受贿犯罪容易与合法借用混淆，法律特别强调要准确区分以借为名的受贿与真实借用的界限，并为此列举了几种主要的判断参照因素。

具体认定时，除双方交代或者书面协议之外，主要应当结合以下因素进行判断：(1) 有无借用的合理事由。所谓合理事由，法律没有具体列举，实践中可以从以下几个方面考虑：①该借用行为是否建立在国家工作人员利用职务之便的前提上，如果行为人利用职务之便向请托人借用，则属于不合理的事由，这是界定其他事由是否合理的关键因素；②采取的借用行为是否是行为人当前所必需的，如果行为人的当前因生活十分困难所必需，则属于合理事由；③借用事由是合法的还是非法的。如为解决行为人面临的生活困难，如小孩上学，家庭成员生病等属于合理事由，二姐用于个人经营甚至非法经营的，则属于不合理事由。(2) 是否实际使用，即

行为人将借来的现金或财物用于解决自己或家庭的实际需要，并且用于实际消费。如果行为人没有实际使用，可以从客观上印证行为人可能存在受贿的故意。（3）借用时间的长短。如果行为人在较短时间内将所借财物予以归还，可以从客观上表明行为人确实因客观需要而借用；如果是收受请托人财物，就不存在归还的问题。（4）有无归还的条件。如果行为人归还他人债务的条件已经成熟，但仍不予归还，表明行为人具有非法占有财物的故意，可以推定其主观上存在受贿的故意。（5）有无归还的意思表示及行为，主要看行为人借用财物后，是否明确表示在什么时间、什么条件下归还所借财物。

【法条链接】

《最高人民法院、最高人民检察院关于办理受贿刑事案件适用法律若干问题的意见》（2007 年 7 月 8 日）第 8 条

192. 在职时为请托人谋利，离职后收受财物的行为如何认定？

国家工作人员利用职务上的便利为请托人谋取利益之前或者之后，约定在其离职后收受请托人财物，并在离职后收受的，以受贿论处。国家工作人员利用职务上的便利为请托人谋取利益，离职前后连续收受请托人财物的，离职前后收受部分均应计入受贿数额。

国家工作人员利用职务上的便利为请托人谋取利益，在其离退休后收受请托人财物的，须以在职时有事先约定为定罪条件。如果没有“事先约定”的限制要件，很有可能造成客观归罪，将离职后不再具有国家工作人员身份的人收受他人财物的行为一概作为受贿罪追究，与受贿罪的构成要件不符。法律规定了国家工作人员利用职务上的便利为请托人谋取利益，离职前后连续收受请托人财物的，离职前后收受部分均应计入受贿数额。离职前后连续收受财物，在客观上足以表明国家工作人员在离职前与请托人有约定，与《最高人民法院关于国家工作人员利用职务上的便利为他人谋取利益离退休后收受财物行为如何处理问题的批复》规定的原则是一致的。

【法条链接】

《最高人民法院关于国家工作人员利用职务上的便利为他人谋取利益离退休后收受财物行为如何处理问题的批复》（2007 年 7 月 21 日）

《最高人民法院、最高人民检察院关于办理受贿刑事案件适用法律若干问题的意见》（2007 年 7 月 8 日）第 10 条

193. 离职国家工作人员“事前约定”受贿如何理解？

离职国家工作人员的范围包括：（1）永久性地离开公权力职位，如退休、离休；（2）变相离开原公权力职位，如调动、提升、降职。离职国家工作人员“事前约定”受贿行为，是指国家工作人员利用职务上的便利为请托人谋取利益之前或之后，约定在其离职后收受请托人财物，并在离职后予以收受的行为。这里的约定，是指国家工作人员在职期间与请托人之间的约定，其中包括国家工作人员主动索贿行为，也包括双方之间的合意贿赂行为。这里的收受行为，是发生在国家工作人员离职之后。

该行为主要有以下特点：（1）属于事后收受行为，是指国家工作人员利用职务之便为请托人谋取利益后，索取或者接受他人贿赂的行为，即办事在前，收钱在后。（2）行为人只限于离职的国家工作人员。（3）具有先办事后收钱的顺序特点。即国家工作人员在职时为请托人谋取利益，双方约定待自己离职后再收取贿赂。（4）受贿人与行贿人在事前具有约定，即国家工作人员与请托人之间达成“贿赂协议”，核心内容包括：一方面国家工作人员利用职务之便为请托人谋取利益；另一方面则是请托人在国家工作人员离职后交付其贿赂款物。

194. 离职国家工作人员“事前约定”受贿行为有哪些表现形式？

1. 明示约定型，即国家工作人员在职期间，利用职务之便为请托人谋取利益，双方明确约定待其离职后，请托人为此给予国家工作人员酬谢。

2. 暗示约定型，即国家工作人员利用职务之便为请托人谋取利益时，

双方对行贿受贿事实没有通过口头明确表示，但都心知肚明，形成默契，其后国家工作人员收受请托人财物的事实，是建立在之前双方的暗示约定基础之上。

3. 约定兑现型，即国家工作人员任职期间利用职务之便为请托人谋取利益后的约定，是在该国家工作人员离职后予以兑现。

4. 约定索取型，即国家工作人员利用职务之便为请托人谋取利益时，双方所约定的内容，在该国家工作人员离职后没有得到正常履行，国家工作人员一方主动要求请托人履行事前约定。

195. “事先约定”如何认定？

认定事先约定，需要把握以下几个方面：（1）约定的前提，即必须有国家工作人员利用职务上的便利为请托人谋取利益的行为发生，在这一前提下考察利用职务之便为请托人谋取利益的前提与收受请托人财物之间是否存在必然的因果关系。（2）约定的时间。所谓“事先约定”，必须是在事情开始之前已经约定好，即发生在离职国家工作人员收受请托人财物之前。（3）约定的内容，由两方面构成：一方面是国家工作人员利用职务之便为请托人谋取利益，另一方面则是请托人在国家工作人员离职后交付其贿赂财物。

196. 受贿犯罪同时构成渎职犯罪的，是否实行数罪并罚？

受贿犯罪当中，受贿人往往在为请托人谋取利益时存在渎职行为。国家工作人员利用职务上的便利，收受他人财物，为他人谋取利益，同时构成受贿罪和《刑法》分则第三章第三节、第九章规定的渎职犯罪的，除《刑法》另有规定外，以受贿罪和渎职犯罪数罪并罚。

如黄德林滥用职权、受贿案：[①] 2000年至2005年，被告人黄德林在担任洞头县民政局福利中心主任期间，每年率县福利企业年检年审检查小组

① 刑事指导案例第652号，载《刑事审判参考》2010年第5集·总第76集。

到浙江恒博电气制造有限公司（2003 年前称洞头电器开关厂）检查，该企业的董事长郑西平明确告诉黄德林自己在正常员工人数上弄虚作假，瞒报企业员工人数，使残疾员工数占全部员工数的比例符合福利企业全额退税的标准，并伪造虚假的福利企业材料应付检查。黄德林发现该问题后，不履行自身职责，不对企业正常员工人数进行检查，不将该问题在年审表中如实反映，仍以企业虚报的材料为准进行检查，致使浙江恒博电气制造有限公司顺利通过福利企业的年检年审，在 1999 年至 2004 年期间享受了本不应享受的退税优惠政策，造成国家税收损失共计人民币 7513284.9 元。1999 年年底至 2006 年，黄德林利用其担任洞头县民政局福利中心主任的职务便利，为郑西平福利企业的设立和骗取退税优惠提供帮助，先后 6 次收受郑西平的贿赂共计 10 万元。黄德林因涉嫌犯滥用职权罪接受检察机关讯问后，主动交代了检察机关尚未掌握的受贿事实。案发后，黄德林已退赃款 10 万元。法院经审理认为，被告人黄德林利用职务之便非法收受他人 10 万元，为他人谋取利益，同时，黄德林身为国家机关工作人员，在履行职责过程中滥用职权，造成国家税收损失 7513284.9 元，情节特别严重，其行为分别构成受贿罪、滥用职权罪，应予数罪并罚。

【法条链接】

《最高人民法院、最高人民检察院关于办理贪污贿赂刑事案件适用法律若干问题的解释》（2016 年 4 月 18 日）

197. 海关工作人员收受贿赂又放纵走私的，如何处罚？

负有特定监管义务的海关工作人员徇私舞弊，利用职权，放任、纵容走私犯罪行为，情节严重的，构成放纵走私罪。放纵走私行为，一般是消极的不作为。如果海关工作人员与走私分子通谋，在放纵走私过程中以积极的行为配合走私分子逃避海关监管或者在放纵走私之后分得赃款的，应以共同走私犯罪追究刑事责任。海关工作人员收受贿赂又放纵走私的，应以受贿罪和放纵走私罪数罪并罚。

【法条链接】

《刑法》第 411 条

《最高人民法院、最高人民检察院、海关总署办理走私刑事案件适用法律若干问题的意见》（2000 年 7 月 8 日）

198. 贪污贿赂案件罚金刑的处罚标准是什么？

《刑法修正案（九）》增加了贪污罪和相关贿赂犯罪的罚金刑规定，对于加大对腐败犯罪的经济处罚力度，提高腐败犯罪的经济成本，剥夺腐败分子再犯罪的物质基础，充分发挥刑事立法和司法的预防犯罪功能，具有重要的现实意义。为确保罚金刑适用的有效性和严肃性，依托主刑的不同，分层次对贪污贿赂犯罪规定了远重于其他犯罪的罚金刑判罚标准：（1）对贪污罪、受贿罪判处三年有期徒刑以下刑罚的，应当并处十万元以上五十万元以下的罚金；（2）判处三年以上十年以下有期徒刑的，应当并处二十万元以上犯罪数额二倍以下的罚金或者没收财产；（3）判处十年以上有期徒刑或者无期徒刑的，应当并处五十万元以上犯罪数额二倍以下的罚金或者没收财产；（4）对《刑法》规定并处罚金的其他贪污贿赂犯罪，应当在十万元以上犯罪数额二倍以下判处罚金。

【法条链接】

《最高人民法院、最高人民检察院关于办理贪污贿赂刑事案件适用法律若干问题的解释》（2016 年 4 月 18 日）

第四章 挪用公款罪

199. 什么是挪用公款罪?

挪用公款罪是指国家工作人员利用职务上的便利，挪用公款归个人使用，进行非法活动，或者挪用公款数额较大，进行营利活动，或者挪用公款数额较大，超过3个月未还的行为。本罪的犯罪对象是公款，即公共财产中呈货币或者有价证券形态的部分。根据有关司法解释的规定，国家工作人员利用职务上的便利，挪用共有或本单位的国库券的行为以挪用公款论。《刑法》第384条第2款规定，挪用用于救灾、抢险、防汛、优抚、扶贫、救济款物归个人使用的，从重处罚。挪用公款罪的犯罪对象并不限于公款，还包括特定物。特定款物只限于法律明确规定的上述几种情形。其他一般形态的公共物品，不能成为挪用公款罪的犯罪对象。本罪的主体是特殊主体，即只能由国家工作人员才构成犯罪。

【法条链接】

《刑法》第384条

200. 挪用公款罪的立案标准是什么?

根据公款用途和去向的不同，挪用公款罪的立案标准为：(1) 挪用公款归个人使用，进行非法活动，数额在三万元以上的，应当规定以挪用公款罪追究刑事责任。(2) 挪用公款归个人使用，进行营利活动或者超过三个月未还，数额在五万元以上的，应当认定为《刑法》第384条第1款规定的"数额较大"。

【法条链接】

《刑法》第384条

《最高人民法院、最高人民检察院关于办理贪污贿赂刑事案件适用法律若干问题的解释》(2016年4月18日)

201. 挪用公款罪中“情节严重”的标准是什么?

根据公款用途和去向的不同,挪用公款“情节严重”的标准亦不同:

1. 挪用公款归个人使用,进行非法活动,具有下列情形之一的,应当认定“情节严重”:(1)挪用公款数额在一百万元以上的;(2)挪用救灾、抢险、防汛、优抚、扶贫、移民、救济特定款物,数额在五十万元以上不满一百万元的;(3)挪用公款不退还,数额在五十万元以上不满一百万元的;(4)其他严重的情节。

2. 挪用公款归个人使用,进行营利活动或者超过三个月未还,具有下列情形之一的,应当认定为“情节严重”:(1)挪用公款数额在二百万元以上的;(2)挪用救灾、抢险、防汛、优抚、扶贫、移民、救济特定款物,数额在一百万元以上不满二百万元的;(3)挪用公款不退还,数额在一百万元以上不满二百万元的;(4)其他严重的情节。

【法条链接】

《刑法》第384条第1款

《最高人民法院、最高人民检察院关于办理贪污贿赂刑事案件适用法律若干问题的解释》(2016年4月18日)

202. 挪用公款罪中“数额巨大”标准是什么?

根据公款用途和去向的不同,挪用公款“数额巨大”的标准亦不同:(1)挪用公款归个人使用,进行非法活动,数额在三百万元以上的,应当认定“数额巨大”。(2)挪用公款归个人使用,进行营利活动或者超过三个月未还,数额在五百万元以上的,应当认定为“数额巨大”。

【法条链接】

《刑法》第 384 条第 1 款

《最高人民法院、最高人民检察院关于办理贪污贿赂刑事案件适用法律若干问题的解释》（2016 年 4 月 18 日）

203. 挪用公款罪如何处罚？

国家工作人员利用职务上的便利，挪用公款归个人使用，进行非法活动的，或者挪用公款数额较大、进行营利活动的，或者挪用公款数额较大、超过三个月未还的，是挪用公款罪，处五年以下有期徒刑或者拘役；情节严重的，处五年以上有期徒刑。挪用公款数额巨大不退还的，处十年以上有期徒刑或者无期徒刑。挪用用于救灾、抢险、防汛、优抚、扶贫、移民、救济款物归个人使用的，从重处罚。

【法条链接】

《刑法》第 384 条

204. 挪用公款罪的主体范围如何认定？

挪用公款罪的主体由自然人构成，是特殊主体，只限于国家工作人员。根据《刑法》第 93 条的规定，主要包括以下情形：（1）国家机关中从事公务的人员，即国家权力机关、行政机关、司法机关、军事机关中从事公务的人员，各级人民政协的领导机构也属于国家机关；（2）国有公司、企业、事业单位、人民团体中从事公务的人员，其中包括中国共产党的各级组织机构，各级妇联、共青团组织等；（3）国家机关、国有公司、企业、事业单位委派到非国有公司、企业、事业单位、社会团体从事公务的人员；（4）其他依照法律从事公务的人员。如社会基层组织村民委员会、居民委员会在法律规定范围内协助人民政府工作的，以国家工作人员论。

【法条链接】

《刑法》第 93 条

205. 村委会等基层组织人员挪用公款的行为如何认定？

村民委员会等村基层组织人员协助人民政府从事下列行政管理工作，属于《刑法》第 93 条第 2 款规定的“其他依照法律从事公务的人员”：（1）救灾、抢险、防汛、优抚、扶贫、移民、救济款物的管理；（2）社会捐助公益事业款物的管理；（3）国有土地的经营和管理；（4）土地征收、征用补偿费用的管理；（5）代征、代缴税款；（6）有关计划生育、户籍、征兵工作；（7）协助人民政府从事的其他行政管理工作。

村民委员会等基层组织人员构成挪用公款罪具有特定的犯罪对象，即上述规定七种情形，这七种特定的事项，是政府职能的延伸，必须与政府委托的权限相关。如果不是接受政府的委托，而是村集体组织自行的事项，不属于协助政府工作，不能以国家工作人员论。如村委会自己接受的公益捐款，村民自己捐助款项用于发展生产或农村基本建设等如果村委会成员挪用了属于村集体经济组织的资金，构成挪用资金罪，不构成挪用公款罪。

【法条链接】

《全国人民代表大会常务委员会关于〈中华人民共和国刑法〉第九章渎职罪主体适用问题的解释》（2002 年 12 月 28 日）

206. 村民小组组长挪用土地征用补偿费用是否能以国家工作人员论处？

村民小组是村民委员会的派生机构，属于村民委员会的一个组成部分。在实际工作中，为了方便管理和服务，村民委员会往往将自己负责的事务分配给各村民小组，由小组长负责落实。此时，村民小组长承担了村民委员会的部分责任，村民小组自然不能被排除在村基层组织之外，村民小组组长当然也就属于“村基层组织人员”。村民小组组长在协助基层人民政府从事行政管理工作时，属于“其他依照法律从事公务的人员”，具有国家工作人员的本质特征。

如刘喜亮、王长春被控挪用公款案：[1] 2006年12月初，被告人刘喜亮在担任确山县三里河乡秀山村村民委员会治安主任兼肖庄村民小组组长期间，指使该村二王村民小组组长王长春将其负责保管的新阳高速公路二王村民小组征地补偿费用5万元给他做贩羊生意使用。案发后挪用的5万元赃款被确山县人民检察院追缴后退还给三里河乡政府。法院经审理认为：被告人王长春身为村民小组组长，在高速公路征地工作中，协助县、乡人民政府从事土地征用补偿费用的管理工作，属于其他依照法律从事公务的人员，应依国家工作人员论。被告人刘喜亮与王长春共谋后，王长春根据刘喜亮的指使，利用其保管、发放征地补偿费用的职务便利，挪用公款给刘喜亮进行营利活动，数额较大，二被告人的行为均已构成挪用公款罪，系共同犯罪。

207. 受委托管理、经营国有财产的人员挪用公款的行为，如何认定？

对于受国家机关、国有公司、企业、事业单位、人民团体委托管理、经营国有财产的非国家工作人员，利用职务上的便利，挪用国有资金归个人使用构成犯罪的，依照《刑法》第272条第1款的规定挪用资金罪定罪处罚。据此，如果受托人本身即是国家工作人员，可以构成挪用公款罪。在受国家机关、国有公司、企业、事业单位、人民团体委托管理、经营国有财产人员中，如果本身不具备国家工作人员身份，可以构成贪污罪的主体，但不能成为挪用公款罪的主体；如果这些人本身具备国家工作人员身份，则可以构成挪用公款罪的主体。受委托管理、经营国有财产，是指因承包、租赁、临时聘用等管理、经营国有财产的情形。国有企业承包者不能成为挪用公款罪的主体。

【法条链接】

《刑法》第272条

---

① 载《人民法院案例选》2011年第4期。

208. 国有单位聘用人员能否成为挪用公款罪的主体？

国有单位聘用人员包括，国家机关、国有公司、企业、事业单位和人民团体聘用的人员。国有单位聘用的人员可以成为与该单位的国家工作人员实施的相同犯罪主体。如司法机关聘用的书记员，可以构成贪污、受贿罪的主体。如果被聘用人员在国有单位中利用职务之便，实施了挪用公款的行为，构成挪用公款罪。

209. 单位能否构成挪用公款罪？

实践中，有些国有公司、企业、事业单位或者人民团体的负责人，为了单位的利益，违反规定以单位名义将公款借给个人使用。经单位领导集体研究决定将公款给个人使用，或者单位负责人为了单位的利益，决定将公款给个人使用的，不以挪用公款罪定罪处罚。据此，对于以单位名义将公款借给个人使用的行为，能否认定为挪用公款罪，应审查认定该行为是否属于单位行为。对于单位行为，即经单位领导集体研究决定将公款借给个人使用，或者单位负责人为了单位的利益，决定将公款给个人使用的，由于《刑法》没有规定单位挪用公款罪，根据罪刑法定原则，既不能以挪用公款罪追究单位的刑事责任，也不能以挪用公款罪追究单位中直接负责的主管人员和其他直接责任人员的刑事责任。上述行为致使单位遭受重大损失，构成其他犯罪的，依照《刑法》的有关规定对责任人员定罪处罚。

【法条链接】

《全国法院审理经济犯罪案件工作座谈会纪要》（2003年11月13日）

210. 行为人误将公款挪给他人使用的行为如何认定？

行为人误将公款挪给他人使用，实际上是行为人认识上的一种错误，具体包括：事实上的认识错误和法律上的认识错误。前者是指行为人对自己的行为事实及其是否一些犯罪成立所形成的错误认识，如行为人对自己将公款挪给他人使用的行为是正当行为还是错误行为发生误解；后者是指行为人对《刑法》如何评价自己的行为产生的错误认识，如行为人对自己将公款挪给他人使用的行为是一般违纪行为还是犯罪行为发生误解。挪用公款罪是直接故意犯罪，如果行为人主观上没有犯罪的故意，则不构成犯罪。一般情况下，行为人对挪用事实的认识错误，都会影响到犯罪的成立。如甲是某国有企业的财务主管，乙是该单位的项目负责人。乙找到甲称工程项目需要钱，要求暂时借给该项目50万元。甲认为乙将款项用于工程项目，属于单位应当支持的工作，就答应了乙的请求，决定让财务人员将50万元打到乙指定的账户。乙得到该笔款项后，并非用于工程开支，而是伙同他人炒股，后亏损30万元。本案中，甲个人决定以单位名义将公款供其他项目使用，乙并非用于项目开支，而是用于个人牟利。从客观行为后果来看，甲的行为造成公款被挪用的结果发生，但在主观上甲不具有挪用公款的主观故意，因为他不知道乙借用款项是用于炒股。由于甲的这种认识错误，其行为不构成挪用公款罪。乙由于不属于国家工作人员，其挪用单位款项的行为构成挪用资金罪。行为人在法律上的认识错误，通常不影响犯罪的构成，只影响具体量刑。

211. 行为人不明知公款使用者是单位还是个人的情形，如何认定？

在挪用公款罪中，公款的实际挪用人与公款的使用人可以分离。如甲单位领导以个人名义将本单位资金挪用给乙单位使用。一般而言，自然人挪用公款归个人使用都构成犯罪，但挪用公款归单位使用的不一定构成犯罪。如个人决定以单位名义将公款供个人使用，只要没有谋取个人利益的，就不构成挪用公款罪；个人决定以单位名义将公款供其他个人使用，只要不是为了单位利益，都构成挪用公款罪。全国人民代表大会常务委员会关于《刑法》第384条第1款规定的国家工作人员利用职务上的便利，挪用公款“归个人使用”的含义问题，解释如下：以个人名义将公款供其他单位使用的；个人决定以单位名义将公款供其他单位使用，谋取个人利益的。经单位领导集体研究决定将公款给个人使用，或者单位负责人为了单位的利益，决定将公款给个人使用的，不以挪用公款罪定罪处罚。上述行为致使单位遭受重大损失，构成其他犯罪的，依照《刑法》的有关规定对责任人员定罪处罚。如果行为人明知对方是个人用款的情况下，将单位公款借给他人使用，则构成挪用公款罪；如果行为人的确不知道借给单位的款项是用于个人还是用于单位，自己也没有从中受益的，则不能以挪用公款罪处罚。

【法条链接】

《全国法院审理经济犯罪案件工作座谈会纪要》（2003年11月13日）

212. 单位领导自认为将公款借给他人使用是正当行使职权的，如何认定？

单位领导自认为擅自决定将公款借给个人使用的行为是正当行使职权，属于《刑法》中的法律认识错误，不影响犯罪的成立；如果达到挪用公款罪的数额标准时，应当以挪用公款罪论处。

213. 挪用公款罪的犯罪对象如何认定？

挪用公款罪的犯罪对象是公共财物，法律意义上的公共财物主要包括：（1）国有财产；（2）劳动群众集体所有的财产；（3）用于扶贫和其他公益事业的社会捐助或者专项基金的财产；（4）在国家机关、国有公司、企业、集体企业和人民团体管理、使用或者运输中的私人财产。物品中的大多数种类都不能成为挪用公款罪的犯罪对象，只有《刑法》第384条第2款规定的用于救灾、抢险、防汛、优抚、扶贫、移民、救济款物等七种特定物品，才可以成为该罪的犯罪对象。

214. 挪用有价证券、金融凭证用于质押的行为，如何定性？

挪用公款罪的主要表现形态是货币或以货币作为计算单位，但有的虚拟货币，如金融凭证、有价证券与货币具有相当的财产价值，可以成为挪用公款罪的犯罪对象。挪用金融凭证、有价证券用于质押，使公款处于风险之中，与挪用公款为他人提供担保没有实质的区别，符合《刑法》关于挪用公款罪规定的，以挪用公款罪定罪处罚，挪用公款数额以实际或者可能承担的风险数额认定。

215. 改制过程中的国有企业资金能否成为挪用公款罪的对象？

挪用公物予以变现归个人使用的行为，其本质与一般的挪用公款行为是一致的，构成犯罪的，应以挪用公款罪论处。对于个别或少数管理者将改制过程的国有资产予以隐瞒，存在时间较长，对款项没有明确的私人占有迹象，也无法弄清楚行为者截留公款的真实意图，没有证据表明行为人个人具有占有、使用该款项的意图，但如果管理者擅自将款项出借或者挪作他用的，可以按挪用公款罪处理。

216. 单位截留的资金能否成为挪用公款罪的对象？

单位截留的资金是指违反国家财政制度和政策，单位擅自将不应属于自己支配的资金的全部或部分予以非法占有。这些资金多数属于公共财产的范围，原则上都能够成为挪用公款罪的对象。

217. 特定物品能否成为挪用公款罪的犯罪对象？

根据《刑法》第 384 条第 2 款的规定，用于救灾、抢险、防汛、优抚、扶贫、移民、救济款物等七种特定物品，可以成为挪用公款罪的犯罪对象。《刑法》第 384 条规定的挪用公款罪中未包括挪用非特定公物归个人使用的行为，对该行为不以挪用公款罪论处。如构成其他犯罪的，依照《刑法》的相关规定定罪处罚。根据现有法律及司法解释的规定，特定物品在法律规定的特定范围内可以成为挪用公款罪的犯罪对象，超出范围的则不可以作为犯罪处罚。

【法条链接】

《刑法》第384条

《最高人民检察院关于国家工作人员挪用非特定公物能否定罪的批复》（2000年3月15日）

218. 挪用公款“利用职务之便”行为如何认定？

利用职务之便是指行为人利用自己职务上主管、管理、经营公共财物的权力及其方便条件。所谓主管，不仅包括行为人直接利用自己的职务之便，如有权自行决定占有公款的权力，也包括间接利用职务之便的行为，如利用自己职权范围管辖之下的下属权力和职务之便。利用职务之便，必须与被挪用的公共财物之间具有行为上的因果关系，即利用职务之便的原因行为与挪用公款结果发生具有必然的因果关系。

219. 挪用公款“归个人使用”的行为如何认定？

有下列情形之一的，属于挪用公款“归个人使用”：（1）将公款供本人、亲友或者其他自然人使用的，这是个人使用公款的情形；（2）以个人名义将公款供其他单位使用的；（3）个人决定以单位名义将公款供其他单位使用，谋取个人利益的。后两种是单位使用公款的情形。在司法实践中，对于将公款供其他单位使用的，认定是否属于“以个人名义”，不能只看形式，要从实质上把握。对于行为人逃避财务监管，或者与使用人约定以个人名义进行，或者借款、还款都以个人名义进行，将公款给其他单位使用的，应认定为“以个人名义”。“个人决定”既包括行为人在职权范围内决定，也包括超越职权范围决定。“谋取个人利益”，既包括行为人与使用人事先约定谋取个人利益实际尚未获取的情况，也包括虽未事先约定但实际已获取了个人利益的情况。其中的“个人利益”，既包括不正当利益，也包括正当利益；既包括财产性利益，也包括非财产性利益，但这种非财产性利益应当是具体的实际利益，如升学、就业等。

【法条链接】

《全国人民代表大会常务委员会关于〈刑法〉第 384 条第 1 款的解释》(2002 年 4 月 28 日)

220. 个人决定以单位名义将公款借给其他单位使用，没有谋取个人利益的，是否构成挪用公款罪？

挪用公款的本质是公款私用、谋取私利，个人决定以单位名义将公款借给其他单位使用，没有谋取个人利益的不构成挪用公款罪。如张威同被控挪用公款案：[①] 被告人张威同，原系甘肃省酒泉市肃州区西峰乡新村村委会主任。2002 年 8 月底，酒泉三正世纪学校董事长王宗红以该校资金紧张为由，向被告人张威同提出想从张威同所在的新村村委会贷款 200 万元，月息为 0.8%，张威同在未与村委会其他成员商议的情况下，安排村委会文书兼出纳柴景荣将村里的征地补偿款共 210 万元分别于 2002 年 9 月 2 日、10 月 11 日、10 月 21 日 3 次借给三正世纪学校使用，约定月利息为 0.8%。2002 年 10 月，王宗红再次找张威同提出向新村村委会借款 600 万元，包括前面已经借出的 210 万元，张威同便于 2002 年 10 月 30 日召集村委会委员会议就是否给三正学校借款进行讨论，张威同未将此前已经借款给三正学校 210 万元向会议说明，会上大家一致同意借款给三正学校 600 万元，会后新村村委会与三正学校签订了 600 万元的贷款合同，约定月利息 0.6%，2003 年 9 月 30 日归还。合同签订后，新村村委会实际只给三正学校借款 531.5 万元，包括开会研究之前借给三正学校的 210 万元。2003 年 9 月 24 日三正学校归还 220 万元，案发时尚未归还的 311.5 万元，通过司法程序大部分已经追回。一审法院认为，张威同作为新村村委会主任，在协助政府从事土地征用补偿费用的管理工作中，超越职权范围，在未经村委会集体讨论的情况下，以个人名义将公款 210 万元挪给他人使用，数额巨大，情节严重，其行为构成挪用公款罪，判处有期徒刑八年。一审宣判后，张威同不服，提出上诉。其上诉称，向三正世纪学校借款 210 万元，

① 刑事指导案例第 502 号，载《刑事审判参考》2008 年第 4 集 · 总第 63 集。

村委会已事后追认，是集体行为，对该借款其本人并未盈利，请求宣告无罪。二审法院经审理认为，原判认定上诉人张威同利用村委会职务的便利，个人决定向酒泉三正世纪学校借款210万元的事实清楚，但原判将该款认定为“以个人名义将公款挪给他人使用”不当，导致对上诉人定罪及适用法律有误。对于上诉人张威同所提的上诉理由，经查，上诉人张威同在未经村委会讨论的情况下出借公款，但并不是以个人名义进行的；后在与三正世纪学校履行600万元贷款合同时，已实际包含了210万元，且张威同没有谋取个人利益，故判决如下：撤销原判，宣告上诉人张威同无罪。

221. 挪用公款归个人使用如何认定？

国有企业工作人员因单位经营的需要，根据集体决定的意见，将公款划拨至名为个体实为集体的其他企业使用，没有从中谋取私人利益的，其行为不构成挪用公款罪。工商行政管理机关核发的营业执照标明的企业性质，与企业的实际情况不一致时，应当根据企业的成立过程、资金来源、利润分配、管理经营方式等情况，如实认定企业性质。

如歹进学被控挪用公款案：[①] 1999年5月，歹进学通过竞争方式担任了农机公司（国有性质）经理职务。该公司当时负债高达637.8万元，职工两年未领到工资，公司濒临倒闭。为扭转该公司单纯从事农机产品的销售和严重亏损的局面，歹进学经与农机公司其他领导研究，并在本公司职工大会上提出决定成立金华机械厂。为达到逃避公司外债的目的，歹进学同农机公司党委书记马新喜（同时兼任公司副经理及办公室主任）商量并向公司的上级主管单位新郑市农机局领导刘辉、乔根顺等人汇报，将金华机械厂的工商营业执照办成由其本人负责的个体性质的企业，并由歹进学、马新喜二人办理金华机械厂的工商营业执照，该执照记载，金华机械厂负责人为歹进学，马新喜、王国选（农机公司工会主席）、董乐平（农机公司副经理）为雇工。金华机械厂资金由公司职工集资，农机公司本身

① 载《最高人民法院公报》2005年第5期。

亦集资2万元，厂房设在农机公司院内。该厂两任厂长分别由马新喜、董乐平担任，会计、出纳分别由农机公司职工曹甲申、刘阳担任，该厂职工由农机公司下岗3职工组成，且金华机械厂的有关事宜在农机公司内部会议一并作出安排，并将该厂的生产经营状况反映到农机公司的财务报表中向税务部门呈报。一审认定歹进学集资5.5万元中，包括了歹进学将其个人所有价值6.18万元的皮卡车1辆。此车入该厂固定资产账，后用于替农机公司抵债。歹进学本人投入的集资款实际为5000元，1999年年底，歹进学同其他职工一样，按集资的10%从机械厂领取红息500元。2000年1至7月间，歹进学将农机公司公款38.71万元挪至金华机械厂使用，用于购车及生产资料，其中购桑塔纳轿车及农用汽车共花去22.5213万元，入该厂固定资产账，该二辆车车主分别为刘阳、马新喜。法院经审理认为：被告人歹进学身为国有公司的经理，在任职期间将本公司387 100元挪至金华机械厂使用的事实清楚，证据充分。歹进学虽然是以个人名义注册登记金华机械厂的，但本案的大量证据证实，成立金华机械厂是经农机公司集体研究后作出的决定，并曾经多次向上级行政主管部门的领导汇报，是在取得了上级行政主管部门同意后办理的相关手续，并非歹进学个人的决定。从金华机械厂的资金来源、职工组成、生产场地、利润分配、管理经营方式及挪用款项用途等各方面证据看，均不能证明金华机械厂为歹进学个人所有。故一审判决仅根据该厂在工商营业执照中的记载认定金华机械厂属个体性质，证据不足。挪用公款罪的主要特征是挪用公款归个人使用。歹进学在担任国有公司经理职务期间，因所在单位经营的需要，经集体研究决定，将公款划拨到名为个体实为集体的其他企业使用，虽情况属实，但其本人并没有从中谋取私人的利益，其行为不符合《刑法》规定的挪用公款罪的构成要件，不构成挪用公款罪。

222. 已办理退休手续依然从事公务的国家工作人员，能否构成挪用公款罪的主体?

对处于离退休阶段的人员是否属于国家工作人员的认定，应从实际出发，从单纯以身份本身来判断主体性质的标准转变为以职权和职责为主，兼顾身份作为判断主体性质的标准，强调职权和职责对于主体性质的关键性。具体而言，应以行为人实际交接工作的时间为准，认定其是否具有国家工作人员相应的职权和应履行相应的职责，确定其行为是否属于“从事公务”，这样才能准确地区分罪与非罪。

如王铮挪用公款案[①]中，王铮挪用公款时虽已退休，但其实际上仍然管理、支配着国有财产，具备国家工作人员的身份，其利用职务之便挪用公款给他人，进行营利活动的行为构成挪用公款罪。

223. 挪用公款给公司、企业使用的行为如何认定?

国家工作人员利用职务上的便利，以个人名义将公款借给其他自然人或者不具有法人资格的私营独资企业、私营合伙企业等使用的，属于挪用公款归个人使用；国家工作人员利用职务上的便利，为谋取个人利益，以个人名义将公款借给其他单位使用的，属于挪用公款归个人使用；经单位领导集体研究决定将公款给个人使用，或者单位负责人为了单位的利益，决定将公款给个人使用的，不以挪用公款罪定罪处罚。

224. 挪用公款数额较大、超过三个月未还的行为如何认定?

超过三个月未还，是指案发前超过三个月未还。挪用正在生息或者需要支付利息的公款归个人使用，数额较大，超过三个月但在案发前全部归还本金的，可以从轻处罚或者免除处罚。给国家、集体造成的利息损失应予追缴。挪用公款数额巨大，超过三个月，案发前全部归还的，可以酌情从轻处罚。

225. 挪用公款进行营利活动如何认定?

挪用公款数额较大，归个人进行营利活动的，构成挪用公款罪，不受

① 刑事指导案例第422号，载《刑事审判参考》2006年第6集·总第53集。

挪用时间和是否归还的限制。在案发前部分或者全部归还本息的，可以从轻处罚；情节轻微的，可以免除处罚。挪用公款存入银行、用于集资、购买股票、国债等属于挪用公款进行营利活动。所获取的利息、收益等违法所得，应当追缴，但不计入挪用公款的数额。

226. 挪用公款进行非法活动如何认定？

挪用公款进行非法活动，是指挪用公款后，对被挪用的公款使用去向和用途属于法律所禁止的活动范围。非法活动的范围比较广泛，既包括犯罪活动，也包括一般违法活动，如将挪用的公款用于走私、贩毒、赌博等。判断某行为是否属于非法活动，不仅要看该行为是否违反了法律规定，还要看该行为是否实际给社会造成了危害。非法活动的司法认定，应建立在对社会一般人适用标准的基础上，而不能采用适用于特殊人群的标准。

挪用公款归个人使用，进行赌博、走私等非法活动的，构成挪用公款罪，不受“数额较大”和挪用时间的限制。挪用公款给他人使用，不知道使用人用公款进行营利活动或者用于非法活动，数额较大、超过三个月未还的，构成挪用公款罪；明知使用人用于营利活动或者非法活动的，应当认定为挪用人挪用公款进行营利活动或者非法活动。

挪用救灾、抢险、防汛、优抚、扶贫、移民、救济款物归个人使用的数额标准，参照挪用公款归个人使用进行非法活动的数额标准。

227. 挪用有价证券、金融凭证用于质押的行为，如何定性？

挪用金融凭证、有价证券用于质押，使公款处于风险之中，与挪用公款为他人提供担保没有实质的区别，符合《刑法》关于挪用公款罪规定的，以挪用公款罪定罪处罚，挪用公款数额以实际或者可能承担的风险数额认定。

228. 挪用失业保险金、职工基本生活保障金的行为，如何定性？

失业保险金和职工基本生活保障金属于国家和社会设立的公共资金，属于特定款项，具有公共财物的性质，应当按照特定款物来对待。挪用失业保险基金和下岗职工基本生活保障资金属于挪用救济款物。挪用失业保险基金和下岗职工基本生活保障资金，情节严重，致使国家和人民群众利益遭受重大损害的，对直接责任人员，应当依照《刑法》第273条的规定，以挪用特定款物罪追究刑事责任；国家工作人员利用职务上的便利，挪用失业保险基金和下岗职工基本生活保障资金归个人使用，构成犯罪的，应当依照《刑法》第384条的规定，以挪用公款罪追究刑事责任。

【法条链接】

《最高人民检察院关于挪用失业保险基金和下岗职工基本生活保障资金的行为适用法律问题的批复》（2003年1月30日）

229. 国家工作人员挪用非特定公物能否定罪？

挪用公款罪的对象是公款及特定公物，对于非特定公物被挪用，法律未作出明确规定。对于国家工作人员挪用非特定公物的行为是否构成挪用公款罪的问题，《刑法》第384条规定的挪用公款罪中未包括挪用非特定公物归个人使用的行为，对该行为不以挪用公款罪论处。如构成其他犯罪的，依照《刑法》的相关规定定罪处罚。挪用非特定公物虽然不能以挪用公款罪处罚，但以使用变价款为目的挪用公物，即挪用公物予以变现归个人使用的行为，其本质与一般的挪用公款行为是一致的，构成犯罪的，应以挪用公款罪论处。

如王正言挪用公款案：[①] 1993年10月至1998年1月，被告人王正言任上海机械进出口集团实业公司（以下简称实业公司）出口材料部经理，

① 刑事指导案例第75号，载《刑事审判参考》2000年第5辑·总第10辑。

负责经营有色金属、黑色金属等原材料业务。1995年11月，经单位领导同意，被告人王正言将实业公司99.235吨电解铜出借给上海市有色金属铜带分公司（以下简称铜带分公司）使用，1997年4月借铜合同履行完毕。但这批铜仍置放在铜带分公司。1995年年初，被告人王正言经人介绍认识了南京市金属材料总公司（以下简称南京总公司）兰州公司（以下简称兰州公司）个人承包经营者邱耀南，至同年8月，由被告人王正言经手实业公司与兰州公司两次发生购销业务。在履约过程中，兰州公司违约，欠实业公司货款人民币180万元。实业公司领导于1996年专门责成王正言和单位职工孙志高向邱耀南追讨，经多次催讨未果。不久，邱耀南去向不明。同年年底，王正言和孙志高至南京总公司，要求确认兰州公司的债务。负责接待的人员告知兰州公司名义上挂靠在南京总公司，实际上是邱耀南个人承包经营，债权债务应由兰州公司自行负责。为了找到邱耀南，被告人王正言于1997年5月在南京通过他人认识了邱的朋友胡一信，同时，又认识了胡的朋友姚永康。胡、姚分别系南京情侣服饰设计中心和扬子江资源经济开发总公司的个人承包者，当时均发生经营资金短缺的困难。王正言通过胡与在外地的邱耀南通了电话，邱耀南要王正言想办法替他先向实业公司归还100万元的货款，并答应在同年7、8月间归还王正言垫付的钱款。为了减轻未追回货款的压力，王正言产生了将铜带分公司归还本单位的近100吨电解铜变价后替邱还债的意图。王正言同胡、姚策划，由扬子江公司出将置放在铜带分公司的电解铜借用变价，变价后，其中40吨电解铜的变价款由王正言用于为邱归还所欠实业公司的部分货款，其余变价款归姚、胡在经营活动中使用。1997年5月12日，被告人王正言按照与姚、胡的策划，在南京擅自以实业公司出口材料部的名义与扬子江公司签订了出借电解铜100吨的协议。至同月底，王正言与姚、胡一起将99.235吨电解铜分4次予以变卖，得款人民币226.975309万元，用于替邱归还所欠实业公司的部分货款和姚、胡的经营活动中。至案发时止，王正言归还了人民币124万元，尚有102万元未予归还。法院经审理认为：被告人王正言系国家工作人员，利用职务之便，擅自挪用公款，归个人用于营利活动，情节严重，且至今未予归还的数额巨大，严重侵犯国有企业的资金使用权，损害了国家工作人员理应遵守的廉政制度，其行为已构成挪用公款罪。

【法条链接】

《最高人民检察院关于国家工作人员挪用非特定公物能否定罪的请示的批复》(2000年3月15日)

230. 挪用国库券等有价证券的行为如何认定?

国家工作人员利用职务上的便利,挪用公有或本单位的国库券的行为以挪用公款论;符合《刑法》第384条、第272条第2款规定的情形构成犯罪的,按挪用公款罪追究刑事责任。需要说明的是,把国库券作为挪用公款罪的对象,应当是处于使用过程中的国库券,即行为人使用国库券作为商品、款物交易的时候,此时国库券作为公共财物,可以作为公款来对待。挪用国库券进行使用,是指将挪用的国库券进行某种经济财产利益方面的交易,包括挪用国库券进行抵押、兑换、担保,还包括作为财产进行赠送、行贿等。

【法条链接】

《最高人民检察院关于挪用国库券如何定性问题的批复》(1997年10月13日)

231. 国家出资企业工作人员使用改制公司、企业的资金担保个人贷款,用于购买改制公司、企业股份的行为,如何处理?

国家出资企业的工作人员在公司、企业改制过程中为购买公司、企业股份,利用职务上的便利,将公司、企业的资金或者金融凭证、有价证券等用于个人贷款担保的,依照《刑法》第272条或者第384条的规定,以挪用资金罪或者挪用公款罪定罪处罚。行为人在改制前的国家出资企业持有股份的,不影响挪用数额的认定,但量刑时应当酌情考虑。经有关主管部门批准或者按照有关政策规定,国家出资企业的工作人员为购买改制公司、企业股份实施前款行为的,可以视具体情况不作为犯罪处理。

232. 挪用公款归还个人欠款（用于清偿债务）的行为性质如何认定?

挪用公款归还个人欠款的，应当根据产生欠款的原因，分别认定属于挪用公款的何种情形。归还个人进行非法活动或者进行营利活动产生的欠款，应当认定为挪用公款进行非法活动或者进行营利活动。

233. 挪用公款“不予归还”的行为如何认定?

《刑法》的384条规定，挪用公款数额巨大不退还的，处10年以上有期徒刑或者无期徒刑。造成不予归还的原因，有行为人主观上不想归还和客观上未予归还的区分。在分析行为人“不予归还”的原因时，应当把主客观两方面结合起来判断。

司法实践中常见的情况有：(1) 行为人主观上希望归还，但客观能力方面无力归还，这种情况下挪用公款的性质不会转变。(2) 行为人客观上有能力归还，但主观上不予归还。这里的“不予归还”，应分别认定为挪用公款行为的“不予归还”和转换为贪污罪的“不予归还”。判断挪用公款后是否属于主客观方面的不予归还，要结合案件的实际情况，根据案发后行为人的态度来认定。

234. 挪用公款用于注册公司、企业的行为，如何定性?

挪用公款用于注册公司、企业是指行为人挪用公款作为注册资金，在登记注册公司、企业时暂时使用的行为。申报注册资本是为进行生产经营活动作准备，属于成立公司、企业进行营利活动的组成部分。因此，挪用公款归个人用于公司、企业注册资本验资证明的，应当认定为挪用公款进行营利活动。

如刘国林等挪用公款案：[①] 2003年1月7日，私营业主刘国林为注册成立宜宾正雄化工有限公司验资，找到何志平要求帮忙。何志平即私自为其办理了一个298540元人民币的虚假存折交给刘国林，刘国林赶到南溪县鼎盛会计师事务所进行验资未果。当日13时许，刘国林再次到大观营业所，告诉何志平注册公司验资需将钱汇到工商局指定的账户上验一下，要求何志平为其个人账户存入24万元用于个人注册公司验资。何志平则称要空存现金，必须有出纳的许可。刘国林立即找到出纳被告人蔡文学，要求蔡文学帮忙，并一再承诺：保证当天将24万元资金转回大观营业所。蔡文学表示同意。被告人何志平、蔡文学随即在刘国林个人账户上办理了空存现金24万元的业务，该账户余额为266760.38元。操作柜员：何志平，审核：蔡文学。办理此业务后，何志平将刘国林该账户的存折和密码留下，并告诉他当天只能取出1万元现金，下班银行微机关机之前将钱拿回来。刘国林随即持该账户的储蓄卡到农行南溪支行龙腾营业所办理转账26万元到鼎盛会计师事务所在龙腾营业所的账户上用于验资。2003年1月8日，南溪县鼎盛会计师事务所以“转出验资款”的用途，将上款转给宜宾正雄化工有限公司的预设账户，公司收到款后又将此款以“归还借款”的用途，转到刘国林的储蓄账户。何志平得到被告人刘国林的告知后，持刘国林的存折和密码在大观营业所将空存的24万元划账，归还了1月7日的空库款。未发生现金交易。以上行为，造成大观营业所空库现金24万元一天。案发后，农业银行南溪县支行对此进行了调查，并于2003年12月2日对蔡文学、何志平作出解除劳动关系的处理。2005年1月15日，被告人何志平得知南溪县人民检察院对其立案侦查后主动投案自首。法院经审理认为：被告人何志平、蔡文学原系国有金融机构的工作人员，经与被告人刘国林共谋后，利用职务之便将银行资金转入被告人刘国林的个人账户，供其注册公司验资的行为已构成挪用公款罪。被告人刘国林参与和指使被告人何志平、蔡文学挪用并取得公款用于验资，应以挪用公款罪的共犯定罪处罚。

① 载《人民法院案例选》2007年第3辑。

【法条链接】

《全国法院审理经济犯罪案件工作座谈会纪要》（2003 年 11 月 13 日）

235. 挪用公款后尚未投入实际使用的行为性质如何认定?

“挪而未用”，是指行为人已经将公款控制在自己掌握范围之内，但尚未正式使用。挪用公款后尚未投入实际使用的，只要同时具备“数额较大”和“超过三个月未还”的构成要件，应当认定为挪用公款罪，但可以酌情从轻处罚。

236. 集体挪用公款的行为，如何认定?

挪用公款是自然人犯罪而非单位犯罪，《刑法》没有规定单位可以构成挪用公款罪的主体。经单位领导集体研究决定将公款给个人使用，或者单位负责人为了单位的利益，决定将公款给个人使用的，不以挪用公款罪定罪处罚。只要没有谋取个人利益，即使利用了职务之便，单位领导决定以单位名义将公款挪给个人使用的行为都不构成挪用公款罪。认定集体挪用公款的行为，重在确认该行为是单位行为还是个人行为。如果是经单位集体研究决定，将部分公款暂时借给单位职工使用，虽然违反了国家财经管理制度，但在法律上不构成挪用公款罪；如果是经集体研究决定，属于少数人利用单位名义挪用公款，或者是少数人利用单位名义将公款借给他人，自己从中谋取私利，此时的行为在形式上是单位行为，本质上则属于个人行为，应当认定为挪用公款行为。

【法条链接】

《全国法院审理经济犯罪案件工作座谈会纪要》（2003 年 11 月 13 日）

237. 国家出资企业工作人员使用改制公司、企业的资金担保个人贷款，用于购买改制公司、企业股份的行为的，如何处理？

国家出资企业的工作人员在公司、企业改制过程中为购买公司、企业股份，利用职务上的便利，将公司、企业的资金或者金融凭证、有价证券等用于个人贷款担保的，依照《刑法》第272条或者第384条的规定，以挪用资金罪或者挪用公款罪定罪处罚。行为人在改制前的国家出资企业持有股份的，不影响挪用数额的认定，但量刑时应当酌情考虑。经有关主管部门批准或者按照有关政策规定，国家出资企业的工作人员为购买改制公司、企业股份实施前款行为的，可以视具体情况不作为犯罪处理。

【法条链接】

《刑法》第272条、384条

238. 挪用公款转化为贪污如何认定？

挪用公款罪与贪污罪的主要区别在于行为人主观上是否具有非法占有公款的目的。挪用公款是否转化为贪污，应当按照主客观相一致的原则，具体判断和认定行为人主观上是否具有非法占有公款的目的。在司法实践中，具有以下情形之一的，可以认定行为人具有非法占有公款的目的：(1) 行为人"携带挪用的公款潜逃的"，对其携带挪用的公款部分，以贪污罪定罪处罚。对此不应一刀切的认定贪污行为，必须结合当时行为人潜逃的具体情况来判断。如果行为人当时出于害怕和缺乏法律常识而逃跑，但到案后及时退还赃款，或中途自首并退还了赃款，不能认定为贪污。(2) 行为人挪用公款后采取虚假发票平账、销毁有关账目等手段，使所挪用的公款已难以在单位财务账目上反映出来，且没有归还行为的，应当以贪污罪定罪处罚。(3) 行为人截取单位收入不入账，非法占有，使所占有的公款难以在单位财务账目上反映出来，且没有归还行为的，应当以贪污罪定罪处罚。(4) 有证据证明行为人有能力归还所挪用的公款而拒不归还，并隐瞒挪用的公款去向的，应当以贪污罪定罪处罚。

【法条链接】

《最高人民法院关于审理挪用公款案件具体应用法律若干问题的解释》（1998 年 5 月 9 日）第 6 条

239. 携带公款外出并使用的，是否构成贪污罪？

行为人携带公款外出，主观上不具有非法占有公款的目的，其行为构成挪用公款罪，而不是贪污罪。如陈义文挪用公款案：[①] 福建省诏安县鱼种场系隶属诏安县海洋与渔业局的自收自支全民事业单位，2004 年 4 月 5 日起，被告人陈义文任诏安县鱼种场场长。期间，被告人陈义文于 2004 年 4 月 15 日，收取诏安县鱼种场池塘、管理房承包者林南征、沈添文承包款各人民币 7 万元，合计 14 万元。经诏安县海洋与渔业局领导班子及鱼种场全体职工的同意，该承包款暂由陈义文保管，专项用于缴纳职工“社保金”及一些生活费等，由陈义文负责办理社保相关手续。之后，被告人陈义文发给本场职工 2004 年度生活费（以下均以人民币为单位），其中，黄瑶明 3216 元、沈茂山 3288 元、沈成三 1000 元、李宗杰 1200 元、许来福 1200 元、陈义文 3600 元、沈东升 3600 元，余款被陈义文带到广州。在广州打工期间，陈义文 11 次汇款给本场离休干部遗孀吴惠琴生活费 6300 元，2 次计汇款 5040 元给本场职工许元基。2005 年上半年被告人陈义文委托沈东升发给本场职工黄瑶明、沈茂山、李宗杰、许来福、沈成三、沈东升生活费各 2000 元，合计 12000 元，其本人发放生活费 2000 元。2005 年 7 月 7 日被告人陈义文委托沈翠兰将 2 万元交给诏安县海洋与渔业局。被告人陈义文将其经手管理的现金余额 77556 元随身携带到广州市、北京市、山东省普宁市等地，作为其生活费用等至今未归还。法院经审理认为，被告人陈义文身为国家工作人员，利用其经手管理现金的便利条件，挪用公款人民币 77556 元，属数额较大，且超过三个月未还，其行为符合挪用公款罪的犯罪构成要件，构成挪用公款罪，应予刑事处罚，其违法所得应继续

① 载《人民法院案例选》2008 年第 4 辑。

予以追缴。公诉机关认为被告人陈义文的行为系“携带挪用的公款潜逃的”，应以贪污罪定罪处罚。经查，被告人陈义文在担任诏安县鱼种场场长期间，经诏安县海洋与渔业局领导班子及全体职工同意，保管该场的款项，其在外期间，仍陆续支付该场职工部分相关费用等。因此，虽然被告人陈义文将其经手的其余款项挪用于生活费用等支出，但没有证据可以证实其主观上具有非法占有的故意，其行为不符合携带挪用的公款潜逃的情形，公诉机关指控的罪名有误，应予纠正。

240. 挪用公款与借用公款如何区分？

两者主要区别在于：(1) 行为人是否利用了职务之便，这里主要从犯罪行为的角度而非民事法律关系的角度考察，是否单位行为，是否获得单位的同意。(2) 是否采取公开的方式还是相对隐蔽的方式进行。挪用公款通常采取较为隐蔽的方式进行，借用公款行为一般采取公开的方式进行，从单位财务方面看是公开的、正当的。(3) 该行为是个人行为还是单位行为。构成挪用公款的主体只能是个人，而不是单位；而借用公款行为借出方为必然是单位。

241. 利用职务之便同时编造虚假事由借用公款的行为，如何定性？

对编造虚假事由借用公款的行为能否认定为挪用公款罪，重点是考察实施该行为是否是在利用职务之便的基础上所实施，这是挪用公款罪成立的必要条件。同时还要从行为的社会危害性方面进行考察：(1) 看借款的事由是否正当合理；(2) 看借款的数额；(3) 看借款的用途。

242. 单位负责人自行以单位名义将公款借给他人使用的行为，如何认定？

实践中，对于经单位决策人决定，以单位名义将单位公款挪用给其他单位或个人使用的情况，符合全国人大常委会的法律解释规定的“挪用公款归个人使用”，属于将公款供本人、亲友或者其他自然人使用，法律上并未要求行为人是以个人名义或者以单位名义进行，只要是将公款挪给本人或者借给自己亲友或其他自然人使用的，都属于挪用公款的行为。

243. 单位负责人将单位资金借给本单位职工购房的行为，如何认定？

挪用公款罪的本质特征在于挪用人出于个人私念，在违反法律法规和有关财经管理规章制度的前提下，擅自将公款挪给他人使用的行为。将本单位公款借给内部职工使用，是否构成挪用公款罪，应从以下几个方面加以判断：（1）挪用款项是以单位名义还是以个人名义，这反映了该行为是私人目的还是单位意志，这是区分挪用公款罪与非罪的主要界限。（2）借款的用途是否违反法律法规和单位的财经管理制度。（3）借款的数额。

244. 挪用公款罪中的“以个人名义”如何理解？

在处理挪用本单位公款给他人使用时，关键是要查清借款的行为人是以个人名义还是以单位名义。《刑法》只要求以个人名义将公款借给他人（包括单位）使用才属于挪用公款行为，而把以单位名义挪用公款排除在处罚之外。《刑法》中所称的“以个人名义”，要做实质性考察，如果行为人利用、假借或者冒用单位名义将公款借给他人使用，其本质上是以个人名义借用，单位只不过是借口或幌子，就不应当视为单位借款，而是个人名义借款。可从以下几个方面判断某款项是以个人名义还是以单位名义借贷：（1）借贷的款项是否违背了国家法律、法规、政策和单位财务管理制度；（2）借出的款项是否按照单位的规定履行了审批程序或手续，即经过单位研究决定或者经过主管领导同意；（3）借出款项的行为是否具有谋取个人私利或其他非法目的。

245. 国有单位领导利用职务之便借用下级单位公款归个人使用的行为，如何认定？

利用职务之便借用下级单位公款归个人使用的行为，从形式上看行为人没有直接挪用本单位公款，而是通过他人的职务之便挪用其管理下的公款，但挪用公款不需要直接实施挪用行为，利用自己领导职务的便利，实施的间接挪用公款行为，仍属于挪用公款犯罪。国有单位领导利用职务上的便利指令具有法人资格的下级单位将公款供个人使用的，属于挪用公款行为，构成犯罪的，应以挪用公款罪定罪处罚。

（1）挪用公款罪定罪条件中的“利用职务上的便利”，是指国家工作人员职务活动的一切便利，包括利用本人对下属单位领导、管理关系中的各种便利。担任单位领导职务的国家工作人员通过自己主管的下级部门的国家工作人员实施违法犯罪活动的，应当认定为“利用职务上的便利”。（2）挪用公款罪中的公款，是指国家工作人员利用职务便利能够挪用的所有公款，既包括国家工作人员依职务直接经管、支配的公款，也包括国家工作人员职务或者职权便利所涉及的下属单位经管、支配的公款。

如万国英受贿案[①]中：甘肃省白银市白银有色金属公司（以下简称白银公司）是国有公司，被告人万国英系白银公司副总经理。1997年4月，被告人万国英为炒期货向其分管的白银公司疗养院院长李某提出借公款5万元。5月2日，李某让单位财务人员从该院下属的滨河贸易公司开出5万元转账支票，交给万国英。万国英将此5万元及自筹的15万元用于炒期货，后获利7万元。1998年1月4日，万国英归还了上述5万元公款。法院经审理认为：被告人万国英利用主管疗养院职务上的便利，挪用疗养院公款5万元，进行营利活动，其行为构成挪用公款罪。

【法条链接】

《全国法院审理经济犯罪案件工作座谈会纪要》（2003年11月13日）

---

① 刑事指导案例第217号，载《刑事审判参考》2002年第6集·总第29集。

246. 多次挪用公款数额如何计算？

多次挪用公款不还，挪用公款数额累计计算；多次挪用公款，并以后次挪用的公款归还前次挪用的公款，挪用公款数额以案发时未还的实际数额认定。行为人虽然多次挪用公款，但其实际占用的公款只是最后未还的公款，其多次挪用公款虽可作为情节予以考虑，但数额只能是以案发时未还的实际数额认定，挪用时间从挪用公款构成犯罪之日起计算。

如冯安华、张高祥挪用公款案：① 1997 年 9 月，被告人冯安华、张高祥协议合伙成立“钟山区祥华汽车配件经营部”。由张出资 20 万元，冯出资 10 万元，股份分为 6 股，每股 5 万元，双方按出资所占股份承担亏损和分配利润，张担任经理，冯为副经理。由于没有资金注册，冯安华在六盘水市农业银行金穗信用卡业务部开了一张证明张高祥在该部有 30 万元存款的虚假证明到市会计师事务所验资，然后在某区工商分局骗领了营业执照。冯、张二人在无固定资产和经营所需资金的情况下，冯利用职务之便擅自授权张用信用卡透支资金进行经营汽车配件的业务活动。冯、张用信用卡透支共 1150860 元，其中应减去冯、张使用的 43 个卡的存款余额及利息 2047 元，信用卡部领导同意透支的 30 万元，错转到成群林卡上的 100550 元，转卡利息 12912.41 元及张高祥消费透支的 25889.6 元。冯安华实际擅自授权透支总额为 709460.40 元。案发后，冯、张共退还款、物价值 697641 元，尚有 11819.40 元不能退还。法院经审理认为，被告人冯安华、张高祥合谋，利用冯职务上的便利，擅自授权透支巨额资金供二人进行营利活动，其行为均已构成了挪用公款罪。

【法条链接】

《最高人民法院关于审理挪用公款案件具体应用法律若干问题的解释》（1998 年 5 月 9 日）

① 刑事指导案例第 356 号，载《刑事审判参考》2005 年第 4 集·总第 45 集。

247. 挪用公款数额巨大不退还的，如何认定？

“挪用公款数额巨大不退还的”，是指挪用公款数额巨大，因客观原因在一审宣判前不能退还的。如果行为人主观上不想退还的，如行为人将挪用的公款存入银行拒不交出的，应当按照贪污罪定罪处罚。

【法条链接】

《最高人民法院关于审理挪用公款案件具体应用法律若干问题的解释》(1998 年 5 月 9 日) 第 5 条

248. 携带挪用的公款潜逃的行为，如何定性？

携带挪用的公款潜逃的，依照《刑法》第 382 条、第 383 条的规定定罪处罚。需要注意的是，如果行为人不是携带挪用的公款潜逃，而是因挪用公款案发，客观原因不能归还，行为人畏罪潜逃的，仍应定为挪用公款罪。

【法条链接】

《最高人民法院关于审理挪用公款案件具体应用法律若干问题的解释》(1998 年 5 月 9 日) 第 6 条

249. 因挪用公款索取、收受贿赂构成犯罪的，如何处理？

因挪用公款索取、收受贿赂构成犯罪的，依照数罪并罚的规定处罚。挪用公款进行非法活动构成其他犯罪的，依照数罪并罚的规定处罚。挪用公款给他人使用，使用人与挪用人共谋，指使或者参与策划取得挪用款的，如何处理？以挪用公款罪的共犯定罪处罚。

250. 挪用公款罪的追诉期限如何计算？

《刑法》根据法定刑轻重的不同，规定了不同的追诉期限。《刑法》第

87条规定：犯罪经过下列期限不再追诉：（1）法定最高刑为不满五年有期徒刑的，经过五年；（2）法定最高刑为五年以上不满十年有期徒刑的，经过十年；（3）法定最高刑为十年以上有期徒刑的，经过十五年；（4）法定最高刑为无期徒刑、死刑的，经过二十年。如果二十年以后认为必须追诉的，须报请最高人民检察院核准。第89条规定，追诉期限从犯罪之日起计算；犯罪行为有连续或者继续状态的，从犯罪行为终了之日起计算。《最高人民法院关于挪用公款犯罪如何计算追诉期限问题的批复》（2003年9月）规定：根据《刑法》第89条、第384条的规定，挪用公款归个人使用，进行非法活动的，或者挪用公款数额较大、进行营利活动的，犯罪的追诉期限从挪用行为实施完毕之日起计算；挪用公款数额较大、超过三个月未还的，犯罪的追诉期限从挪用公款罪成立之日起计算。挪用公款行为有连续状态的，犯罪的追诉期限应当从最后一次挪用行为实施完毕之日或者犯罪成立之日起计算。

【法条链接】

《刑法》第87条、89条、384条

251. 挪用公款罪与贪污罪的界限是什么？

两者的界限主要表现在：（1）主观故意的内容不同。行为人在犯罪主观方面所持的态度，是区分两者的关键因素。贪污罪的行为是企图侵吞、窃取、骗取公共财物，实现永久占有的目的；挪用公款罪的行为人只是暂时占有，待挪用目的实现后归还款项。（2）犯罪主体有所区别。受国有单位委托管理、经营国有财产的人员，可以构成贪污罪的主体，但不能成为挪用公款罪的主体，这是两者在犯罪主体方面的根本区别。（3）侵犯的客体和对象有所不同。贪污罪侵犯的客体是完整的公共财产的所有权，即占有、使用、收益、处分权；而挪用公款罪侵犯的客体不包括所有权中的处分权。就犯罪对象而言，国有单位委托管理、经营的国有资产可以成为贪污罪的犯罪对象，但不能成为挪用公款罪的犯罪对象；挪用公款罪的对象主要是款，也包括用于救灾、抢险、防汛、优抚、扶贫、移民、救济等特定款物；贪污罪的犯罪对象是公共财产，范围比较广泛，既包括款也包括物。(4) 客观表现形式不同。挪用公款采用的行为方式是直接将公款挪为己用，手段上既可能秘密进行，也可能是不太隐蔽的公开进行。贪污罪的行为方式主要是采用侵吞、窃取、骗取或者其他非法占有方式，大多采用秘密手段进行。

252. 挪用公款罪与挪用资金罪的界限是什么？

两者的界限主要表现在：(1) 侵犯的客体和对象不同。前者是复杂客体，即国家工作人员的职务廉洁性和公共财产的占有、使用和收益权；后者是单一客体，即公司、企业或其他单位的财产权（处分权除外）；就犯罪对象而言，前者是公共财物，后者是本单位资金。(2) 犯罪主体不同。这是区分两者的关键。挪用公款的主体只能是国家工作人员，其他人员不能成为挪用公款罪的主体；挪用资金罪的主体是本单位人员，主要是非国有公司、企业、社会团体的工作人员。

253. 村民委员会成员利用职务上的便利，个人借用村集体资金或者将村集体资金借给他人使用的，能否以挪用公款罪追究刑事责任？

村民委员会成员不是刑法意义上的国家工作人员。村民委员会成员只有在协助人民政府执行公务过程中利用职务上的便利实施犯罪行为的，才适用《刑法》关于国家工作人员的规定。村民委员会属于《刑法》第272条第1款规定的“其他单位”，村民委员会成员利用职务上的便利，挪用本单位资金归个人使用或者借贷给他人，构成犯罪的，应当以挪用资金罪追究刑事责任。

如丁钦宇挪用资金案：[①] 改革开放后，广东省部分农村地区将村民委员会改为“管理区办事处”，1998年11月《中华人民共和国村民委员会组织法》颁布施行后，广东地区的“管理区办事处”均已改称“村民委员

---

① 刑事指导案例第333号，载《刑事审判参考》2005年第1集·总第42集。

会”。“潮安县磷溪镇埔涵管理区办事处”，即现在的“潮安县磷溪镇埔涵村村民委员会”。1994～1996 年，被告人丁钦宇任潮安县磷溪镇埔涵管理区办事处副主任，负责财经工作。1995 年下半年，丁钦宇擅自决定，将管理区的宅基地出让金 7 万元借给村民丁双树做生意、2 万元借给村民丁祥艺经营锯木厂；私自从埔涵管理区办事处出纳员处借用村提留款 1.65 万元，其中，1 万元转手出借给村民丁楚乾用于购车从事营运，4000 元转手出借给管理区干部丁惠琴，余款用于自己做生意。案发后，尚有 8.764 万元未能追回。法院经审理认为，被告人丁钦宇身为农村基层组织的工作人员，利用职务之便，挪用数额较大的农村集体资金用于营利等活动且不退还，其行为已构成挪用资金罪。

254. 挪用公款罪与挪用特定款物罪的界限是什么？

挪用特定款物罪，是指违反特定款物专用的财经管理制度，挪用国家用于救灾、抢险、防汛、优抚、扶贫、移民、救济款物，情节严重，致使国家和人民群众利益遭受重大损害的行为。两者的界限主要表现在：(1) 犯罪主体的区别。挪用公款罪的主体是国家工作人员，挪用特定款物罪的主体是除国家工作人员以外的保管、调拨、分配、使用救灾等特定款物的直接责任人员。(2) 侵犯的客体和犯罪对象不同。前者不仅侵犯了公共财产的占有、使用和收益权，而且侵犯了国家工作人员的职务廉洁性；后者侵犯的是特定款物的财经管理制度和公共财物的占有、使用和收益权，不涉及国家工作人员的职务廉洁性。犯罪对象方面，挪用公款的对象是公款，对象是不特定的，不包括公物；挪用特定款物的对象既可以是公款，也可以是公物，对象是特定款物。(3) 行为特征的区别，主要是用途不同。挪用公款的行为人目的在于占有公共财物的使用权，而挪用特定款物罪有的情况下并不占有特定公共财物的所有权，只是对特定公共款物擅自使用，如将用于救灾的款项用于修建楼堂馆所等虽然没有改变公共财物的占有权，但改变了特定款物的用途。(4) 构成犯罪的要求不同。根据《刑法》第 384 条规定，挪用公款行为只要符合法定的三种挪用表现形式，即构成犯罪；而挪用特定款物罪则要求情节严重，致使国家和人民群众利益遭受重大损害。

255. 挪用公款一天的行为，如何量刑？

挪用公款用于虚假验资骗取公司登记的，应当认定为挪用公款进行营利活动，构成挪用公款罪。根据法律规定，挪用时间的长短不影响此类犯罪性质的认定，挪用公款情节严重的，处五年以上有期徒刑。因此，挪用时间为一天以及挪用款项已退还的情况均已为立法规定所涵盖，属于挪用犯罪的常态，并非《刑法》第63条第2款中的“案件特殊情况”。除涉及国家和人民根本利益的特殊案件外，适用该条款予以减轻处罚的前提条件是：根据罪责刑相适应原则，判处被告人法定刑的最低刑还是过重的。而被告人将公款用于虚假验资本身，严重扰乱市场经济秩序，挪用公款数额巨大，属于情节严重，具有较大的社会危害性，应当判处五年以上有期徒刑，不宜减轻处罚。

如李茂法挪用公款案：[①] 李茂法案发前与董秀仁、俞加根、黄高龙共同开办杭州临安灵通电缆公司（以下简称灵通公司），2003年12月2日，李茂法利用担任临安市玲珑街道东山村党支部书记、村经济合作社主任的职务便利，到玲珑街道工业园区管委会，要求财务人员陈洪良将东山村土地征用款计人民币800万元划至其个人账户，用于灵通公司申请增加注册资本验资使用，遭到出纳陈洪良拒绝。李茂法写了“第2天把800万元土地款划到东山村的账户，否则后果由李茂法承担，和陈洪良无关”的保证书后，财务人员陈洪良、杨小靖遂为李茂法出具了800万元的转账支票，并加盖了有关印鉴章。当天，李茂法将该800万元转入其在上海浦东发展银行杭州分行临安支行开设的个人账户，作为其本人及灵通公司其他股东的出资，由银行出具询证函至临安钱王会计师事务所办理验资报告，用于4名股东的验资注册。次日，李茂法将800万元划入玲珑街道东山村委会账户，归还挪用的有关款项。法院经审理认为，被告人李茂法身为村基层组织工作人员，在协助人民政府从事土地征用补偿费的管理工作过程中，利用职务上的便利，将村土地补偿款用于其个人营利活，数额巨大，情节

① 载《人民司法·案例》2008年第10期。

严重，其行为已构成挪用公款罪。李茂法没有法定从轻减轻情节。据此，以挪用公款罪判处李茂法有期徒刑五年。

256. 以假贷款合同掩盖挪用公款行为，如何定性？

行为人没有采用销毁、涂改、伪造单据、账目等手段将账做平，仅仅是假贷款合同掩盖挪用公款的行为，不构成贪污罪，构成挪用公款罪。如陈超龙挪用公款案：[①] 1994 年 4 月至 12 月，被告人陈超龙先后收到罗定市城南经济发展公司、罗定市交通局养征站、罗定市罗城镇细坑居委会、罗定市居民谭某等单位和个人储户存入广海办事处的委托贷款共计人民币 75.5 万元，全部不入账，归其个人使用。为掩盖犯罪，又采用偷支储户存款等方法，用公款归还了其中的 73 万元，到案发时止，尚有储户谭某存入的委托贷款 2.5 万元未归还。由于被告人陈超龙偷支储户存款，致广海办事处的库存现金与账面不符。被告人陈超龙为了达到账款相符，隐瞒其侵占公款的罪行，于 1995 年 11 月至 12 月，指使梁甲、梁乙、陈某 3 人与广海办事处签订了共计 55 万元的虚假贷款合同并入账，从而侵占公款 55 万元。1994 年 10 月 18 日，被告人陈超龙收到贷款户范某归还广海办事处的贷款 10 万元后，既不交回单位也没有入账，私自将 10 万元投入股市买卖股票，占为已有。综上所述，被告人陈超龙挪用公款 73 万元，贪污公款 67.5 万元。将公款用于赌博、经营客车营运、投入股市买卖股票、购买家具以及装修住房等非法、营利、享乐活动花光。

一审法院认为：被告人陈超龙在任中国建设银行罗定市支行广海办事处负责人期间，利用职务上和工作上的便利，采取收款不入账、签订虚假贷款合同等手段，将委托贷款户交来的委托贷款、贷款户归还的贷款及库存现金挪用 73 万元、侵吞 67.5 万元，数额均特别巨大，其行为已分别构成挪用公款罪、贪污罪，应实行数罪并罚。二审法院经审理查明：上诉人陈超龙利用职务之便，将单位和个人的委托贷款、借款 75.5 万元及贷款户归还广海办事处的贷款 10 万元，全部不入账。将上述共计 85.5 万元用于

---

① 刑事指导案例第 55 号，载《刑事审判参考》2000 年第 2 集 · 总第 7 集。

经营汽车运输、赌博、炒股以及购买房子、家具等。贷款期满后，陈超龙采用自制取款凭条偷支储户存款的手段归还委托贷款或借款。至1996年1月2日止，尚有12.5万元没有归还。

最高人民法院经复核认为：被告人陈超龙身为国有银行干部，利用职务上的便利，挪用公款归个人使用，其行为构成挪用公款罪。挪用公款数额巨大，案发后不能归还，给国家造成重大经济损失，应依法惩处。但是被告人陈超龙签订55万元的假贷款合同以冲减库存现金的行为，实际是其挪用公款行为的一部分，其签订假贷款合同的目的，是为了在年终财务检查时掩盖挪用公款的事实，最终无法使账面平衡，不能实现侵吞的目的。认定被告人陈超龙挪用这部分公款的行为为贪污罪，定性不准。

第五章　单位受贿罪

257. 什么是单位受贿罪？

单位受贿罪是指国家机关、国有公司、企业、事业单位、人民团体，索取、非法收受他人财物，为他人谋取利益，情节严重的行为。索取他人财物或者非法收受他人财物，必须同时具备为他人谋取利益的条件，且是情节严重的行为，才能构成单位受贿罪。上列单位，在经济往来中，在账外暗中收受各种名义的回扣、手续费的，依照单位受贿罪论处。

【法条链接】

《刑法》第 387 条

258. 单位受贿罪定罪量刑标准是什么？

国家机关、国有公司、企业、事业单位、人民团体，索取、非法收受他人财物，为他人谋取利益，情节严重的，对单位判处罚金，并对其直接负责的主管人员和其他直接责任人员，处五年以下有期徒刑或者拘役。国家机关、国有公司、企业、事业单位、人民团体，在经济往来中，在账外暗中收受各种名义的回扣、手续费的，以单位受贿罪追究刑事责任。涉嫌下列情形之一的，应予立案：（1）单位受贿数额在 10 万元以上的；（2）单位受贿数额不满 10 万元，但具有下列情形之一的：①故意刁难、要挟有关单位、个人，造成恶劣影响的；②强行索取财物的；③致使国家或者社会利益遭受重大损失的。

【法条链接】

《最高人民检察院关于人民检察院直接受理立案侦查案件立案标准的规定（试行）》（1999年8月6日）

259. 单位内设机构能否成为单位受贿罪的主体？

单位内设机构包括国有单位所属机构和部门。规定，单位的分支机构或者内设机构、部分实施犯罪行为的处理。以单位的分支机构或者内设机构、部门的名义实施犯罪，违法所得亦归分支机构或者内设机构、部门所有的，应认定为单位犯罪。不能因为单位的分支机构或者内设机构、部门没有可供执行罚金的财产，就不将其认定为单位犯罪，而按照个人犯罪处理。在单位实施的犯罪中起决定、批准，授意、纵容等作用的人员，系单位犯罪中直接负责的主管人员，亦构成单位受贿罪。国有单位的内设机构利用其行使职权的便利，索取、非法收受他人财物并归该内设机构所有或者支配，为他人谋取利益，情节严重的，依照《刑法》第387条的规定以单位受贿罪追究刑事责任。上述内设机构在经济往来中，在账外暗中收受各种名义的回扣、手续费的，以受贿论。

如农民日报社某记者站、江某某单位受贿案：[①] 农民日报某记者站（以下简称某记者站）系农民日报社（事业法人，住址：北京市朝阳区朝阳门外八里庄北里1号）根据新闻采访需要在某省设立的从事新闻业务活动的派出机构。被告人江某某自2005年11月起担任某记者站站长，负责记者站全面工作。2007年3月至2009年1月间，某记者站在被告人江某某的授意和纵容下，利用其新闻媒体舆论监督权，以发表负面报道为名，要挟某省相关单位支付宣传费，分别向某省某等12家单位索取人民币65.6万元。法院经审理认为：被告单位农民日报社某记者站无视国法，索取他人财物，为他人谋取利益，情节严重，其行为已触犯了《刑法》，构成单位受贿罪；被告人江某某身为单位直接负责的主管人员，亦构成单位受贿罪。

① 载《中国审判案例要览》2011年刑事卷。

【法条链接】

《最高人民法院全国法院审理金融犯罪案件工作座谈会纪要》（2001年1月21日）

《最高人民检察院研究室关于国有单位的内设机构能否构成单位受贿罪主体问题的答复》（2006年9月12日）

260. 账外暗中收受行为如何认定？

账外暗中收受行为，包含“账外”和“暗中”两层含义。“账外”是指单位正规账目之外，账外行为是为了规避国家财务税收管理制度，另辟途径进行不正当的经济和财物交往；“暗中”即采取掩盖事实真相的不公开行为，即收受人与给予人之间在不为外界知晓的情况下进行交换。《刑法》中的账外暗中行为主要表现在单位在经济往来过程中，将应得收入不入账，而作为账外收款处理，典型的是用账外所得设立小金库。单位采用“账外暗中”行为主要目的在于逃避财务制度监管，将单位应得收入从账外所得中扣除，用于单位私下开支。“账外暗中”收入，主要指账外暗中收受各种名义的回扣、手续费的情形。

【法条链接】

《刑法》第387条

261. 原单位被合并、解散、撤销，能否追究其刑事责任？

审判期间，被告单位被撤销、注销、吊销营业执照或者宣告破产的，对单位犯罪直接负责的主管人员和其他直接责任人员应当继续审理。《最高人民检察院关于涉嫌犯罪的单位被撤销、注销、吊销营业执照或者宣告破产的应如何进行追诉问题的批复》规定，涉嫌犯罪的单位被撤销、注销、吊销营业执照或者宣告破产的，应当根据《刑法》关于单位犯罪的相关规定，对实施犯罪行为的该单位直接负责的主管人员和其他直接责任人员追究刑事责任，对该单位不再追诉。

【法条链接】

《最高人民法院关于适用〈中华人民共和国刑事诉讼法〉的解释》(2013年1月1日)第286条

第六章 利用影响力受贿罪

262. 什么是利用影响力受贿罪？

国家工作人员的近亲属或者其他与该国家工作人员关系密切的人，通过该国家工作人员职务上的行为，或者利用该国家工作人员职权或者地位形成的便利条件，通过其他国家工作人员职务上的行为，为请托人谋取不正当利益，索取请托人财物或者收受请托人财物，数额较大或者有其他较重情节的，处三年以下有期徒刑或者拘役，并处罚金；数额巨大或者有其他严重情节的，处三年以上七年以下有期徒刑，并处罚金；数额特别巨大或者有其他特别严重情节的，处七年以上有期徒刑，并处罚金或者没收财产。

离职的国家工作人员或者其近亲属以及其他与其关系密切的人，利用该离职的国家工作人员原职权或者地位形成的便利条件实施前款行为的，依照前款的规定定罪处罚。

【法条链接】

《刑法》第 388 条之一

263. 利用影响力受贿罪的定罪量刑标准是什么？

《刑法》第 388 条之一规定的利用影响力受贿罪的定罪量刑适用标准，参照《最高人民法院、最高人民检察院关于办理贪污贿赂刑事案件适用法律若干问题的解释》关于受贿罪的规定执行。受贿数额在三万元以上不满二十万元的，应当认定为“数额较大”；受贿数额在二十万元以上不满三百万元的，应当认定为“数额巨大”；受贿数额在三百万元以上的，应当认定为“数额特别巨大”。

【法条链接】

《最高人民法院、最高人民检察院关于办理贪污贿赂刑事案件适用法律若干问题的解释》（2016年4月18日）第10条

264. 利用影响力受贿罪的主体范围如何认定？

利用影响力受贿罪的特殊主体主要包括：（1）国家工作人员的近亲属。包括国家工作人员和离职国家工作人员的近亲属，根据《刑事诉讼法》第106条规定第（6）项规定，近亲属是指夫、妻、父、母、子、女、同胞兄弟姐妹。（2）其他与国家工作人员关系密切的人，包括与在职的国家工作人员关系密切的人和与离职的国家工作人员关系密切的人。所谓“其他与国家工作人员关系密切的人”的范围，可从几个角度加以判断：①亲缘关系，如三代以内直系血亲和旁系血亲关系的人，情妇（夫）可以作为特殊亲缘关系对待；②感情关系，如与国家工作人员平素关系十分密切，来往较多的人，以及与国家工作人员之间具有同学、战友、同事、故交关系且保持交往的人，专门为国家工作人员提供服务和协助工作的人员，如秘书、司机、勤务员等；③利益关系，与国家工作人员有共同的利益，被利益捆绑在一起的人。（3）离职国家工作人员，是指原来具有国家工作人员职务，但在实施利用影响力贿赂时，已经实际丧失了原有职务，如离休、退休、辞职、辞退等。

【法条链接】

《刑法》第388条之一

265. 如何理解“影响力”？

影响力是国家工作人员固有的权力、地位、职务对社会所产生的影响力，影响力的核心内容是权力，权力是通过具体的职务体现出来的，所以没有职务的非国家工作人员不可能产生影响力。非国家工作人员由于近亲

属、情妇（夫）、其他密切关系等对国家工作人所产生的影响力，只是犯罪的方法和手段，国家工作人员本身具有的影响力，是构成利用影响力受贿罪的必要条件。

266. “其他与该国家工作人员关系密切的人”及“利用影响力”如何认定?

具有职务上隶属关系的上下级国家工作人员之间，若下级认为与其上级有某种联系的行为人所托事项能否办妥，将直接影响着上级对自己的评价，可以认定该行为人与该上级国家工作人员关系密切，且该行为人利用了与国家工作人员具有特定关系的影响力。招投标活动中，“国家工作人员的近亲属或者其他与该国家工作人员关系密切的人”向负责招投标活动的该国家工作人员及其直接领导的其他国家工作人员明示或暗示希望请托人进入招投标范围并获得中标，利用该国家工作人员职权或者地位形成的便利条件，通过该国家工作人员直接领导的其他国家工作人员职务上的行为，取得优势，影响公平竞争，帮助请托人中标，索取或收受请托人财物，数额较大的，成立利用影响力受贿罪。

如王岩利用影响力受贿案：[①] 被告人王岩与高翔有密切关系。2009 年至 2010 年 8 月期间，被告人王岩利用高翔担任南京农业大学工学院（以下简称工学院）副院长、分管基建工作的便利条件，在明知刘炳连是借用江苏省建筑材料研究设计院（以下简称省建材设计院）的资质和挂靠省建材设计院参加工学院科技综合楼设计投标的情况下，采取请客送礼的方法，通过工学院基建总务处处长李骅、副处长刘胜前的职务行为，使刘炳连顺利进入招、投标范围并获取了相关的设计信息，帮助刘炳连中标成功。2009 年 3 月至 2010 年 7 月，被告人王岩先后四次收受刘炳连贿赂款人民币 15 万元。本案因他人举报而案发。2011 年 6 月 2 日被告人王岩被抓获归案。法院经审理认为，被告人王岩作为与国家工作人员关系密切的人，其利用该国家工作人员的职位形成的便利条件，通过由该国家工作人员直

① 载《最高人民检察院公报》2010 年第 6 期。

接领导的其他国家工作人员职务上的行为，为请托人谋取不正当利益，收受请托人财物人民币15万元，其行为符合利用影响力受贿罪的构成要件，构成利用影响力受贿罪。

267. 利用影响力受贿罪与介绍贿赂罪如何区分？

中间人收受请托人的钱财后，通过国家工作人员为请托人谋取不正当利益，认定的关键在于中间人是一般主体还是特殊主体。与国家工作人员具有特定关系，并且运用了该种特定关系的影响力，使该国家工作人员本身或通过该国家工作人员的职务便利使其他国家工作人员为其服务，从而为请托人谋取不正当利益的人，应认定为“关系密切的人”。

如郑伟雄利用影响力受贿案：[①] 被告人郑伟雄是从事茶叶生意的个体户，酷爱收藏茶叶。清远市地方税务局稽查局办公室工作人员吴某也喜欢收藏茶叶。两人经常在一起品茶和买卖茶叶，因共同的爱好而结成了交往密切的朋友关系。2009年3月，被告人郑伟雄通过吴某（另案处理）得知清远市地方税务局稽查局准备对清远市伟华实业有限公司（以下简称“伟华实业”）进行税务立案稽查的情况后，将消息转告伟华实业法定代表人刘某某（另案处理）。刘某某为使伟华实业避免被税务稽查局立案稽查和罚款，要求郑伟雄帮忙想办法解决。郑伟雄表示只要花180万元，就能使刘某某的公司不被税务机关查处和罚款。刘某某先后分两次将180万元交予郑伟雄。被告人郑伟雄将其中135万元送给吴某，余下45万元占为己有。法院经审理认为：被告人郑伟雄为使伟华实业逃避稽查局稽查和罚款，利用其与清远市地方税务局稽查局办公室工作人员吴某的关系，并利用吴某的职权及影响力向刘某某传达其偷税漏税的信息，使刘某某及时补税及避免受罚。被告人郑伟雄为此收受了刘某某行贿款180万元，其中135万元送给吴某，余下45万元占为己有。被告人郑伟雄收受的贿赂款数额巨大，其行为已构成利用影响力受贿罪。

---

① 载《最高人民检察院公报》2010年第6期。

第七章　行贿罪

268. 什么是行贿罪？

行贿罪是为了谋取不正当利益而给予国家工作人员财物，或者在经济往来中，违反国家规定，给予国家工作人员以各种名义的回扣、手续费的行为。本罪侵犯的客体是国家工作人员的职务廉洁性，即国家工作人员履行公务过程中必须遵循的法律规定和道德准则，确保职务行为不受社会腐败风气的侵蚀。本罪的主体是一般主体，主观方面是直接故意，且具有谋取不正当利益的目的。因被勒索给予国家工作人员以财物，没有获得不正当利益的，不是行贿。

【法条链接】

《刑法》第 389 条

269. 行贿案件中，如何认定谋取不正当利益？

在行贿犯罪中，谋取不正当利益是指行贿人谋取违反法律、法规、规章或者政策规定的利益，或者要求对方违反法律、法规、规章、政策、行业规范的规定提供帮助或者方便条件。在招标投标、政府采购等商业活动中，违背公平原则，给予相关人员财物以谋取竞争优势的，属于“谋取不正当利益”。

【法条链接】

《最高人民法院、最高人民检察院关于办理行贿刑事案件具体应用法律若干问题的解释》（2013 年 1 月 1 日）第 12 条

270. 行贿罪定罪量刑的标准是什么?

为谋取不正当利益，向国家工作人员行贿，数额在三万元以上的，应当依照《刑法》第 390 条的规定以行贿罪追究刑事责任。行贿数额在一万元以上不满三万元，具有下列情形之一的，应当依照《刑法》第 390 条的规定以行贿罪追究刑事责任：（1）向三人以上行贿的；（2）将违法所得用于行贿的；（3）通过行贿谋取职务提拔、调整的；（4）向负有食品、药品、安全生产、环境保护等监督管理职责的国家工作人员行贿，实施非法活动的；（5）向司法工作人员行贿，影响司法公正的；（6）造成经济损失数额在五十万元以上不满一百万元的。对犯行贿罪的，处五年以下有期徒刑或者拘役，并处罚金；因行贿谋取不正当利益，情节严重的，或者使国家利益遭受重大损失的，处五年以上十年以下有期徒刑，并处罚金；情节特别严重的，或者使国家利益遭受特别重大损失的，处十年以上有期徒刑或者无期徒刑，并处罚金或者没收财产。行贿人在被追诉前主动交待行贿行为的，可以从轻或者减轻处罚。其中，犯罪较轻的，对侦破重大案件起关键作用的，或者有重大立功表现的，可以减轻或者免除处罚。

【法条链接】

《最高人民法院、最高人民检察院关于办理贪污贿赂刑事案件适用法律若干问题的解释》（2016 年 4 月 18 日）

271. “向三人以上行贿”如何认定?

这里的“向三人以上”是针对三个以上不同的人。一方面，司法解释文本用的是“三人”而非“三人次”或“三次”，因此文本上就已经排除了针对同一个人三次以上行贿的情况，否则就应该用“三次”或“三人次”。另一方面，从体系解释的角度，毒品等其他罪名的司法解释，既有“多次”也有“多人”还有“多人次”，这说明这几个术语的含义是固定的，不容混淆。最后，从法理上说，向三个以上的不同的国家工作人员行贿，把三个以上的官员“拉下水”其社会危害性较大，所以要严厉打击。

272. 行贿中将“通过行贿谋取职务提拔、调整的”包括正常调整甚至降职调整吗？

关于行贿中将“通过行贿谋取职务提拔、调整的”作为降低行贿罪门槛的条件，这里的“提拔”是为了提拔而行贿，属于谋取竞争优势，违反人事法规。但是调整包括正常调整，还是因为身体不好自愿调整到不好但清闲的部门，还有的要求提前退休，甚至辞职的，这属于“向下”的调整。比如某检察官身居要职，但是要辞职，但是检察长不放，该检察官没办法向检察长行贿，这属于“通过行贿谋取职务调整”吗？这里不包括正常的职务调整以及“向下”的职务调整。从实质解释的角度，正常的职务调整，比如个人原因从一个部门调到另一个部门，即使向领导行贿，因为这本身不属于“谋取不正当利益”，压根不符合行贿罪的构成要件，所以更不存在降低入罪门槛的问题了。需要特别注意的是，实践中有的地方将行贿罪的“谋取不正当利益”进行扩大解释，认为行贿本身是违法的，不正当的，所以只要行贿就是谋取不正当利益，这种解释直接违反罪刑法定的原则，架空《刑法》条文关于“谋取不正当利益”的规定。

【法条链接】

《最高人民法院、最高人民检察院关于办理贪污贿赂刑事案件适用法律若干问题的解释》（2016 年 4 月 18 日）第 7 条

273. “向负有食品、药品、安全生产、环境保护等监督管理职责的国家工作人员行贿，实施非法活动”中的“等”字、“实施非法活动”如何把握？

“等”不得随意扩大解释，而是必须与重大民生有关的监督管理职责的国家工作人员。“行贿”与“实施非法活动”具有手段和目的关系。关于“等”字，根据同类解释规则，这里省略的必须与前面列举的具有同质性，从前面列举的食品、药品、环境、安全生产内容看，都是涉及重大民生问题的，不能擅自扩大解释到税务、工商、城管、民政等部门。从法理

上，这些涉及重大民生的要害部门，一旦行为人向其行贿导致其不正确履职，将可能危及人民群众的健康、生命安全。“行贿”与“实施非法活动”具有手段和目的关系，也就是行贿的目的是要实施非法活动，比如企业为了非法排污，而给环保局人员送礼。不能认为行贿行为本身就是非法活动。

274. 行贿罪的“情节严重”如何认定？

犯行贿罪，具有下列情形之一的，应当认定为“情节严重”：（1）行贿数额在一百万元以上不满五百万元的；（2）行贿数额在五十万元以上不满一百万元，并具有《最高人民法院、最高人民检察院关于办理贪污贿赂刑事案件适用法律若干问题的解释》第7条第2款第1项至第5项规定的情形之一的；（3）其他严重的情节。为谋取不正当利益，向国家工作人员行贿，造成经济损失数额在一百万元以上不满五百万元的，应当认定为《刑法》第390条第1款规定的“使国家利益遭受重大损失”。

【法条链接】

《最高人民法院、最高人民检察院关于办理贪污贿赂刑事案件适用法律若干问题的解释》（2016年4月18日）

275. 行贿罪的“情节特别严重”如何认定？

犯行贿罪，具有下列情形之一的，应当认定为“情节特别严重”：（1）行贿数额在五百万元以上的；（2）行贿数额在二百五十万元以上不满五百万元，并具有《最高人民法院、最高人民检察院关于办理贪污贿赂刑事案件适用法律若干问题的解释》第7条第2款第1项至第5项规定的情形之一的；（3）其他特别严重的情节。为谋取不正当利益，向国家工作人员行贿，造成经济损失数额在五百万元以上的，应当认定为《刑法》第390条第1款规定的“使国家利益遭受特别重大损失”。

【法条链接】

《最高人民法院、最高人民检察院关于办理贪污贿赂刑事案件适用法律若干问题的解释》（2016年4月18日）

276. 行贿罪中，犯罪较轻、重大案件如何理解？

根据行贿犯罪的事实、情节，可能被判处三年有期徒刑以下刑罚的，可以认定为“犯罪较轻”。根据犯罪的事实、情节，已经或者可能被判处十年有期徒刑以上刑罚的，或者案件在本省、自治区、直辖市或者全国范围内有较大影响的，可以认定为“重大案件”。

【法条链接】

《刑法》第 390 条

《最高人民法院、最高人民检察院关于办理贪污贿赂刑事案件适用法律若干问题的解释》（2016 年 4 月 18 日）

277. 行贿罪中“对侦破重大案件起关键作用”如何理解？

具有下列情形之一的，可以认定为《刑法》第 390 条第 2 款规定的“对侦破重大案件起关键作用”：（1）主动交待办案机关未掌握的重大案件线索的；（2）主动交待的犯罪线索不属于重大案件的线索，但该线索对于重大案件侦破有重要作用的；（3）主动交待行贿事实，对于重大案件的证据收集有重要作用的；（4）主动交待行贿事实，对于重大案件的追逃、追赃有重要作用的。

【法条链接】

《刑法》第 390 条

《最高人民法院、最高人民检察院关于办理贪污贿赂刑事案件适用法律若干问题的解释》（2016 年 4 月 18 日）第 14 条

278. 多次行贿的如何计算行贿数额？

多次行贿未经处理的，按照累计行贿数额处罚。对多次受贿未经处理的，累计计算受贿数额。国家工作人员利用职务上的便利为请托人谋取利益前后多次收受请托人财物，受请托之前收受的财物数额在一万元以上

的，应当一并计入受贿数额。

【法条链接】

《最高人民法院、最高人民检察院关于办理贪污贿赂刑事案件适用法律若干问题的解释》（2016年4月18日）第15条

279. 行贿人谋取不正当利益的行为构成犯罪的，如何处理？

行贿人谋取不正当利益的行为构成犯罪的，应当与行贿犯罪实行数罪并罚。

【法条链接】

《最高人民法院、最高人民检察院关于办理行贿刑事案件具体应用法律若干问题的解释》（2013年1月1日）第6条

280. 因行贿人在被追诉前主动交待行贿行为而破获相关受贿案件的，是否构成立功？

因行贿人在被追诉前主动交待行贿行为而破获相关受贿案件的，对行贿人不适用《刑法》关于立功的规定，依照《刑法》第390条第2款的规定，可以减轻或者免除处罚。单位行贿的，在被追诉前，单位集体决定或者单位负责人决定主动交待单位行贿行为的，依照《刑法》第390条第2款的规定，对单位及相关责任人员可以减轻处罚或者免除处罚；受委托直接办理单位行贿事项的直接责任人员在被追诉前主动交待自己知道的单位行贿行为的，对该直接责任人员可以依照《刑法》第390条第2款的规定减轻处罚或者免除处罚。行贿人被追诉后如实供述自己罪行的，依照《刑法》第67条第3款的规定，可以从轻处罚；因其如实供述自己罪行，避免特别严重后果发生的，可以减轻处罚。行贿人揭发受贿人与其行贿无关的其他犯罪行为，查证属实的，依照《刑法》关于立功的规定，可以从轻、减轻或者免除处罚。“被追诉前”，是指检察机关对行贿人的行贿行为刑事立案前。

【法条链接】

《刑法》第390条第2款

《最高人民法院、最高人民检察院关于办理行贿刑事案件具体应用法律若干问题的解释》（2013 年 1 月 1 日）

281. 实施行贿犯罪，具有哪些情形的一般不适用缓刑和免予刑事处罚？

实施行贿犯罪，具有下列情形之一的，一般不适用缓刑和免予刑事处罚：（1）向三人以上行贿的；（2）因行贿受过行政处罚或者刑事处罚的；（3）为实施违法犯罪活动而行贿的；（4）造成严重危害后果的；（5）其他不适用缓刑和免予刑事处罚的情形。具有《刑法》第三百九十条第 2 款规定的情形的，不受前款规定的限制。

【法条链接】

《最高人民法院、最高人民检察院关于办理行贿刑事案件具体应用法律若干问题的解释》（2013 年 1 月 1 日）第 10 条

282. 行贿犯罪取得的不正当利益，如何处理？

行贿犯罪取得的不正当财产性利益应当依照《刑法》第 64 条的规定予以追缴、责令退赔或者返还被害人。因行贿犯罪取得财产性利益以外的经营资格、资质或者职务晋升等其他不正当利益，建议有关部门依照相关规定予以处理。

【法条链接】

《最高人民法院、最高人民检察院关于办理行贿刑事案件具体应用法律若干问题的解释》（2013 年 1 月 1 日）第 11 条

283. 配合检察机关调查他人受贿案件时交代向他人行贿的事实，能否认定为被追诉前主动交代？

被告人通过给予国家工作人员财物以达到规避竞争而取得特殊利益的目的，属于谋取不正当利益，依法构成行贿罪。在检察机关对其立案前交

代行贿事实，属于被追诉前主动交代的情形。如袁珏行贿案[1]：被告人袁珏系上海同济华润建筑设计有限公司项目经理。2010 年 5 月，被告人袁珏通过同学沈巧龙（泰州市路灯管理处主任，另案处理）的介绍，与负责拆迁安置房开发建设的泰州市海陵房产开发公司经理刘耀东（国家工作人员，另案处理）相识，并委托沈巧龙向刘耀东索要其使用的银行卡号，于 2010 年 6 月 14 日向该卡存入人民币 4000 元，2010 年 9 月 18 日向该卡存入 20000 元，又于 2011 年 3 月 12 日向该卡存入 100000 元，总计 124000 元。在刘耀东的帮助下，未经招标程序，被告人袁珏以挂靠单位同济大学建筑设计研究院（集团）有限公司的名义承揽了泰州市迎春东路安置小区海曙颐园的规划设计项目。2011 年 4 月 11 日，被告人袁珏在配合检察机关调查刘耀东问题时，交代了向刘耀东行贿的事实。法院经审理认为，被告人袁珏在经济往来中，给予国家工作人员以财物，数额较大，其行为构成行贿罪。袁珏在检察机关立案前即已交代其行贿行为，其行为符合《刑法》第 390 条第 2 款规定的情形，结合本案的具体情况，决定对袁珏免予刑事处罚。

284. 非国家工作人员受贿、职务侵占罪数额标准如何确定？

非国家工作人员受贿、职务侵占的数额较大、数额巨大的数额起点，按照《最高人民法院、最高人民检察院关于办理贪污贿赂刑事案件适用法律若干问题的解释》关于受贿罪、贪污罪相对应的数额标准的二倍、五倍执行。非国家工作人员受贿罪和职务侵占罪标准一样，较大和巨大分别按贪污罪（受贿罪）的二倍和五倍，即这两个罪数额较大的标准都是 6 万元，数额巨大都是 100 万元。

【法条链接】

《最高人民法院、最高人民检察院关于办理贪污贿赂刑事案件适用法律若干问题的解释》（2016 年 4 月 18 日）第 11 条

---

① 刑事指导案例第 787 号，载《刑事审判参考》2012 年第 3 集 · 总第 86 集。

第八章　对有影响力的人行贿罪

285. 什么是对有影响力的人行贿罪？

对有影响力的人行贿罪是《刑法修正案（九）》新增的罪名，是指为谋取不正当利益，向国家工作人员的近亲属或者其他与该国家工作人员关系密切的人，或者向离职的国家工作人员或者其近亲属以及其他与其关系密切的人行贿的行为。本罪的犯罪主体是一般主体，侵害的客体是国家工作人员的职务廉洁性，犯罪对象是国家工作人员的近亲属或者其他与该国家工作人员关系密切的人，或者向离职的国家工作人员或者其近亲属以及其他与其关系密切的人。

【法条链接】

《刑法》第 390 条之一

286. 对有影响力的人行贿罪的定罪量刑标准是什么？

对有影响力的人行贿罪的定罪量刑适用标准，参照《最高人民法院、最高人民检察院关于办理贪污贿赂刑事案件适用法律若干问题的解释》关于行贿罪的规定执行。为谋取不正当利益，向有影响力的人行贿数额在三万元以上的，追究刑事责任。行贿数额在一万元以上不满三万元，具有下列情形之一的，应当依照《刑法》第 390 条的规定以行贿罪追究刑事责任：（1）向三人以上行贿的；（2）将违法所得用于行贿的；（3）通过行贿谋取职务提拔、调整的；（4）向负有食品、药品、安全生产、环境保护等监督管理职责的国家工作人员行贿，实施非法活动的；（5）向司法工作人员行贿，影响司法公正的；(6) 造成经济损失数额在五十万元以上不满一百万元的。

具有下列情形之一的，应当认定为“情节严重”：(1) 行贿数额在一百万元以上不满五百万元的；(2) 行贿数额在五十万元以上不满一百万元，并具有《最高人民法院、最高人民检察院关于办理贪污贿赂刑事案件适用法律若干问题的解释》第7条第2款第1项至第5项规定的情形之一的；(3) 其他严重的情节。为谋取不正当利益，向有影响力的国家工作人员行贿，造成经济损失数额在一百万元以上不满五百万元的，应当认定为《刑法》第390条第1款规定的“使国家利益遭受重大损失”。

具有下列情形之一的，应当认定为“情节特别严重”：(1) 行贿数额在五百万元以上的；(2) 行贿数额在二百五十万元以上不满五百万元，并具有《最高人民法院、最高人民检察院关于办理贪污贿赂刑事案件适用法律若干问题的解释》第7条第2款第1项至第5项规定的情形之一的。

为谋取不正当利益，向国家工作人员行贿，造成经济损失数额在五百万元以上的，应当认定为《刑法》第390条第1款规定的“使国家利益遭受特别重大损失”。

单位对有影响力的人行贿数额在二十万元以上的，应当以对有影响力的人行贿罪追究刑事责任。

【法条链接】

《刑法》第390条之一

《最高人民法院、最高人民检察院关于办理贪污贿赂刑事案件适用法律若干问题的解释》(2016年4月18日)

287. 对有影响力的人行贿罪的处罚标准是什么?

为谋取不正当利益，向国家工作人员的近亲属或者其他与该国家工作人员关系密切的人，或者向离职的国家工作人员或者其近亲属以及其他与其关系密切的人行贿的，处三年以下有期徒刑或者拘役，并处罚金；情节严重的，或者使国家利益遭受重大损失的，处三年以上七年以下有期徒刑，并处罚金；情节特别严重的，或者使国家利益遭受特别重大损失的，处七年以上十年以下有期徒刑，并处罚金。单位犯该罪的，对单位判处罚金，并对其直接负责的主管人员和其他直接责任人员，处三年以下有期徒刑或者拘役，并处罚金。

【法条链接】

《刑法》第390条之一

288. “有影响力的人”如何理解？

所谓“有影响力的人”，就是与国家工作人员关系密切的人，具体包括：一是国家工作人员的近亲属，即夫、妻、父、母、同胞兄弟姐妹。二是其他与国家工作人员关系密切的人，具体包括：近亲属之外的三代以内直系血亲和旁系血亲关系，具有经济利益关系的情妇（夫）；具有利害关系或利益关系的同学、战友、同事、老朋友、老领导、老部下等具有特定利益关系的其他人。

289. 对有影响力的人行贿罪与行贿罪的界限是什么？

两者的区别主要表现在：（1）犯罪对象不同。这是两者最主要的区别。行贿罪的对象是国家工作人员，非国家工作人员不能单独构成受贿罪；对有影响力的人行贿罪的犯罪对象是国家工作人员之外的特殊主体，即国家工作人员和离职国家工作人员的近亲属或者其他关系密切人。（2）实现犯罪目的的途径不同。行贿罪的行为人实现犯罪目的的途径，是通过直接对国家工作人员行贿来谋取非法利益，行为对象的作用与行为人的目的之间是直接联系；而对有影响力的人行贿罪的行为目的，是通过对与国家工作人员关系密切的人行贿来谋取不正当利益，而有影响力的人为行为人实现犯罪目的，又要依赖于国家工作人员的职务或地位优势，利用职务关系的作用与行为人的目的之间表现为间接关系。

第九章　对单位行贿罪

290. 什么是对单位行贿罪？

对单位行贿罪是指为谋取不正当利益，给予国家机关、国有公司、企业、事业单位、人民团体以财物的，或者在经济往来中，违反国家规定，给予各种名义的回扣、手续费的行为。这里的单位只限于国家机关、国有公司、企业、事业单位、人民团体，不包括其他单位在内。所谓“不正当利益”，具体包括：（1）非法利益，如走私、贩毒、偷税等所得利益；（2）采用非法手段或途径取得的法律允许的利益，这种利益因取得手段违法，视为不正当利益；（3）不属于应得利益，而通过行贿手段取得的。单位犯前款罪的，对单位判处罚金，并对其直接负责的主管人员和其他直接责任人员，依照前款的规定处罚。

【法条链接】

《刑法》第391条

291. 对单位行贿罪的定罪量刑标准是什么？

对单位行贿罪涉嫌下列情形之一的，应予立案：（1）个人行贿数额在10万元以上、单位行贿数额在20万元以上的；（2）个人行贿数额不满10万元、单位行贿数额在10万元以上不满20万元，但具有下列情形之一的：①为谋取非法利益而行贿的；②向3个以上单位行贿的；③向党政机关、司法机关、行政执法机关行贿的；④致使国家或者社会利益遭受重大损失的。

为谋取不正当利益，给予国家机关、国有公司、企业、事业单位、人民团体以财物的，或者在经济往来中，违反国家规定，给予各种名义的回扣、手续费的，处三年以下有期徒刑或者拘役，并处罚金。单位犯前款罪的，对单位判处罚金，并对其直接负责的主管人员和其他直接责任人员，依照前款的规定处罚。

【法条链接】

《最高人民检察院关于人民检察院直接受理立案侦查案件立案标准的规定（试行）》（1999 年 8 月 6 日）

292. 对单位行贿罪与单位行贿罪的界限，如何认定？

单位行贿罪是指公司、企业、事业单位、机关、团体为谋取不正当利益而行贿，或者违反国家规定，给予国家工作人员以回扣、手续费，情节严重的行为。

单位犯对单位行贿罪与单位行贿罪的主要区别表现在：（1）犯罪对象不同。前者的犯罪对象是单位，后者的犯罪对象是自然人，即国家工作人员。（2）犯罪主体不同。前者的主体是自然人和单位，后者的主体只能是单位。（3）两种犯罪中“单位”性质不同。对单位行贿罪的单位是指国家机关、国有公司、企业、事业单位、人民团体，不包括其他性质的单位在内，作为单位行贿罪中犯罪主体的单位，可以是任何单位。

293. 对单位行贿罪与行贿罪的界限是什么？

行贿罪是指为了谋取不正当利益而给予国家工作人员财物的行为。两者的界限主要表现在：（1）犯罪对象不同。对单位行贿罪的犯罪对象是国家机关、国有公司、企业、事业单位、人民团体等国有单位，而行贿罪的犯罪对象是自然人，即国家工作人员，这是两者最根本的区别。（2）犯罪主体不同。对单位行贿罪的主体既可以自然人，也可以是单位；行贿罪的主体只能是自然人，单位不构成一般行贿罪的主体。

第十章　介绍贿赂罪

294. 什么是介绍贿赂罪?

“介绍贿赂”是指行为人在行贿人与受贿人之间沟通关系、撮合条件，使贿赂行为得以实现，情节严重的行为。介绍贿赂通常表现为两种形式：(1) 受行贿人之托，为其物色能够谋取利益的行贿对象，向国家工作人员介绍贿赂，这是介绍贿赂罪最主要的犯罪形式；(2) 按照受贿人的意图，为其物色能够给自己利用职务之便物色行贿对象或者为索贿者物色索贿对象、介绍双方相识、安排双方见面，代表行贿人或受贿人商谈权钱交易的条件，转送贿赂款物等。介绍贿赂罪的成立不以行为人具有谋取非法利益目的为构成条件，只要故意实施了介绍贿赂行为，情节严重的，即构成该罪。

【法条链接】

《刑法》第392条

295. 介绍贿赂罪的立案标准和处罚标准是什么?

介绍贿赂涉嫌下列情形之一的，应予立案：(1) 介绍个人向国家工作人员行贿，数额在2万元以上的；介绍单位向国家工作人员行贿，数额在20万元以上的；(2) 介绍贿赂数额不满上述标准，但具有下列情形之一的：①为使行贿人获取非法利益而介绍贿赂的；②3次以上或者为3人以上介绍贿赂的；③向党政领导、司法工作人员、行政执法人员介绍贿赂的；④致使国家或者社会利益遭受重大损失的。向国家工作人员介绍贿赂，情节严重的，处三年以下有期徒刑或者拘役，并处罚金。介绍贿赂人在被追诉前主动交待介绍贿赂行为的，可以减轻处罚或者免除处罚。

【法条链接】

《刑法》第 392 条

《最高人民检察院关于人民检察院直接受理立案侦查案件立案标准的规定（试行）》（1999 年 8 月 6 日）

296. 介绍贿赂罪的共犯如何认定?

介绍贿赂是行贿与受贿的中介与桥梁，介绍贿赂的犯罪分子根据行贿和受贿双方意图，促使其行贿或受贿得以顺利实现。区分介绍贿赂与行贿受贿共犯之间的界限，应从以下几个方面把握：（1）从客观方面看，介绍贿赂行为是为行贿和受贿双方相互引荐、撮合、沟通关系，提供服务，行为人在介绍贿赂过程中，既代表行贿方又代表受贿方；而行贿或受贿共犯只是为行贿或受贿一方服务，即介绍贿赂罪的犯罪主体是独立于行贿或受贿一方的第三者，而行贿或受贿的共犯则存在相互对称的依附关系。（2）从主观方面看，介绍贿赂的行为人目的在于撮合双方使行贿受贿行为得以实现，其不同于行贿或受贿的教唆行为。对既有教唆行为有在行贿人与受贿人之间实施沟通、撮合行为而促使贿赂行为实现的，应按照吸收犯的处罚原则处理：介绍贿赂并教唆受贿的，按照受贿罪的共犯认定并从重处罚；介绍贿赂并教唆行贿的，应以行贿罪处理；介绍贿赂的同时又实施教唆行贿、教唆受贿的，则应按照牵连犯的处罚原则从一重罪处断，以受贿罪论处。

297. 介绍贿赂罪与受贿罪的界限是什么?

两者的界限主要表现在：（1）犯罪主体不同。前者是一般主体，后者是特殊主体，即国家工作人员。（2）犯罪对象不同。前者的行为对象是行贿人或受贿人，后者的犯罪对象为财物。（3）客观行为方式不同。前者主要表现为行为人在行贿人与受贿人之间进行沟通、撮合，使行贿与受贿得以实现的行为；后者则是国家工作人员利用职务之便，为请托人谋取利益并收受请托人财物的行为。(4) 主观故意的内容不同。前者可以由直接故意或间接故意构成，犯罪的成立不以是否具有犯罪目的为要件，行为也不以收受财物为成立要件；受贿罪是直接故意犯罪，行为人具有明确的犯罪目的。

298. 介绍贿赂罪与利用影响力受贿罪的界限是什么?

两者的界限主要表现在：(1) 犯罪主体不同。前者是一般主体，不排除国家工作人员的近亲属，后者犯罪主体是特殊主体，即属于与国家工作人员具有密切关系的人。(2) 行为人所处的地位和作用不同。前者只起中介作用，处于被动状态，没有决定贿赂行为能否成功的最终权力；后者处于受贿主体的位置，处于主动的犯罪地位。(3) 客观表现形式不同。介绍贿赂的行为人主要在行贿人和受贿人之间进行撮合、斡旋，通过自己的中介行为把行贿方和受贿方的意志联系起来，促使贿赂行为最终实现；利用影响力交易的最大特点在于行为人借国家工作人员的职权和优势地位，为请托人谋取利益，从而收受请托人财物，本质上是权钱交易行为。

第十一章　单位行贿罪

299. 什么是单位行贿罪？

所谓单位行贿罪，是指单位为了谋取不正当利益而行贿，或者违反国家规定，给予国家工作人员以回扣、手续费，情节严重的行为。

【法条链接】

《刑法》第 393 条

300. 单位行贿罪的定罪量刑标准是什么？

单位行贿涉嫌下列情形之一的，应予立案：（1）单位行贿数额在 20 万元以上的；（2）单位为谋取不正当利益而行贿，数额在 10 万元以上不满 20 万元，但具有下列情形之一的：①为谋取非法利益而行贿的；②向 3 人以上行贿的；③向党政领导、司法工作人员、行政执法人员行贿的；④致使国家或者社会利益遭受重大损失的。

单位为谋取不正当利益而行贿，或者违反国家规定，给予国家工作人员以回扣、手续费，情节严重的，对单位判处罚金，并对其直接负责的主管人员和其他直接责任人员，处五年以下有期徒刑或者拘役，并处罚金。因行贿取得的违法所得归个人所有的，依照本法第 389 条、第 390 条的规定（行贿罪）定罪处罚。

单位行贿的，在被追诉前，单位集体决定或者单位负责人决定主动交待单位行贿行为的，依照《刑法》第 390 条第 2 款的规定，对单位及相关责任人员可以减轻处罚或者免除处罚；受委托直接办理单位行贿事项的直接责任人员在被追诉前主动交待自己知道的单位行贿行为的，对该直接责任人员可以依照《刑法》第390条第2款的规定减轻处罚或者免除处罚。

【法条链接】

《最高人民检察院关于人民检察院直接受理立案侦查案件立案标准的规定（试行）》（1999年8月6日）

301. 不具备法人资格的单位能否构成单位行贿罪？

不具备法人资格的单位，主要是指单位内设机构、分支机构或部门。2001年1月21日《最高人民法院全国法院审理金融犯罪案件工作座谈会纪要》指出：单位的分支机构或者内设机构、部门实施犯罪行为的处理。以单位的分支机构或者内设机构、部门的名义实施犯罪，违法所得亦归分支机构或者内设机构、部门所有的，应认定为单位犯罪。不能因为单位的分支机构或者内设机构、部门没有可供执行罚金的财产，就不将其认定为单位犯罪，而按照个人犯罪处理。单位行贿罪作为单位犯罪，同样适用这一解释。单位内设机构、分支机构或部门构成犯罪有两个前提：一是以单位的名义实施犯罪，二是违法所得归单位所有，而非归个人所有。

302. 私营单位构成单位行贿罪的主体如何认定？

对于单位实施的犯罪活动，其犯罪主体确定为单位还是个人，要区分单位的类型和性质。（1）《刑法》第30条规定的公司、企业、事业单位，既包括国有、集体所有的公司、企业、事业单位，也包括依法设立的合资经营、合作经营企业和具有法人资格的独资、私营等公司、企业、事业单位。（2）个人为进行违法犯罪活动而设立的公司、企业、事业单位实施犯罪的，或者公司、企业、事业单位设立后，以实施犯罪为主要活动的，不以单位犯罪论处。（3）盗用单位名义实施犯罪，违法所得由实施犯罪的个人私分的，依照《刑法》有关自然人犯罪的规定定罪处罚。要重点从以下几个方面把握：①看行为人的主观意图，即设立公司或盗用公司名义，是否系以犯罪为目的。②看行为过程，即单位实施犯罪的行为是偶然的，还是一贯的。③看行为内容，即以法人的形式直接从事单位犯罪活动，还是自然人采取欺诈的手段盗用单位名义犯罪。

【法条链接】

《最高人民法院关于审理单位犯罪案件具体应用法律有关问题的解释》（1999 年 7 月 3 日）

303. 单位行贿中的不正当利益如何认定？

单位行贿罪是指单位为谋取不正当利益而行贿，或者违反国家规定，给予国家工作人员以回扣、手续费，情节严重的行为，至于利益是否实际取得，不影响对行为性质的认定。不正当利益的不正当性体现在请托事项的违法性或违反政策性上，即请托事项违反了法律、法规、国家政策和国务院各部门规章的规定。对于利益本身正当与否的判断存在不确定性的情形下，应结合取得该利益的手段的性质作为利益正当与否认定的依据。

如国美电器有限公司、黄光裕等单位行贿案：[1] 2006 年至 2008 年间，被告人黄光裕作为被告单位鹏房公司及国美公司的法定代表人，在得知公安部经侦局北京总队正在查办鹏房公司涉嫌犯罪案件及北京市公安局经侦处对国美公司涉税举报线索调查后，经与被告人许钟民预谋，直接或指使许钟民向时任公安部经侦局副局长兼北京总队总队长的相怀珠提出在侦办鹏房公司、国美公司上述案件中给予关照的请托。期间，黄光裕单独或指使许钟民给予相怀珠款、物共计价值人民币 106 万余元。2006 年至 2008 年间，国税总局稽查局在全国范围对被告单位国美公司进行税务大检查。被告人黄光裕作为国美公司的法定代表人，经与被告人许钟民预谋，直接或通过北京市公安局经侦处民警靳红利联系介绍，多次分别宴请负责全国税务检查领导工作的国税总局稽查局孙海渟及具体承办税务检查的北京国税稽查局工作人员梁丛林、凌伟，黄光裕、许钟民及靳红利均向孙海渟等三人提出关照国美公司的请托。黄光裕先后单独或指使许钟民给予靳红利共计人民币 150 万元，给予孙海渟共计人民币 100 万元，给予梁丛林、凌

---

① 载《人民司法》2011 年第 10 期。

伟人民币各50万元。法院经审理认为，被告人黄光裕作为被告单位国美电器有限公司、北京鹏润房地产开发有限责任公司的法定代表人，与被告人许钟民共谋，为二被告单位谋取不正当利益，单独或伙同许钟民向国家执法机关的工作人员提出请托，并给予国家机关工作人员财物，数额巨大，情节严重，二被告单位和被告人黄光裕、许钟民的行为均已构成单位行贿罪，黄光裕、许钟民构成单位行贿的共同犯罪。

第十二章　巨额财产来源不明罪

304. 什么是巨额财产来源不明罪？

巨额财产来源不明罪，是指国家工作人员的财产、支出明显超过合法收入，差额巨大的，本人不能说明其合法来源的行为。该罪是通过推定设置的罪名，即在没有有效证据证明国家工作人员的巨额资产是合法还是非法所得情况下，由于财产持有人不能证明其收入的合法性，推定其来源不合法。设置本罪的目的主要在于堵塞贪污腐败行为，防止那些因证据不足而逃避法律制裁的腐败分子逍遥法外。本罪是特殊主体，只能由国家工作人员构成。客观方面表现为：（1）行为人的财产、支出明显超过合法收入，且数额巨大。所谓财产数额巨大，一般是指超过 30 万元以上的财产，财产包括行为人实际拥有的财物，如现金、有价证券、公司股份等；所谓明显超过，是指实际占有的财产在数量上远大于应有财产的数量；所谓支出，是指行为人已经支付的款物；合法收入是指行为人依法应当获得的财物。（2）行为人不能说明巨大差额财产的合法来源，即行为人无法提供有效证据来证实自己持有财产的合法性。

【法条链接】

《刑法》第 395 条第 1 款

305. 巨额财产来源不明罪的定罪量刑标准是什么？

涉嫌巨额财产来源不明，数额在 30 万元以上的，应予立案。国家工作人员的财产、支出明显超过合法收入，差额巨大的，可以责令该国家工作人员说明来源，不能说明来源的，差额部分以非法所得论，处五年以下有期徒刑或者拘役；差额特别巨大的，处五年以上十年以下有期徒刑。财产的差额部分予以追缴。

306. “说明来源”和“不能说明来源”如何理解？

巨额财产来源不明罪中的“说明”来源，既是实体法上的强制义务，也是程序法上的明确要求。2003年11月《最高人民法院经济犯罪纪要》规定：对《刑法》第395条第1款规定的“不能说明”，包括以下情况：(1) 行为人拒不说明财产来源；(2) 行为人无法说明财产的具体来源；(3) 行为人所说的财产来源经司法机关查证并不属实；(4) 行为人所说的财产来源因线索不具体等原因，司法机关无法查实，但能排除存在来源合法的可能性和合理性的。

307. 离职国家工作人员能否成为巨额财产来源不明罪的犯罪主体？

离职国家工作人员能否成为巨额财产来源不明罪的犯罪主体，应分两种情况：(1) 国家工作人员离职前聚集的来源不明的巨额财产，到离职后才被司法机关发现的，当然可以巨额财产来源不明罪定罪处罚；(2) 国家工作人员离职后利用原职权或地位形成的便利条件聚集的来源不明的巨额财产。该罪与利用影响力受贿罪都是对贪污贿赂犯罪的补充性规定，都是为了从时间和空间方面限制国家工作人员的腐败行为。离职国家工作人员可以构成利用影响力受贿罪的主体，同样也可以成为巨额财产来源不明罪的主体。

308. 巨额财产来源不明所形成的差额如何计算？

巨额财产来源不明数额，实践中一般采用排除法或差减法，即在行为人的全部财产和支出中，排除其合法收入的部分，剩余部分即来源不明的非法财产。计算公式：差额部分＝（现有财产＋支出）－（合法收入＋犯罪所得＋非法所得）。《刑法》第395条规定的“非法所得”，一般是指行为人的全部财产与能够认定的所有支出的总和减去能够证实的有真实来源的所得。在具体计算时，应注意以下问题：(1) 应把国家工作人员个人财产和与其共同生活的家庭成员的财产、支出等一并计算，而且一并减去他们所有的合法收入以及确属与其共同生活的家庭成员个人的非法收入。(2) 行为人所有的财产包括房产、家具、生活用品、学习用品及股票、债券、存款等动产和不动产；行为人的支出包括合法支出和不合法的支出，包括日常生活、工作、学习费用、罚款及向他人行贿的财物等；行为人的合法收入包括工资、奖金、稿酬、继承等法律和政策允许的各种收入。(3) 为了便于计算犯罪数额，对于行为人的财产和合法收入，一般可以从行为人有比较确定的收入和财产时开始计算。

如金治新被控贪污、巨额财产来源不明案：① 巨额财产来源不明罪是法律明文规定运用推定的方法确定的罪名。在犯罪构成方面，如果国家工作人员的财产或者支出与自己及其家庭成员的合法收入明显不符，差额巨大，本人又不能证明其来源是合法的，那么超出合法收入总数的部分即推定为非法所得。司法实践中，认定本罪应当查清几个关键的数额：(1) 被告人的全部财产数额，(2) 其本人和家庭成员的合法收入数额，(3) 家庭全部支出数额。计算时应以被告人全部家庭财产加上历年支出后，减去家庭合法收入，再减去贪污、受贿等犯罪所得的赃款数额，最后所得的即为巨额财产来源不明的数额。侦查机关依法冻结、扣押被告人金治新的人民币、银行存款、房产、基金、保险单据、职工持股单据等财产，折合人民币共计 3174243.75 元。其中，扣除已查明的被告人金治新犯罪所得人民币 637800 元以及金治新和其家庭成员能说明其来源合法且查证属实的财产共计人民币 963854.85 元，尚有差额共计人民币 1572588.9 元的财产，被告人金治新不能说明合法来源。法院经审理认为，被告人金治新身为国家工作人员，其财产明显超过合法收入，差额巨大，不能说明合法来源，已构成巨额财产来源不明罪。

【法条链接】

《全国法院审理经济犯罪案件工作座谈会纪要》(2003 年 11 月 13 日)

---

① 载《人民法院案例选》2009 年第 1 辑。

第十三章　隐瞒境外存款罪

309. 什么是隐瞒境外存款罪？

隐瞒境外存款罪，是指国家工作人员在境外的数额较大的存款，应当依照国家规定申报而隐瞒不报的行为。申报境外存款是国家实行外汇管制的必要措施，国家工作人员凡是在境外存有数额较大存款的，必须按国家有关规定向有关部门申报，否则即是违法犯罪行为。该罪是特殊主体，即具有财产申报义务的国家工作人员。客观表现为：（1）行为人应当依照国家规定申报在境外的存款，即负有申报境外存款的义务。境外存款是指行为人在国（边）境外各种金融机构存入的各种货币、有价证券、货币支付凭证以及黄金等具有货币价值的贵重金属。存款的来源是否合法，不影响本罪的构成。这里的境外，包括港澳台地区在内的中国大陆地区之外。（2）行为人不履行申报义务，对在境外的存款隐瞒不报。隐瞒不报，包括对在境外的存款全部隐瞒不报，也包括部分申报。（3）隐瞒不报必须是数额较大的境外存款，一般为 30 万元以上。

【法条链接】

《刑法》第 395 条第 2 款

310. 隐瞒境外存款罪的立案标准与处罚标准是什么？

涉嫌隐瞒境外存款，折合人民币数额在 30 万元以上的，应予立案。国家工作人员在境外的存款，应当依照国家规定申报。数额较大、隐瞒不报的，处二年以下有期徒刑或者拘役；情节较轻的，由其所在单位或者上级主管机关酌情给予行政处分。

311. 隐瞒境外存款罪与逃汇罪的界限是什么？

逃汇罪是指公司、企业或者其他单位，违反国家有关外汇的管理规定，擅自将外汇存放境外，或者将境内的外汇非法转移到境外，情节严重的行为。隐瞒境外存款罪与逃汇罪的区别主要表现为：（1）犯罪主体不同。前者的犯罪主体是自然人，即仅限于具有国家工作人员身份的自然人，后者的主体是单位，即公司、企业或者其他单位。（2）行为对象不同。前者的行为对象是存款，包括各种流通的货币；后者的行为对象只能是外汇。（3）犯罪地点不同。前者的犯罪地点只能是国外或境外，后者的犯罪地点既可能在国外、境外，也可能在国内。（4）客观行为方式不同。前者主要表现为对自己应当按规定申报的境外数额较大的存款，予以隐瞒不按规定申报的行为；后者主要表现为违反国家有关规定，擅自将外汇存放境外，或者将境内的外汇非法转移到境外的行为。

第十四章　私分国有资产罪

312. 什么是私分国有资产罪？

私分国有资产罪，是指国家机关、国有公司、企业、事业单位、人民团体，违反国家规定，以单位名义将国有资产集体私分给个人，数额较大的行为。该罪的主体是特殊主体，即国有单位，包括国家机关、国有公司、企业、事业单位、人民团体。客观方面表现为：（1）违反国家规定，这是构成本罪的前提，是指违反全国人民代表大会及其常务委员会制定的法律和决定，国务院制定的行政法规、规定的行政措施、发布的决定和命令。（2）以单位的名义将国有资产集体私分给个人，即由单位负责人或者单位决策机构集体讨论决定，将资产私分给单位所有或大多数职工；如果只是单位内几个负责人私分，或者在少数单位员工中私分，则属于共同贪污行为。（3）私分数额较大。本罪属于数额犯，必须是犯罪数额较大的行为才构成犯罪，一般是指达到 10 万元以上。

【法条链接】

《刑法》第 396 条第 1 款

313. 私分国有资产罪的定罪量刑标准是什么？

涉嫌私分国有资产，累计数额在 10 万元以上，应予立案。国家机关、国有公司、企业、事业单位、人民团体，违反国家规定，以单位名义将国有资产集体私分给个人，数额较大的，对其直接负责的主管人员和其他直接责任人员，处三年以下有期徒刑或者拘役，并处或者单处罚金；数额巨大的，处三年以上七年以下有期徒刑，并处罚金。

314. 国有资产如何认定？范围如何？

国有资产是指国家依法取得和认定的，或者国家以各种形式对企业投资和投资收益、国家向行政事业单位拨款等形成的资产。在具体认定国有资产时，应结合当地国有资产管理部门对国有资产管理的具体情况来认定，同时参考国家有关管理国有资产管理的法律、法规和规定来认定。

根据《国有资产产权界定和产权纠纷处理暂行办法》（1993 年 12 月）第 7 条规定，国有机关及其所属事业单位占有、使用的资产以及政党、人民团体中由国家拨款等形成的资产，界定为国有资产。

第 8 条对全民所有制企业中的产权界定作具体规定：（1）有权代表国家投资的部门和机构以货币、实物和所有权属于国家的土地使用权、知识产权等向企业投资，形成的国家资本金，界定为国有资产；（2）全民所有制企业运用国家资本金及在经营中借入的资金等所形成的税后利润经国家批准留给企业作为增加投资的部分以及从税后利润中提取的盈余公积金、公益金和未分配利润等界定为国有资产；（3）以全民所有制企业和行政事业单位（以下统称全民单位）担保，完全用国内外借入资金投资创办的或完全由其他单位借款创办的全民所有制企业，其收益积累的净资产，界定为国有资产；（4）全民所有制企业接受馈赠形成的资产，界定为国有资产；（5）在实行《企业财务通则》《企业会计准则》以前，全民所有制企业从留利中提取的职工福利基金、职工奖励基金和“两则”实行后用公益金购建的集体福利设施而相应增加的所有者权益，界定为国有资产；（6）全民所有制企业中党、团、工会组织等占用企业的财产，不包括以个人缴纳党费、团费、会费以及按国家规定由企业拨付的活动经费等结余购建的资产，界定为国有资产。

《企业国有资产所有权界定的暂行规定》（1991 年 3 月 26 日）第 4 条规定：本规定所称企业国有资产是指国家以各种形式对企业的投资和投资收益形成的资产。没有法律依据归集体、个人或外国政府、法人、公民所有的资产均属国有资产。

第 8 条规定：全民所有制企业单位中由下列投资形成的资产均属国有：(1) 各级人民政府、国家行政部门或国家其他单位的各种形式的实物投资、货币投资和所有权应属国家的发明创造和技术成果等无形资产投资；(2) 全民所有制企业单位依据国家规定或经国家批准用于投资或归还投资贷款的减免税金；(3) 全民所有制企业单位依据国家规定或经国家批准用于归还投资贷款的利润；(4) 全民所有制企业单位依照国家规定，通过从经营收入中提取、从成本费用中列支和从留用利润中提取所建立的各种专项基金，不包括按国家规定提取用于职工工资、奖励、福利等分配给个人消费的基金；(5) 国家银行、国家投资公司及其他全民所有制金融经营单位用财政拨款和留用利润转入的信贷基金、投资基金、财政周转金及其他经营基金和资本金；(6) 以国家机关名义担保，或实际上由国家承担投资风险，完全用国内外借入资金和国家以各种方式投资创办的全民所有制企业，其内部积累的资金；(7) 全民所有制企业用国有资产兼并、购买其他企业单位所取得的资产产权；(8) 其他依法应属国有的资产。

第 9 条规定：集体所有制企业中由下列投资形成的资产属于国有：(1) 各级人民政府、国家行政部门或国家其他单位用各种形式的实物投资、货币投资和所有权应属国家的无形资产投资所创办的以集体所有制名义注册登记的企业单位，其资产所有权界定参照本规定第八条办理，按国家法律、法规规定属于无偿资助的除外；(2) 全民所有制企业单位用国有资产在集体企业中的投资以及按照投资份额应取得的资产收益留给集体企业发展生产的资金；(3) 其他按法律、法规规定应属国有的资产。

第 10 条规定：在股份制企业、联营企业和中外合资、合作经营企业中由国家出资以及税后利润和专项基金中国家按照投资或协议应占有的份额，属于国有资产。

第 11 条规定：全民所有制企业单位用留用利润转作风险抵押金、实行分账制，或将国有资产租赁给集体或个人经营等，都不改变国有资产所有权的归属。

第 12 条规定：各级政府部门和全民所有制企业单位交给集体企业使用的固定资产、流动资产及其他资产，依法按照合同或其他合法方式归集体企业所有的，其资产所有权从交付起转移；凡没有依法转移所有权的，仍属国有资产。

【法条链接】

《最高人民检察院关于人民检察院直接受理立案侦查案件立案标准的规定》（1999 年 8 月 6 日）

《企业国有资产所有权界定的暂行规定》（1999 年 3 月 26 日）

315. 单位违法所得是否属于国有资产？

违法所得包括刑事违法所得、民事违法所得和行政违法所得。凡是违法所得应当上交国家的，都应认定为国有资产。如工商行政管理部门将违法收缴的他人经营的财物进行私分，交管部门将违法罚款、乱收费的款项进行私分等都可能构成私分国有资产罪。

316. “小金库”的资金能否成为私分国有资产的对象？

小金库是指违反法律、法规及有关规定，应列入而未列入单位账簿的各项资金及其他资产。凡是明显属于国有财产而予以截留的，或者各种收入应当纳入国家财政统一核算的资金，都属于国有资产。对这些资产进行私分的，构成私分国有资产罪；对这些资金之外的其他资金，如通过员工额外劳动所得的劳务费或者其他报酬，这些资金本应用于职工的福利开支，如果私分的算作违纪行为，不构成私分国有资产罪。

317. 国家机关内部科室集体私分违法收入的行为，如何认定？

行为人采用抬高收费标准、搭车收费、截留应缴资金的手段设立小金库并以年终福利的名义进行私分，其取得资产的途径不是个人的诚实劳动，而是依赖于职权的行使，同时其私分也没有政策、法律上的依据，其行为已明显不属于违反财经纪律，而是私分国有资产行为。行政事业单位违反行政法规，滥用职权而乱收费、乱摊派、乱罚款所得的款项，应认定为国有资产，构成私分国有资产罪的犯罪对象。

如李祖清等被控贪污案：[①] 被告人李祖清原任大悟县教育局人事科科长，被告人张杰军、刘玉梅原任大悟县教育局人事科副科长。1998年12月至2003年5月期间，大悟县教育局人事科利用办理全县教师职称评审、教师年度考核、公务员年度考评、职称聘书、教师资格换证等业务代收费之机，采取抬高收费标准、搭车收费、截留应缴资金的手段，筹集资金，设立小金库。小金库资金除用于科里公务开支外，每年春节前后，由科长李祖清组织科里人员将小金库账目进行对账后，以科室补助、年终福利等名义6次私分给人事科工作人员，并记录入账，私分款总额为120300元，原审被告人李祖清、张杰军、刘玉梅各分得40100元。法院经审理认为，被告人李祖清、张杰军、刘玉梅主观上不具有贪污的共同故意，客观方面不符合共同贪污的行为特征，不构成贪污罪。被告人李祖清作为大悟县教育局人事科的负责人，违反国家规定，擅自决定将单位违规收费的部分资金以单位补助、年终福利等名义私分给个人，数额较大，其行为构成私分国有资产罪。原审被告人张杰军、刘玉梅积极参与私分，起较大作用，属于单位犯罪的直接责任人，其行为亦构成私分国有资产罪。

318. 变相集体私分国有资产犯罪与违反财经纪律超标准、超范围发放奖金、福利等行为的界限是什么？

在单位没有经营效益甚至经营亏损的情况下，变卖分配国有财产等严重违背国有财产的经营管理职责，妨害国有公司、企业的正常生产、经营活动的，系私分国有资产行为。单位将无权自主支配、分配的钱款通过巧立名目、违规做账等手段从财务账上支出，或者将应依法上缴财务入账的正常或者非正常收入予以截留，变造各种栏目进行私分发放等严重破坏国家财政收支政策的贯彻落实的，系私分国有资产行为。

如张金康、夏琴私分国有资产案：[②] 上海市医疗保险事务管理中心（以下简称医保管理中心）系上海市医疗保险局所属的国有事业单位，经

---

① 刑事指导案例第377号，载《刑事审判参考》2005年第6集·第47集。

② 刑事指导案例第293号，载《刑事审判参考》2004年第2辑·总第37辑。

费来源为国家财政全额拨款。张金康系医保管理中心主任；夏琴系医保管理中心办公室主任。2001年12月至2003年4月，医保管理中心领导班子经讨论，由张金康决定，夏琴具体操办，将国家财政专项拨款的邮电通讯费和资料速递费结余部分以快递费、速递费、邮寄费等名义，从上海市邮政局静安电信服务处、上海宝山泗塘邮电支局先后套购邮政电子消费卡价值213000元，套取现金97560元并用于购买超市代币券，相应发票予以入账。随后，二被告人将其中价值243800元的邮政电子消费卡和超市代币券以单位福利名义，定期分发给医保管理中心的全体员工，张金康及夏琴各分得面值14100元和10500元的消费卡及代币券。另外，张金康在已经享受单位每月给予180元通讯费的前提下，让夏琴用邮政电子消费卡为其支付移动电话通讯费5800余元。2002年2月，由张金康决定，夏琴具体操办，将国家财政专项拨款的业务招待费以会务费名义从本市申康宾馆套现1.5万元，以“2001年度特别奖励”的名义发放给医保管理中心部分人员，其中张金康分得1000元，夏琴分得5000元。2003年7月，张、夏向中共上海市卫生局纪委如实交代了上述犯罪事实，并归还全部赃款。法院经审理认为，医保管理中心作为国有事业单位，违反国家财政经费必须专项使用的规定，以虚假名义套取专项经费后以单位名义变相私分，数额达20余万元，其行为已构成犯罪；张、夏作为该中心实施上述犯罪直接负责的主管人员和直接责任人员，应当承担私分国有资产罪的刑事责任。张在已经领取单位通讯费且没有向上级领导申请并获得批准的情况下，决定由夏琴具体操作，用已经套购并准备分发的邮政电子消费卡报销移动电话通讯费，该行为亦属整体的私分国家资产行为的组成部分。张金康、夏琴以“2001年度特别奖励”的名义把从专项经费中套取的现金分发给部分员工，因系在单位内部的一定范围内分发，同样可以认定私分国有资产的性质，而不仅仅是违反财政纪律。

319. 在仅能由单位构成犯罪的情形下，能否认定非适格主体与单位构成共犯？

非特定的主体不能单独成为特定主体的正犯，但若是和特定的主体一起，就可共同引起符合构成要件的事实。因而，非特定的主体可以成立特定主体所犯之罪的共犯。

如徐国桢等私分国有资产案：① 被告人徐国桢，原系上海市无线电管理局副局长兼上海市无线电监测站站长。被告人陈晓晖，原系上海唯远信息开发有限公司法定代表人、上海咸元通信技术有限公司负责人。2002年7月至2011年5月，被告人徐国桢担任上海市信息化办公室无线电管理处（以下简称无管处）处长，上海市无线电管理委员会办公室（以下简称无委办）副主任兼上海市无线电监测站（以下简称监测站）站长，后兼任中共上海市无线电管理局（以下简称无管局）党组成员，主要工作职责为负责监测站党政工作，分管精神文明建设，协管无管局日常行政、财务、干部调配等相关工作。2002年年底至2003年年初，被告人徐国桢为解决监测站职工集体福利问题，决定启用无资质、无场地、无设备、正处于歇业状态的上海唯远信息开发有限公司（以下简称唯远公司）承接定检工作。后其与该公司负责人、被告人陈晓晖商定，唯远公司所得收入除列支必要成本外，剩余钱款均应当以现金形式账外返还监测站用于职工福利发放。2003年4、5月间，徐国桢隐瞒唯远公司的真实情况，利用职权以无委办的名义批准授予唯远公司无线电设备检测资质，同时授意倪伟杰并通过相关人员讨论决定，委托唯远公司承接定检工作，后又将监测站办公场地、政府采购的技术设备、有关技术服务及启动资金提供给唯远公司使用。2003年5月起，唯远公司受委托以监测站名义开展定检工作，直接向非国家拨款的单位或者个人收取检测费；监测站也以国家财政拨款和转移支付项目专款向唯远公司支付检测费用。监测站向陈晓晖提出明确要求，2003年唯远公司的全年业务开支为人民币（以下币种同）12万元。2004年起，上海市定检工作每年财政预算达数百万元。徐国桢代表监测站与陈晓晖变更约定，唯远公司须将监测站拨款及公司自行收取的检测费，按50%的比例以现金形式返还监测站。2007年10月，陈晓晖另设上海咸元通信技术有限公司（以下简称咸元公司）取代唯远公司承接定检工作，有关约定保持不变。2003年至2009年年底，唯远公司、咸元公司自行直接收取检测费

① 刑事指导案例第939号，载《刑事审判参考》2013年第6集·总第95集。

以及以检测劳务费等名义通过监测站获取财政拨款合计30余万元。陈晓晖按照事先约定，通过其专门成立的上海银闪通信技术有限公司（以下简称银闪公司）、常帮唯博电脑软件编制服务社（以下简称常帮唯博服务社）以及其他单位将上述款项予以套现或者转账，监测站则违反国家规定，由徐国桢决定，监测站副站长丁一咏等人具体执行，将上述返还款隐匿于监测站账外，分别多次将其中13283000元以职工津贴、工资补差、奖金、过节费等名义陆续发放给无管局及监测站全体员工。徐国桢归案后供述了私分国有资产的涉案事实。陈晓晖归案后供述了其帮助监测站私分国有资产的犯罪事实。

法院经审理认为，国有事业单位监测站与被告人陈晓晖相勾结，违反国家规定，套取、截留国有资产，并以单位名义将其中1300余万元集体私分给本单位职工，数额巨大，被告人徐国桢作为该单位实施上述犯罪直接负责的主管人员，其行为构成私分国有资产罪，且系共同犯罪，应予处罚。陈晓晖为监测站私分国有资产提供帮助，其行为构成私分国有资产罪，且系共同犯罪。

320. 国有单位内设机构能否构成《刑法》上的“单位”，国有单位内设机构集体私分国有资产给个人的行为，构成私分国有资产罪还是贪污罪？

国有单位内设机构可以视为《刑法》规定的“单位”。内设机构以单位的名义实施犯罪，违法所得归其所有的，应当认定为单位犯罪。国有单位内设机构在对外开展业务中，截留公款并按照一定比例将公款私分给全体人员或者绝大多数成员的，应当认定为私分国有资产罪。

如张经良等三人被控贪污案：[①] 被告人张经良原系厦门经理学院企业管理培训处处长，被告人林西蓉、郑文生，原系厦门经理学院企业管理培训处教务员。2002年5月以来，厦门经理学院（系国有事业单位）实施内部分配制度改革，在下设机构企业管理培训处施行“经济目标责任制”，

① 载《人民法院案例选》2008年第2期。

规定企业管理培训处开发办班必须向学院上缴一定比例的管理费以及在完成学院下达的上缴管理费指标后结余资金归部门自主支配等分配制度改革措施。其间，企业管理培训处在编人员三人，张经良时任处长，负责处室全面工作，林西蓉时任教务员，负责财务等后勤工作，郑文生时任教务员，负责文案等教务工作；同时以林西蓉个人名义设立的银行账户作为部门的专用账户，用于存放、分配该处办培训班收入中可自主支配的结余资金，并由林西蓉将款项收支、分配和结余情况记录在部门账本上。

2004 年 6 月，张经良代表厦门经理学院与香港工商管理学院代表人黎作新商定合作开办“MBA 学位对接班”办班事宜并签订了《代理招生合同书》，合同约定厦门经理学院每招收一名学员，可获取代理招生佣金 6000 元。后张经良又私下与黎作新协商将代理招生佣金提高到每人 8800 元，并与林西蓉、郑文生商议向经理学院隐瞒该部分佣金收入。从 2004 年 7 月至 2006 年 3 月，厦门经理学院与香港工商管理学院合作开办“MBA 学位对接班”三期，实际交费人数 86 人，三被告人所隐瞒的代理招生佣金收入 240800 元悉数进入企业管理培训处账户。嗣后，张经良、林西蓉、郑文生将该款连同部门可支配的其他资金按照 1.2 ：1 ：1 的比例进行分配，其中张经良分得 90300 元，林西蓉、郑文生各分得 75250 元。该款项的收入、分配情况同时记载在部门账本上。法院经审理认为，厦门经理学院企业管理培训处施行“经济目标责任制”以来，被告人张经良、林西蓉、郑文生仍属于处室的正式工作人员并照常领取财政拨发的工资、奖金等款项，同时按财务制度规定，其办班的收支情况应纳入学院的统一管理、核算，即便是部门可自主支配资金的支取也需经学院财务审核和院长批准；由此可见，该责任制只是一种事业单位内部分配制度的改革措施，并不具有“独立核算、自负盈亏”的基本特征，故涉案的《中层领导任期工作责任书》不是承包性质的经济合同，三被告人亦非承包关系的一方当事人。相反的，被告人张经良、林西蓉、郑文生作为厦门经理学院企业管理培训处工作人员，对外开发、实施相关培训项目是其部门及个人的职责所在，本案中的“MBA 学位对接班”项目亦属于该工作范围，其职务行为基于厦门经理学院所具有的办学资格、培训资质等公共资源，具有一定的公共事务管理权能，系属公务活动的体现；因此，三被告人作为事业单位中从事公务的人员，依法应当以国家工作人员论。同样的，“MBA学位对接班”项目既为被告人张经良、林西蓉、郑文生代表厦门经理学院的履职行为，那么相应的佣金收入均归属于厦门经理学院，且系国有资产；而三被告人通过隐瞒不报、自行截留的方式排除厦门经理学院对新增佣金收入人民币240800元的控制、支配，足见其主观故意和客观行为直接指向该全额款项，已无按规定比例获取部门可自主支配资金的前提和基础，故涉案金额依法应当认定为人民币240800元。厦门经理学院企业管理培训处作为国有事业单位的内设部门，违反国家财政收支政策的规定，将国有资产集体私分给个人，涉案金额共计人民币240800元，属数额较大，应以私分国有资产罪论处；被告人张经良系对该行为直接负责的主管人员，被告人林西蓉、郑文生系直接责任人员，其行为均已构成私分国有资产罪。

第十五章　私分罚没财物罪

321. 什么是私分罚没财物罪？

私分罚没财物罪，是指司法机关、行政执法机关违反国家规定，将应当上缴国家的罚没财物，以单位名义集体私分给个人，数额较大的行为。本罪是特殊主体，只有司法机关或行政执法机关才构成本罪。本罪属于单位犯罪，承担刑事责任的是单位直接负责的主管人员和其他直接责任人员，单位不承担刑事责任。

【法条链接】

《刑法》第396条第2款

322. 私分罚没财物罪的定罪量刑标准是什么？

涉嫌私分罚没财物，累计数额在10万元以上，应予立案。司法机关、行政执法机关违反国家规定，将应当上缴国家的罚没财物，以单位名义集体私分给个人的，数额较大的，对其直接负责的主管人员和其他直接责任人员，处三年以下有期徒刑或者拘役，并处或者单处罚金；数额巨大的，处三年以上七年以下有期徒刑，并处罚金。

323. 罚没财物的范围如何理解？

根据中办、国办《预算管理规定》，罚没收入包括：国家行政机关、司法机关和法律、法规授权的机构依据法律、法规，对公民、法人和其他组织实施处罚权所取得的罚没款以及没收赃物的折价收入。构成私分罚没财物的犯罪对象，不仅是指合法取得的罚没财物，也包括执法机关、司法机关通过违法手段取得的罚没财物。无论罚没财物的来源、性质如何，只要是在执法机关或司法机关的控制、管理之下，由单位集体对其私分，都应以私分罚没财物罪论处。违法罚款财物可以构成私分罚没财物罪的犯罪对象。

324. 私分罚没财物与私分国有资产罪的界限是什么？

两者的界限主要表现在：（1）财物来源不同。前者来源于执法机关、司法机关对违法行为和犯罪行为的处罚所得财物；后者来源比较广泛，只要是单位采取各种渠道获得的、应当纳入国家财政“收支两条线”管理的财物，都属于其中的财物。（2）犯罪主体不尽相同。虽然两者都是特殊犯罪主体，都是单位犯罪，但前者的主体只能是执法机关或司法机关，后者的主体包括国家机关、国有企业、事业单位、人民团体等都可以成为犯罪主体。

325. 对贪污贿赂案件如何追缴赃款赃物？

犯罪分子违法所得的一切财物，应当予以追缴或者责令退赔；被害人的合法财产，应当及时返还。为有效剥夺贪污贿赂犯罪分子的违法所得，尽可能挽回经济损失，《最高人民法院、最高人民检察院关于办理贪污贿赂刑事案件适用法律若干问题的解释》强调，贪污贿赂犯罪分子违法所得的一切财物，应当依法予以追缴或者责令退赔；尚未追缴到案或者尚未足额退赔的违法所得，应当继续追缴或者责令退赔。据此，追缴赃款赃物不设时限，一追到底、永不清零，随时发现将随时追缴。

【法条链接】

《刑法》第 64 条

《最高人民法院、最高人民检察院关于办理贪污贿赂刑事案件适用法律若干问题的解释》（2016 年 4 月 18 日）第 18 条

第十六章 量刑

326. 行为人在被纪检、监察等办案部门“双规”“双指”期间，如实交代自己的罪行的，能否认定为自首？

根据自首的本质特征，具体情况具体分析：（1）如果举报人举报行为人的犯罪事实比较清楚，有一定证据，纪检、监察部门据此将行为人“双规”“双指”，后行为人交代所举报罪行的，不能认定为自首。（2）纪检、监察部门事前掌握有关事实和证据，但尚未告知行为人，行为人主动投案并如实交代了罪行，其后被“双规”“双指”的，应当认定为自首。（3）虽有举报，举报内容经查不实，但被“双规”“双指”的行为人却主动交代了不为人知的事实，应当认定为自首。（4）虽有举报，但被“双规”“双指”的行为人在如实交代了被举报的犯罪事实以外，还主动交代了纪检、监察部门事前并不掌握的其他犯罪事实的，应视为其所交代的其他犯罪事实的性质，确定是否成立自首。具体而言，如果其所交代的该其他犯罪事实与纪检、监察部门已经掌握的犯罪事实属于同种罪行的，不能认定为自首，但对其可以酌情从轻处罚；如果其如实供述的同种罪行较重的，一般应当从轻处罚；如果其所交代的该其他犯罪事实与纪检、监察部门已经掌握的犯罪事实属于不同种罪行的，则应以自首论。

327. 职务犯罪中如何认定自首？

成立自首需同时具备自动投案和如实供述自己的罪行两个要件。犯罪事实或者犯罪分子未被办案机关掌握，或者虽被掌握，但犯罪分子尚未受到调查谈话、讯问，或者未被宣布采取调查措施或者强制措施时，向办案机关投案的，是自动投案。在此期间如实交代自己的主要犯罪事实的，应当认定为自首。犯罪分子向所在单位等办案机关以外的单位、组织或者有关负责人员投案的，应当视为自动投案。没有自动投案，在办案机关调查谈话、讯问、采取调查措施或者强制措施期间，犯罪分子如实交代办案机关掌握的线索所针对的事实的，不能认定为自首。没有自动投案，但具有以下情形之一的，以自首论：（1）犯罪分子如实交代办案机关未掌握的罪行，与办案机关已掌握的罪行属不同种罪行的；（2）办案机关所掌握线索针对的犯罪事实不成立，在此范围外犯罪分子交代同种罪行的。

【法条链接】

《最高人民法院、最高人民检察院关于办理职务犯罪案件认定自首、立功等量刑情节若干问题的意见》（2009 年 3 月 12 日）

328. 单位犯罪如何认定自首？

单位犯罪案件中，单位集体决定或者单位负责人决定而自动投案，如实交代单位犯罪事实的，或者单位直接负责的主管人员自动投案，如实交代单位犯罪事实的，应当认定为单位自首。单位自首的，直接负责的主管人员和直接责任人员未自动投案，但如实交代自己知道的犯罪事实的，可以视为自首；拒不交代自己知道的犯罪事实或者逃避法律追究的，不应当认定为自首。单位没有自首，直接责任人员自动投案并如实交代自己知道的犯罪事实的，对该直接责任人员应当认定为自首。

对于具有自首情节的犯罪分子，应当根据犯罪的事实、性质、情节和对于社会的危害程度，结合自动投案的动机、阶段、客观环境，交代犯罪事实的完整性、稳定性以及悔罪表现等具体情节，依法决定是否从轻、减轻或者免除处罚以及从轻、减轻处罚的幅度。

【法条链接】

《最高人民法院、最高人民检察院关于办理职务犯罪案件认定自首、立功等量刑情节若干问题的意见》（2009 年 3 月 12 日）

329. 职务犯罪中如何认定立功?

立功必须是犯罪分子本人实施的行为。为使犯罪分子得到从轻处理，犯罪分子的亲友直接向有关机关揭发他人犯罪行为，提供侦破其他案件的重要线索，或者协助司法机关抓捕其他犯罪嫌疑人的，不应当认定为犯罪分子的立功表现。

据以立功的他人罪行材料应当指明具体犯罪事实；据以立功的线索或者协助行为对于侦破案件或者抓捕犯罪嫌疑人要有实际作用。犯罪分子揭发他人犯罪行为时没有指明具体犯罪事实的；揭发的犯罪事实与查实的犯罪事实不具有关联性的；提供的线索或者协助行为对于其他案件的侦破或者其他犯罪嫌疑人的抓捕不具有实际作用的，不能认定为立功表现。犯罪分子揭发他人犯罪行为，提供侦破其他案件重要线索的，必须经查证属实，才能认定为立功。据以立功的线索、材料来源有下列情形之一的，不能认定为立功：(1) 本人通过非法手段或者非法途径获取的；(2) 本人因原担任的查禁犯罪等职务获取的；(3) 他人违反监管规定向犯罪分子提供的；(4) 负有查禁犯罪活动职责的国家机关工作人员或者其他国家工作人员利用职务便利提供的。

犯罪分子检举、揭发的他人犯罪，提供侦破其他案件的重要线索，阻止他人的犯罪活动，或者协助司法机关抓捕的其他犯罪嫌疑人，犯罪嫌疑人、被告人依法可能被判处无期徒刑以上刑罚的，应当认定为有重大立功表现。其中，可能被判处无期徒刑以上刑罚，是指根据犯罪行为的事实、情节可能判处无期徒刑以上刑罚。案件已经判决的，以实际判处的刑罚为准。但是，根据犯罪行为的事实、情节应当判处无期徒刑以上刑罚，因被判刑人有法定情节经依法从轻、减轻处罚后判处有期徒刑的，应当认定为重大立功。

对于具有立功情节的犯罪分子，应当根据犯罪的事实、性质、情节和对于社会的危害程度，结合立功表现所起作用的大小、所破获案件的罪行轻重、所抓获犯罪嫌疑人可能判处的法定刑以及立功的时机等具体情节，依法决定是否从轻、减轻或者免除处罚以及从轻、减轻处罚的幅度。

【法条链接】

《最高人民法院、最高人民检察院关于办理职务犯罪案件认定自首、立功等量刑情节若干问题的意见》（2009 年 3 月 12 日）

330. 因受贿案发后又主动交代用受贿款向他人行贿事实，使其他贿赂案件得以侦破的，是否构成立功？

因涉嫌受贿到案后如实供述所收受财物的使用情况的，不属于其对受贿犯罪事实的如实供述范围，由此又涉嫌其他犯罪或者揭发他人犯罪的，可能构成自首、立功。主动供述行贿事实并由此破获他人受贿案件的，其中揭发他人受贿犯罪的内容属于如实供述行贿事实的一部分，可构成行贿罪的自首，不构成立功。

如刘凯受贿案：[①] 被告人刘凯，原系江苏省徐州市恒达路桥工程有限公司（以下简称恒达公司）经理。2004 年至 2008 年间，被告人刘凯利用担任恒达公司经理的职务之便，收受乔文焕、庞宏等人财物，共计价值人民币 18.5 万元，在支付货款、租赁费等方面为乔文焕、庞宏等人谋取利益。刘凯到案后退回赃款 15 万元，如实供述司法机关没有掌握的其他受贿事实，并主动交代了其向张海行贿的事实。法院经审理认为，被告人刘凯身为国家工作人员，利用职务之便，非法收受他人财物共计价值 18.5 万元，并为他人谋取利益，其行为构成受贿罪。刘凯具有坦白、退赃等情节，依法可以从轻处罚。刘凯被采取强制措施后主动交代行贿事实，由此破获他人受贿案件，不符合立功的法律规定，不构成立功。

331. 职务犯罪中如实交代犯罪事实的行为如何认定？

犯罪分子依法不成立自首，但如实交代犯罪事实，有下列情形之一的，可以酌情从轻处罚：（1）办案机关掌握部分犯罪事实，犯罪分子交代了同种其他犯罪事实的；（2）办案机关掌握的证据不充分，犯罪分子如实

① 刑事指导案例第 1020 号，载《刑事审判参考》2014 年第 4 集·总第 99 集。

交代有助于收集定案证据的。犯罪分子如实交代犯罪事实，有下列情形之一的，一般应当从轻处罚：（1）办案机关仅掌握小部分犯罪事实，犯罪分子交代了大部分未被掌握的同种犯罪事实的；（2）如实交代对于定案证据的收集有重要作用的。

【法条链接】

《最高人民法院、最高人民检察院关于办理职务犯罪案件认定自首、立功等量刑情节若干问题的意见》（2009 年 3 月 12 日）

332. 职务犯罪中，赃款赃物追缴等情形如何处理？

贪污案件中赃款赃物全部或者大部分追缴的，一般应当考虑从轻处罚。受贿案件中赃款赃物全部或者大部分追缴的，视具体情况可以酌定从轻处罚。犯罪分子及其亲友主动退赃或者在办案机关追缴赃款赃物过程中积极配合的，在量刑时应当与办案机关查办案件过程中依职权追缴赃款赃物的有所区别。职务犯罪案件立案后，犯罪分子及其亲友自行挽回的经济损失，司法机关或者犯罪分子所在单位及其上级主管部门挽回的经济损失，或者因客观原因减少的经济损失，不予扣减，但可以作为酌情从轻处罚的情节。

333. 如何把握职务犯罪案件从严惩处的范围和政策法律界限？

对于国家工作人员贪污贿赂、滥用职权、失职渎职的严重犯罪，黑恶势力犯罪、重大安全责任事故、制售伪劣食品药品所涉及的国家工作人员职务犯罪，发生在社会保障、征地拆迁、灾后重建、企业改制、医疗、教育、就业等领域严重损害群众利益、社会影响恶劣、群众反映强烈的国家工作人员职务犯罪，发生在经济社会建设重点领域、重点行业的严重商业贿赂犯罪等，要依法从严惩处。

对于国家工作人员职务犯罪和商业贿赂犯罪中性质恶劣、情节严重、涉案范围广、影响面大的，或者案发后隐瞒犯罪事实、毁灭证据、订立攻守同盟、负案潜逃等拒不认罪悔罪的，要坚决依法从严惩处。

对于被告人犯罪所得数额不大，但对国家财产和人民群众利益造成重大损失、社会影响极其恶劣的职务犯罪和商业贿赂犯罪案件，也应依法从严惩处。

要严格掌握职务犯罪法定减轻处罚情节的认定标准与减轻处罚的幅度，严格控制依法减轻处罚后判处三年以下有期徒刑适用缓刑的范围，切实规范职务犯罪缓刑、免予刑事处罚的适用。

在坚持依法惩处职务犯罪的同时，同样需要准确把握和正确适用依法从“宽”的政策要求，体现宽严“相济”，做到严中有宽、宽以济严。以贿赂犯罪为例：（1）对于收受财物后于案发前退还或上交所收财物的，应当区分情况做出不同处理：收受请托人财物后及时退还或者上交的，因其受贿故意不能确定，同时为了感化、教育潜在受贿犯罪分子，故不以受贿处理；受贿后因其自身或者与其受贿有关联的人、事被查处，为掩饰犯罪而退还或者上交的，因受贿行为既已完毕，且无主动悔罪之意思，故不影响受贿罪的认定。（2）对于行业、领域内带有一定普遍性、涉案人员众多的案件，要注意区别对待，防止因打击面过宽导致不良的社会效果。特别是对于普通医生的商业贿赂犯罪问题，更要注意运用多种手段综合治理。对收受回扣数额大的，明知药品伪劣，但为收受回扣而要求医院予以采购的，为收受回扣而给病人大量开药或者使用不对症药品，造成严重后果的；收受回扣造成其他严重影响的等情形，应依法追究刑事责任。（3）对于性质恶劣、情节严重、涉案范围广、影响面大的商业贿赂犯罪案件，特别是和对于顶风作案的，或者案发后隐瞒犯罪事实、毁灭证据、订立攻守同盟、负案潜逃等企图逃避法律追究的，应当依法从严惩处，同时对于在自查自纠中主动向单位、行业主管（监管）部门讲清问题、积极退赃的，或者检举、揭发他人犯罪，有自首、立功情节的，应当依法从轻、减轻或者免除处罚。

【法条链接】

《最高人民法院关于贯彻宽严相济刑事政策的若干意见》（2010 年 2 月 8 日）第 8 条

334. 职务犯罪中如何适用非监禁刑?

严格掌握职务犯罪案件缓刑、免予刑事处罚的适用。职务犯罪案件的刑罚适用直接关系反腐败工作的实际效果。人民法院、人民检察院要深刻认识职务犯罪的严重社会危害性，正确贯彻宽严相济刑事政策，充分发挥刑罚的惩治和预防功能。要在全面把握犯罪事实和量刑情节的基础上严格依照《刑法》规定的条件适用缓刑、免予刑事处罚，既要考虑从宽情节，又要考虑从严情节；既要做到刑罚与犯罪相当，又要做到刑罚执行方式与犯罪相当，切实避免缓刑、免予刑事处罚不当适用造成的消极影响。

具有下列情形的职务犯罪分子，一般不适用缓刑或者免予刑事处罚：(1) 不如实供述罪行的；(2) 不予退缴赃款赃物或者将赃款赃物用于非法活动的；(3) 属于共同犯罪中情节严重的主犯的；(4) 犯有数个职务犯罪依法实行并罚或者以一罪处理的；(5) 曾因职务违纪违法行为受过行政处分的；(6) 犯罪涉及的财物属于救灾、抢险、防汛、优抚、扶贫、移民、救济、防疫等特定款物的；(7) 受贿犯罪中具有索贿情节的；(8) 渎职犯罪中徇私舞弊情节或者滥用职权情节恶劣的；(9) 其他不应适用缓刑、免予刑事处罚的情形。

不具有上述规定的情形，全部退缴赃款赃物，依法判处三年有期徒刑以下刑罚，符合《刑法》规定的缓刑适用条件的贪污、受贿犯罪分子，可以适用缓刑；符合《刑法》第383条第1款第(3)项的规定，依法不需要判处刑罚的，可以免予刑事处罚。

不具有上述所列情形，挪用公款进行营利活动或者超过三个月未还构成犯罪，一审宣判前已将公款归还，依法判处三年有期徒刑以下刑罚，符合《刑法》规定的缓刑适用条件的，可以适用缓刑；在案发前已归还，情节轻微，不需要判处刑罚的，可以免予刑事处罚。

人民法院审理职务犯罪案件时应当注意听取检察机关、被告人、辩护人提出的量刑意见，分析影响性案件案发前后的社会反映，必要时可以征求案件查办等机关的意见。对于情节恶劣、社会反映强烈的职务犯罪案件，不得适用缓刑、免予刑事处罚。

对于具有上述规定的情形之一，但根据全案事实和量刑情节，检察机关认为确有必要适用缓刑或者免予刑事处罚并据此提出量刑建议的，应经检察委员会讨论决定；审理法院认为确有必要适用缓刑或者免予刑事处罚的，应经审判委员会讨论决定。

【法条链接】

《最高人民法院、最高人民检察院关于办理职务犯罪案件严格适用缓刑、免予刑事处罚若干问题的意见》（2012 年 8 月 8 日）

335. 哪些职务犯罪分子一般不适用缓刑或者免予刑事处罚？

下列职务犯罪分子一般不适用缓刑或者免予刑事处罚：（1）不如实供述罪行的；（2）不予退缴赃款赃物或者将赃款赃物用于非法活动的；（3）属于共同犯罪中情节严重的主犯的；（4）犯有数个职务犯罪依法实行并罚或者以一罪处理的；（5）曾因职务违纪违法行为受过行政处分的；（6）犯罪涉及的财物属于救灾、抢险、防汛、优抚、扶贫、移民、救济、防疫等特定款物的；（7）受贿犯罪中具有索贿情节的；（8）渎职犯罪中徇私舞弊情节或者滥用职权情节恶劣的；（9）其他不应适用缓刑、免予刑事处罚的情形。

【法条链接】

《最高人民法院、最高人民检察院关于办理职务犯罪案件严格适用缓刑、免予刑事处罚若干问题的意见》（2012 年 8 月 8 日）

336. 职务犯罪中的自首及协助抓捕型重大立功如何认定？

职务犯罪案件中，被告人须在纪律监察部门对其采取明确的调查措施前投案方能构成自动投案，在此前提下符合自首其他构成要件的，依法应认定为自首。对职务犯罪案件被告人“协助抓捕其他犯罪嫌疑人”的重大立功情节，需要根据司法解释规定的“协助抓捕”的本质特征，结合案件的具体情况实事求是地予以认定。对职务犯罪案件中具有自首和重大立功情节的被告人，法院应当在全面考察其各项量刑情节和被告人的人身危险性的基础上，依法决定适当的宣告刑。

如吴江、李晓光挪用公款案：[①] 被告人吴江自1996年3月至2003年7月间，曾任中国农业银行天津新技术产业园区支行（以下简称园区支行）外汇代理部主任、国际业务部经理等职务，任职期间均主管国际业务工作，被告人李晓光自2004年1月任园区支行国际业务部经理。1996年12月至2004年年初，吴江单独或伙同李晓光，利用职务之便，挪用公款人民币970余万元归个人使用，部分借贷他人用于经营活动。2007年6月，因中国农业银行天津市分行与下属支行间建立电子对账系统，吴江、李晓光为掩饰挪用公款970余万元的事实，制作了金额为120万美元的虚假信用证材料，在银行账目上做了虚假信用证贴现贷款记录。另查明，2009年2月，园区支行在业务检查中发现该笔金额为120万美元的外汇贴现业务手续资料不齐，经询问当时的业务负责人李晓光，李晓光承认是自己制作的虚假信用证贴现记录，用于掩盖原国际业务部经理吴江挪用公款的事实。园区支行报案后，李晓光通过电话指引侦查机关将吴江抓获归案。李晓光到案后，进一步交代了其参与挪用部分公款的犯罪事实。此外，李晓光被羁押期间，在亲属的协助下向司法机关退缴了自己参与挪用的123.969万元公款。

法院经审理认为，吴江、李晓光身为国家工作人员，利用职务上的便利，单独或结伙，以虚假结汇的手段挪用公款，用于个人使用，超过三个月未予归还，吴江、李晓光的行为均已构成挪用公款罪；吴江挪用公款数额巨大且不退还，依法应予以处罚；李晓光挪用公款数额巨大，亦应依法予以惩处。吴江在共同犯罪中起主要作用，系主犯，应按照其参与的全部犯罪予以处罚。李晓光在共同犯罪中起次要作用，系从犯，且主动向单位领导交代自己的犯罪事实，符合自首的构成要件，应认定为自首；其归案后能协助侦查机关抓获被告人吴江，具有重大立功表现，并主动退回全部赃款。综合上述情节，应当依法对被告人李晓光减轻处罚。法院以挪用公款罪判处被告人吴江无期徒刑，剥夺政治权利终身；以挪用公款罪判处被告人李晓光有期徒刑三年，缓刑五年；被告人李晓光退缴的公款123.969

① 刑事指导案例第709号，载《刑事审判参考》2011年第3集·总第80集。

万元人民币，依法发还中国农业银行天津市新技术产业园区支行；继续追缴被告人吴江挪用公款余额部分。

337. 职务犯罪案件中的自首如何认定，怎样把握“办案机关掌握的线索”的范围？

职务犯罪案件中“办案机关掌握的线索”，不限于直接查证犯罪事实的线索，还包括与查证犯罪事实有关联的线索。行为人在纪检部门办案时主动投案，只要没有抗拒或翻供行为，不论如何被移送至检察机关，均不影响自首的成立。

如刘某、姚某挪用公款案：① 2004 年 10 月至 2006 年 3 月，被告人刘某在担任北京华康宾馆、北京市康乐工贸公司经理期间，指使被告人姚某三次使用本单位资金共计人民币 58 万元为刘某个人购买国债，后均在当月归还。姚某在办案机关根据线索找其调查谈话期间如实交代了犯罪事实。次日，刘某主动向办案机关投案并如实交代了犯罪事实。法院经审理认为，被告人刘某、姚某利用职务上的便利，挪用数额巨大的公款进行营利活动，其行为构成挪用公款罪，且情节严重，应依法惩处。在共同犯罪中，刘某指使姚某挪用公款为其购买国债，系主犯；姚某起次要作用，系从犯，依法应当从轻、减轻或者免除处罚。刘某主动向办案机关投案，如实供述犯罪事实，系自首，依法可以从轻或者减轻处罚。姚某在办案机关找其调查谈话期间坦白了犯罪事实，可以酌情从轻处罚。综合考虑二被告人在案发前主动归还公款，挪用公款的时间较短，且能够认罪、悔罪，不致再危害社会，依法对二被告人分别减轻处罚，宣告缓刑。姚某系在办案机关根据掌握的线索找其调查谈话期间交代了犯罪事实，没有主动投案，不能认定为自首。

【法条链接】

《最高人民法院、最高人民检察院关于办理职务犯罪案件认定自首、立功等量刑情节若干问题的意见》（2009 年 3 月 12 日）

---

① 刑事指导案例第 755 号，载《刑事审判参考》2012 年第 1 集·总第 84 集。

338. 对具有自首、立功的贪污贿赂犯罪被告人，如何贯彻宽严相济的刑事政策？

做好职务犯罪案件审判工作中宽严相济刑事政策与法律规定的有机结合，具体如下：(1) 要严格掌握自首、立功等量刑情节的法定标准和量刑程序，确保自首、立功等量刑情节认定的严肃性和规范性。(2) 对于具有自首情节的犯罪情节，应当根据犯罪事实并结合自动投案的动机、阶段、客观环境，交代犯罪事实的完整性、稳定性以及悔罪表现等具体情节，依法决定是否从轻、减轻或免除处罚以及从轻、减轻处罚的幅度。(3) 对于具有立功情节的犯罪分子，应当根据犯罪事实并结合立功表现所起作用的大小、所破获案件的罪行轻重、所抓获犯罪嫌疑人可能判处的法定刑以及立功的时机等具体情节，依法决定是否从轻、减轻或者免除处罚以及从轻、减轻处罚的幅度。(4) 对于犯罪分子依法不成立自首，但主动交代犯罪事实的，应当视其主动交代的犯罪事实情况及对证据收集作用大小，酌情从轻处罚。(5) 赃款赃物追回的，应当注意区分贪污、受贿等不同性质的犯罪以及犯罪分子在追赃中的具体表现，决定是否从轻处罚以及从轻处罚的幅度。

【法条链接】

《最高人民法院关于贯彻宽严相济刑事政策的若干意见》(2010年2月8日)

第十七章 诉讼程序

339. 行为人被纪检部门“双规”的期间，能否折抵刑期?

双规又可称为“两规”、“两指”，是中共纪检（纪律检查）机关和政府行政监察机关所采取的一种特殊调查手段。“双规”来源于《中国共产党纪律检查机关案件检查工作条例》中第28条第1款第3项，“要求有关人员在规定的时间、地点就案件所涉及的问题作出说明”。双规是中国共产党在进行纪律检查方面调查的一个措施，是指共产党党员在接受检察机关调查前的党内调查和限制人身自由，是一种隔离审查，主要目的是防止被调查人拖延时间、逃避调查，甚至串供、外逃。双规通常用于查处共产党员中的腐败分子，被双规的官员通常被从家或办公室带走，或在参加会议时被限制人身自由。双规并没有明确、具体的时间，通常规定的地点是宾馆等地，被双规人员未清楚说明事件前不能离开。对党员采取的“双规”措施不是一种刑事强制措施。《刑事诉讼法》对于“强制措施”的种类有明确的规定，包括拘传、取保候审、监视居住、拘留、逮捕，“双规”只是各级党组织对违纪党员采取的一种强制手段，与刑法意义上的“强制措施”是有区别的，无论是从法律规定还是司法实践来看，双规都不能折抵刑期。

【法条链接】

《刑事诉讼法》（2012年3月14日）第18条第2款、第23条、第24条、第26条

《人民检察院刑事诉讼规则（试行）》（2013年1月1日）第8条、第13～18条

340. 如何理解人民检察院要案线索备案、初查程序？

所谓要案线索，是指依法由人民检察院直接受理和立案侦查的县处级以上干部涉嫌贪污、贿赂、徇私舞弊等职务犯罪的案件线索。所谓初查，是指人民检察院在立案前对要案线索材料进行审查的司法活动。对要案线索实行分级备案。县处级干部的要案线索一律层报省级人民检察院备案，其中涉嫌犯罪金额特别巨大或者犯罪后果特别严重的，层报最高人民检察院备案；厅局级以上干部的要案线索一律层报最高人民检察院备案。

地、州、市级人民检察院负责县处级干部犯罪线索的初查；省级人民检察院负责厅局级干部犯罪线索的初查；最高人民检察院负责省部级干部犯罪线索的初查。负责初查的人民检察院应当及时报告同级党委的主要领导同志。根据需要，上级人民检察院可对下级人民检察院负责初查的要案线索直接初查或派员参与初查，也可将本院负责初查的要案线索交下级人民检察院初查。

【法条链接】

《最高人民检察院关于要案线索备案、初查的规定》（1995 年 10 月 6 日）

341. 人民检察院对要案线索进行初查后，如何进行处理？

对应由本院初查的要案线索，经本院检察长研究决定，即可依法进行初查。要案线索的初查工作应当秘密进行。对要案线索进行初查后，应当分别情况，作出处理：（1）有犯罪事实或者有事实证明有犯罪重大嫌疑的，应当立案侦查；（2）没有犯罪事实，或者犯罪事实显著轻微，不需要追究刑事责任的，不予立案，必要时可移送有关机关处理；（3）属于错告，如果对被控告、检举人造成不良影响的，应向有关部门澄清事实；（4）属诬告陷害的，应依法追究或移送有关机关追究诬告陷害人的责任。

初查后的处理情况，应在十日内按备案的范围报上级人民检察院。上级人民检察院如认为处理不当，应及时通知下级人民检察院依法处理。

【法条链接】

《最高人民检察院关于要案线索备案、初查的规定》（1995 年 10 月 6 日）

342. 贪污贿赂案件犯罪嫌疑人、被告人取保候审需要符合什么条件？如何执行？

贪污贿赂犯罪嫌疑人、被告人，具有下列情形之一的，可以取保候审：（1）可能判处管制、拘役或者独立适用附加刑的；（2）可能判处有期徒刑以上刑罚，采取取保候审不致发生社会危险性的；（3）患有严重疾病、生活不能自理，怀孕或者正在哺乳自己婴儿的妇女，采取取保候审不致发生社会危险性的；（4）羁押期限届满，案件尚未办结，需要采取取保候审的。

对犯罪嫌疑人、被告人取保候审的，由公安机关、国家安全机关、人民检察院、人民法院根据案件的具体情况依法作出决定。取保候审决定，由公安机关执行。对犯罪嫌疑人、被告人决定取保候审的，不得中止对案件的侦查、起诉和审理。严禁以取保候审变相放纵犯罪。

【法条链接】

《刑事诉讼法》（2012 年 3 月 14 日）第 65 条

《最高人民法院、最高人民检察院、公安部、国家安全部关于取保候审若干问题的规定》（1999 年 8 月 4 日）第 2 条

343. 取保候审的方式有哪些？

人民法院、人民检察院和公安机关决定对犯罪嫌疑人、被告人取保候审，应当责令犯罪嫌疑人、被告人提出保证人或者交纳保证金。对同一犯罪嫌疑人、被告人决定取保候审的，不得同时使用保证人保证和保证金保证。对符合取保候审条件，具有下列情形之一的犯罪嫌疑人，人民检察院决定取保候审时，可以责令其提供一至二名保证人：（1）无力交纳保证金的；（2）系未成年人或者已满七十五周岁的人；（3）其他不宜收取保证

金的。

【法条链接】

《刑事诉讼法》（2012年3月14日）第66条

《最高人民法院、最高人民检察院、公安部、国家安全部关于取保候审若干问题的规定》（1999年8月4日）第3条

《人民检察院刑事诉讼规则（试行）》（2013年1月1日）第87条

344. 被取保候审人要遵守哪些规定？违反规定有什么法律后果？

被取保候审的犯罪嫌疑人、被告人应当遵守以下规定：（1）未经执行机关批准不得离开所居住的市、县；（2）住址、工作单位和联系方式发生变动的，在二十四小时以内向执行机关报告；（3）在传讯的时候及时到案；（4）不得以任何形式干扰证人作证；（5）不得毁灭、伪造证据或者串供。

人民检察院作出取保候审决定时，可以根据犯罪嫌疑人涉嫌犯罪性质、危害后果、社会影响，犯罪嫌疑人、被害人的具体情况等，有针对性地责令其遵守以下一项或者多项规定：（1）不得进入特定的场所；（2）不得与特定的人员会见或者通信；（3）不得从事特定的活动；（4）将护照等出入境证件、驾驶证件交执行机关保存。

被取保候审的犯罪嫌疑人、被告人违反上述规定，已交纳保证金的，没收部分或者全部保证金，并且区别情形，责令犯罪嫌疑人、被告人具结悔过，重新交纳保证金、提出保证人，或者监视居住、予以逮捕。对违反取保候审规定，需要予以逮捕的，可以对犯罪嫌疑人、被告人先行拘留。

【法条链接】

《刑事诉讼法》（2012年3月14日）第69条

《人民检察院刑事诉讼规则（试行）》（2013年1月1日）第92条

345. 取保候审案件中，保证人需要符合什么条件？

保证人必须符合下列条件：（1）与本案无牵连；（2）有能力履行保证义务；（3）享有政治权利，人身自由未受到限制；（4）有固定的住处和收入。

【法条链接】

《刑事诉讼法》（2012 年 3 月 14 日）第 67 条

346. 保证人应履行哪些义务？违反义务有什么法律后果？

保证人应当履行以下义务：（1）监督被保证人遵守《刑事诉讼法》第 69 条的规定；（2）发现被保证人可能发生或者已经发生违反《刑法》第 69 条规定的行为的，应当及时向执行机关报告。被保证人有违反《刑法》第 69 条规定的行为，保证人未履行保证义务的，对保证人处以罚款，构成犯罪的，依法追究刑事责任。

对取保候审保证人是否履行了保证义务，由公安机关认定，对保证人的罚款决定，也由公安机关作出。

【法条链接】

《刑法》第 69 条

《刑事诉讼法》（2012 年 3 月 14 日）第 69 条

《最高人民法院、最高人民检察院、公安部、国家安全部、司法部、全国人大常委会法制工作委员会关于实施刑事诉讼法若干问题的规定》（2013 年 1 月 1 日）第 14 条

347. 取保候审案件中，如何确定保证金的数额？如何缴纳？

取保候审的决定机关应当综合考虑保证诉讼活动正常进行的需要，被取保候审人的社会危险性，案件的性质、情节、危害后果，可能判处刑罚的轻重，被取保候审人的经济状况等情况，确定保证金的数额。责令犯罪

嫌疑人交纳一千元以上的保证金，对于未成年犯罪嫌疑人可以责令交纳五百元以上的保证金。提供保证金的人应当将保证金存入执行机关指定银行的专门账户。

【法条链接】

《刑事诉讼法》（2012年3月14日）第70条

《人民检察院刑事诉讼规则（试行）》（2013年1月1日）第90条

348. 被取保候审、监视居住的犯罪嫌疑人、被告人能否离开所居住的市、县或者执行监视居住的处所？

被取保候审、监视居住的犯罪嫌疑人、被告人无正当理由不得离开所居住的市、县或者执行监视居住的处所，有正当理由需要离开所居住的市、县或者执行监视居住的住所，应当经执行机关批准。如果取保候审、监视居住是由人民检察院、人民法院决定的，执行机关在批准犯罪嫌疑人、被告人离开所居住的市、县或者执行监视居住的处所前，应当征得决定机关同意。

【法条链接】

《最高人民法院、最高人民检察院、公安部、国家安全部、司法部、全国人大常委会法制工作委员会关于实施刑事诉讼法若干问题的规定》（2013年1月1日）第13条

349. 犯罪嫌疑人有哪些违反取保候审规定的行为，人民检察院应当或可以变更强制措施予以逮捕？

人民检察院发现犯罪嫌疑人违反《刑事诉讼法》第69条的规定，已交纳保证金的，应当书面通知公安机关没收部分或者全部保证金，并且根据案件的具体情况，责令犯罪嫌疑人具结悔过，重新交纳保证金、提出保证人或者决定监视居住、予以逮捕。

犯罪嫌疑人有下列违反取保候审规定的行为，人民检察院应当对犯罪嫌疑人予以逮捕：（1）故意实施新的犯罪的；（2）企图自杀、逃跑，逃避

侦查、审查起诉的；（3）实施毁灭、伪造证据，串供或者干扰证人作证，足以影响侦查、审查起诉工作正常进行的；（4）对被害人、证人、举报人、控告人及其他人员实施打击报复的。

犯罪嫌疑人有下列违反取保候审规定的行为，人民检察院可以对犯罪嫌疑人予以逮捕：（1）未经批准，擅自离开所居住的市、县，造成严重后果，或者两次未经批准，擅自离开所居住的市、县的；（2）经传讯不到案，造成严重后果，或者经两次传讯不到案的；（3）住址、工作单位和联系方式发生变动，未在二十四小时以内向公安机关报告，造成严重后果的；（4）违反规定进入特定场所、与特定人员会见或者通信、从事特定活动，严重妨碍诉讼程序正常进行的。

需要对上述犯罪嫌疑人予以逮捕的，可以先行拘留；已交纳保证金的，同时书面通知公安机关没收保证金。

【法条链接】

《人民检察院刑事诉讼规则（试行）》（2013年1月1日）第100条、第101条

350. 监视居住需要符合什么条件？

司法机关对符合逮捕条件，有下列情形之一的犯罪嫌疑人、被告人，可以监视居住：（1）患有严重疾病、生活不能自理的。（2）怀孕或者正在哺乳自己婴儿的妇女。（3）系生活不能自理的人的唯一扶养人；这里的扶养包括父母、祖父母、外祖父母对子女、孙子女、外孙子女的抚养和子女、孙子女、外孙子女对父母、祖父母、外祖父母的赡养以及配偶、兄弟姐妹之间的相互扶养。（4）因为案件的特殊情况或者办理案件的需要，采取监视居住措施更为适宜的。（5）羁押期限届满，案件尚未办结，需要采取监视居住措施的。对符合取保候审条件，但犯罪嫌疑人、被告人不能提出保证人，也不交纳保证金的，可以监视居住。监视居住由公安机关执行。

【法条链接】

《刑事诉讼法》（2012年3月14日）第72条

351. 监视居住在哪执行?

监视居住应当在犯罪嫌疑人、被告人的住处执行；无固定住处的，可以在指定的居所执行。对于涉嫌危害国家安全犯罪、恐怖活动犯罪、特别重大贿赂犯罪，在住处执行可能有碍侦查的，经上一级人民检察院或者公安机关批准，也可以在指定的居所执行。但是，不得在羁押场所、专门的办案场所执行。

监视居住应当在犯罪嫌疑人的住处执行。对于犯罪嫌疑人无固定住处或者涉嫌特别重大贿赂犯罪在住处执行可能有碍侦查的，可以在指定的居所执行。

固定住处是指犯罪嫌疑人在办案机关所在地的市、县内工作、生活的合法居所。

有下列情形之一的，属于特别重大贿赂犯罪：（1）涉嫌贿赂犯罪数额在五十万元以上，犯罪情节恶劣的；（2）有重大社会影响的；（3）涉及国家重大利益的。

有下列情形之一的，属于有碍侦查：（1）可能毁灭、伪造证据，干扰证人作证或者串供的；（2）可能自杀或者逃跑的；（3）可能导致同案犯逃避侦查的；（4）在住处执行监视居住可能导致犯罪嫌疑人面临人身危险的；（5）犯罪嫌疑人的家属或者其所在单位的人员与犯罪有牵连的；（6）可能对举报人、控告人、证人及其他人员等实施打击报复的。

指定的居所应当符合下列条件：（1）具备正常的生活、休息条件；（2）便于监视、管理；（3）能够保证办案安全。

采取指定居所监视居住的，不得在看守所、拘留所、监狱等羁押、监管场所以及留置室、讯问室等专门的办案场所、办公区域执行。

【法条链接】

《刑事诉讼法》（2012 年 3 月 14 日）第 73 条

《人民检察院刑事诉讼规则（试行）》（2013 年 1 月 1 日）第 45 条第 2 款

352. 监视居住的期限是否折抵刑期？如何折抵刑期？

指定居所监视居住的期限应当折抵刑期。被判处管制的，监视居住一日折抵刑期一日；被判处拘役、有期徒刑的，监视居住二日折抵刑期一日。需要说明的是，在犯罪嫌疑人、被告人住所监视居住的，不折抵刑期。

【法条链接】

《刑事诉讼法》（2012 年 3 月 14 日）第 74 条

353. 被监视居住人要遵守哪些规定？违反规定有什么法律后果？

被监视居住的犯罪嫌疑人、被告人应当遵守以下规定：（1）未经执行机关批准不得离开执行监视居住的处所；（2）未经执行机关批准不得会见他人或者通信；（3）在传讯的时候及时到案；（4）不得以任何形式干扰证人作证；（5）不得毁灭、伪造证据或者串供；（6）将护照等出入境证件、身份证件、驾驶证件交执行机关保存。

被监视居住的犯罪嫌疑人、被告人违反前款规定，情节严重的，可以予以逮捕；需要予以逮捕的，可以对犯罪嫌疑人、被告人先行拘留。

【法条链接】

《刑事诉讼法》（2012 年 3 月 14 日）第 75 条

354. 犯罪嫌疑人有哪些违反监视居住规定的行为，人民检察院应当或可以变更强制措施予以逮捕？

犯罪嫌疑人有下列违反监视居住规定的行为，人民检察院应当对犯罪嫌疑人予以逮捕：

（1）故意实施新的犯罪行为的；（2）企图自杀、逃跑，逃避侦查、审查起诉的；（3）实施毁灭、伪造证据或者串供、干扰证人作证行为，足以影响侦查、审查起诉工作正常进行的；（4）对被害人、证人、举报人、控告人及其他人员实施打击报复的。

犯罪嫌疑人有下列违反监视居住规定的行为，人民检察院可以对犯罪嫌疑人予以逮捕：（1）未经批准，擅自离开执行监视居住的处所，造成严重后果，或者两次未经批准，擅自离开执行监视居住的处所的；（2）未经批准，擅自会见他人或者通信，造成严重后果，或者两次未经批准，擅自会见他人或者通信的；（3）经传讯不到案，造成严重后果，或者经两次传讯不到案的。需要对上述犯罪嫌疑人予以逮捕的，可以先行拘留。

【法条链接】

《人民检察院刑事诉讼规则（试行）》（2013 年 1 月 1 日）第 121 条

355. 如何对被监视居住人进行监督和监控？

执行机关对被监视居住的犯罪嫌疑人、被告人，可以采取电子监控、不定期检查等监视方法对其遵守监视居住规定的情况进行监督；在侦查期间，可以对被监视居住的犯罪嫌疑人的电话、传真、信函、邮件、网络等通信进行监控。

【法条链接】

《刑事诉讼法》（2012 年 3 月 14 日）第 76 条

356. 取保候审、监视居住的期限是多长？如何解除？

人民法院、人民检察院和公安机关对犯罪嫌疑人、被告人取保候审最长不得超过十二个月，监视居住最长不得超过六个月。在取保候审、监视居住期间，不得中断对案件的侦查、起诉和审理。对于发现不应当追究刑事责任或者取保候审、监视居住期限届满的，应当及时解除取保候审、监视居住。解除取保候审、监视居住，应当及时通知被取保候审、监视居住人和有关单位。

【法条链接】

《刑事诉讼法》（2012 年 3 月 14 日）第 77 条

357. 特别重大贿赂犯罪案件，辩护律师如何会见在押的犯罪嫌疑人？

对于特别重大贿赂犯罪案件，犯罪嫌疑人被羁押或者监视居住的，人民检察院侦查部门应当在将犯罪嫌疑人送交看守所或者送交公安机关执行时书面通知看守所或者公安机关，在侦查期间辩护律师会见犯罪嫌疑人的，应当经人民检察院许可。有下列情形之一的，属于特别重大贿赂犯罪：（1）涉嫌贿赂犯罪数额在五十万元以上，犯罪情节恶劣的；（2）有重大社会影响的；（3）涉及国家重大利益的。

对于特别重大贿赂犯罪案件，辩护律师在侦查期间提出会见在押或者被监视居住的犯罪嫌疑人的，人民检察院侦查部门应当提出是否许可的意见，在三日以内报检察长决定并答复辩护律师。人民检察院办理特别重大贿赂犯罪案件，在有碍侦查的情形消失后，应当通知看守所或者执行监视居住的公安机关和辩护律师，辩护律师可以不经许可会见犯罪嫌疑人。对于特别重大贿赂犯罪案件，人民检察院在侦查终结前应当许可辩护律师会见犯罪嫌疑人。

【法条链接】

《刑事诉讼法》（2012 年 3 月 14 日）第 37 条

《人民检察院刑事诉讼规则（试行）》（2013 年 1 月 1 日）第 45 条、第 46 条

358. 贪污贿赂犯罪被判处财产刑的，如何执行？

人民法院认为依法应当判处被告人财产刑（包括没收财产和罚金）的，可以在案件审理过程中，决定扣押或者冻结被告人的财产。对于隐藏、转移、变卖、损毁已被扣押、冻结财产情节严重的，依照非法处置查封、扣押、冻结的财产罪追究刑事责任。

财产刑由第一审人民法院负责裁判执行的机构执行。被执行的财产在异地的，第一审人民法院可以委托财产所在地的同级人民法院代为执行。

第一审人民法院应当在本院作出的刑事判决、裁定生效后，或者收到上级人民法院生效的刑事判决、裁定后，对有关财产刑执行的法律文书立案执行。

被执行人或者被执行财产在外地的，可以委托当地人民法院执行。

受托法院在执行财产刑后，应当及时将执行的财产上缴国库。

【法条链接】

《刑法》第314条

《最高人民法院关于适用〈中华人民共和国刑事诉讼法〉的解释》（2013年1月1日）第442条

359. 贪污贿赂犯罪被判处罚金的，如何执行？

被判处罚金的罪犯，期满不缴纳的，人民法院应当强制缴纳；如果由于遭遇不能抗拒的灾祸缴纳确实有困难的，可以裁定减少或者免除。即自判决指定的期限届满第二日起，人民法院对于没有法定减免事由不缴纳罚金的，应当强制其缴纳。

罚金在判决规定的期限内一次或分次缴纳。期满无故不缴纳或者未足额缴纳的，人民法院应当强制缴纳。经强制缴纳仍不能全部缴纳的，在任何时候，包括主刑执行完毕后，发现被执行人有可供执行的财产的，应当追缴。

行政机关对被告人就同一事实已经处以罚款的，人民法院判处罚金时应当折抵，扣除行政处罚已执行的部分。

【法条链接】

《刑事诉讼法》（2012年3月14日）第260条

《最高人民法院关于适用〈中华人民共和国刑事诉讼法〉的解释》（2013年1月1日）第439条

360. 贪污贿赂犯罪被判处没收财产的，如何执行？

没收财产的判决，无论附加适用或者独立适用，人民法院应当立即执行；在必要的时候，可以会同公安机关执行。

没收财产是没收犯罪分子个人所有财产的一部或全部。没收全部财产的，应当对犯罪分子个人及其扶养的家属保留必需的生活费用。在判处没收财产的时候，不得没收属于犯罪分子亲属所有或者应有的财产。犯罪分子所得的一切财物，应当予以追缴或者责令退赔。据此，作为附加刑的没收个人全部财产，应当是没收犯罪分子个人合法所有的全部财产。如相关财产属于违法所得，应通过追缴、退赔程序予以追回：如相关财产确属犯罪分子家属所有或应有的财产，也不得作为没收对象。在没收财产前，如犯罪分子的财产与其他家庭成员的财产处于共有状态，应当从中分割出属于犯罪分子个人所有的财产后予以没收。

【法条链接】

《刑法》第59条

《刑事诉讼法》（2012年3月14日）第261条